SPANNUNG KANN MAN
AUCH EINFACHER HABEN.
Jetzt wetten auf
alle Top-Fußballspiele.
Jetzt auch online wetten auf www.tipp3.at
Die spannendsten Fan-Videos auf www.tipp3fan.tv
tipp3
tipp dir den kick!
nahmebedingung: Volljährigkeit.

SCHÜTZENFEST!

„Entweder fällt ein Tor oder ein Mann fällt aus der Mauer."

Presse-Kommentar 1974 *über den schärfsten Freistoß-Schützen der deutschen Weltmeister-Elf*

Deutsche Mauer: Bastian Schweinsteiger, Fredi Bobic, Michael Ballack, Dietmar Hamann, Frank Baumann .

IMPRESSUM

Herausgeber:	Fechter Management & Verlag GmbH
Autor:	Dieter Chmelar
Grafik/Layout und Umschlaggestaltung:	Loeffler art design
Karikatur:	Konrad Beiskammer
Bildarchiv:	GEPA-Pictures, Votroba, Manfred Weihs, Red Bull Privat: Adi Niederkorn und Edi Finger jun.
Bildbearbeitung:	Peter Skibar
Druck und Bindung:	Druckhaus Thalerhof Printed in Austria
Vertrieb:	Amalthea Signum Verlag **ISBN 978-3-85002-631-4**

Inhaltsverzeichnis

		Seiten
Vorspiel	Adi & Edi: Szenen einer Reporter-„Ehe“	8 - 15
A	wie Anpfiff, Altspatzen und Ausreden	17 - 28
B	wie Bälle, Bananen und Bogenlampen	29 - 36
C	wie Charme, Chancen und Chuzpe	37 - 44
D	wie Derby, Derbheit und Debakel	45 - 54
E	wie Eiergoal, Eisenfuß und Edelroller	55 - 63
F	wie Film, Funk und Fremdsprachen	65 - 74
G	wie Gagerlgelb, Gags und Gagen	75 - 80
H	wie Hands, Hunde und Hitzeschlacht	81 - 84
I	wie Irrtümer, Interviews und Intimitäten	85 - 94
J	wie Jubel, Jagdszenen und Jausengegner	95 - 100
K	wie Killer, Knipser und Kopfballungeheuer	101 - 108
L	wie Länderkunde, Liebesleben und Lattenpendler	109 - 114
M	wie Manndecker, Machthaber und Maskottchen	115 - 122
N	wie Namen, Nummern und Nervenflattern	123 - 127
O	wie Oberg'scheit, O'grosl und O-Haxen	129 - 134
P	wie Penalty, Poesie und Pokale	135 - 142
Q	wie Querdenker, Quandläuse und Qualtinger	143 - 148
R	wie Reporter, Reisen und Rasen	149 - 154
S	wie Spitznamen, Schiedsrichter und Stinkefinger	155 - 162
T	wie Trinker, Trainer und Torhüter	163 - 174
U	wie Ungustl, Undank und Urgeschichte	175 - 180
V	wie Vorhersagen, Verletzungen und Vurschriften	181 - 188
W	wie Wetter, Wetten und Wettern	189 - 200
X	wie Xanthippen, X-Large und X-Haxen	201 - 206
Y	wie Yard, Yacht und Yoga	207 - 210
Z	wie Zuwidrucker, Zuwizahrer und Zubizarreta	211 - 215
Nachspiel	Tausend Namen, tausend Dank	216 - 224

Szenen einer Reporter-„Ehe“

Wie wurden Adi und Edi zum Inbegriff von Spannung, Sympathie und Schmäh im Sport? Die Radio-aktive Story des Dynamic Duo.

Dieter Chmelar
redaktioneller Projektleiter

Edi Finger sen. hatte einst Dreier-Moderation für Skirennen erfunden. Edi Finger jun. fand mit Adi Niederkorn den perfekten Partner für die Doppelconference im Fußball.

Die beiden Herren heißen **Adam** und **Eduard**. Adam, laut Bibel der erste, also der älteste Mensch der Welt, ist der Jüngere. Eduard, der Ältere, heißt dafür irreführender Weise *Junior*.
Man merkt sofort: Nichts an den beiden ist von vorn herein normal, geschweige denn logisch.
Heute, nach mehr als 500 gemeinsamen Radioreportagen und aberdutzenden Doppelconférencen bei Galas, Gigs und Großveranstaltungen, sind sie Fixsterne im *Mikro-Kosmos.* Das ist jenes Universum der elektronischen Sportberichterstattung, in dem der Raumanzug nur aus Kopfhörer und Mikrofon besteht.
Spätestens seit **Adam Niederkorn*** und **Eduard Finger jun.**** vor sieben Jahren mit einer flächendeckenden, ebenso erfolgreichen wie einprägsamen Werbekampagne (für TIPP 3) auch den Bildschirm eroberten, sind sie als **Adi und Edi** eine *Marke*, wie PR-Strategen gern *Testimonials* mit hohem Bekanntheitsgrad und höchsten Beliebtheitswerten nennen.
Testimonial heißt an sich „Zeugnis“ oder „Zeuge“ – Adi und Edi zeugen in der Tat davon, dass mit dieser Marke die Post abgeht. Und im Zeugnis findet sich, als römischer Einser für Reporter, durchwegs die *besondere Note*.
Sie sind in ihrer Art nämlich genauso unverwechselbar wie …

… die berühmtesten Paare des Showbusiness, von **Walter Matthau** und **Jack Lemmon** über **Stan Laurel** und **Oliver Hardy** bis **Karl Farkas** und **Ernst Waldbrunn**. Keiner der beiden maßt sich im Entferntesten an, in den Olymp dieser genialen Giganten – auch nur gedanklich – einen großen Zeh zu setzen, aber der „göttliche Funke“ hin- und herfliegender Schlagfertigkeit hat mit Adi und Edi zweifellos auch zwei Normalsterbliche gestreift.
Das Unverwechselbarste, wie man über kurz oder lang an dem Kurzen und dem Langen (an)erkennt: Sie haben keinen vorgeschriebenen Text und keinerlei Drehbuch. Sie sind der *glorreichen Ungewissheit* des Sports ausgeliefert.
Ihr Fach ist die Dramatik, die Komik und gelegentlich auch die Tragik des Augenblicks. Ihr Witz ist die Wirklichkeit.
Wie bitter – oder wie süß – sie auch schmecken mag.

Oder wie *bittersüß* – denn die genaue Geburtsstunde des Phänomens im Doppelpack (heute sagt man gelegentlich etwas voreilig: *Kult*) ist auf ein dramatisches und demütigendes Debakel unseres Fußballteams zurück zu datieren. 27. März 1999, Mestalla-Stadion in Valencia. Spanien schlägt Österreich im Rahmen der EM-Qualifikationsgruppe 6 mit 9:0 (zur Halbzeit 5:0, was den mitwirkenden **Toni Pfeffer** zur legendären

> ***Wir melden uns nur, wenn ein Tor fällt. Bei 9:0 war das praktisch durchgehend.***
> **ADI UND EDI ÜBER IHR DEBÜT**

Interview-Antwort ermutigte: „Also, i glaub, *hoch* g'winn ma des nimmer ..."). Die Nationalelf geht quasi mit Kind und Kegel unter – alle Neune. Adi und Edi hatten davor „wie üblich" zwei, drei Live-Einstiege bei Ö3 angekündigt: „Und immer dann, wenn ein Tor fällt."
Adi und Edi waren an diesem schmerz- und scherzreichen Abend praktisch durchgängig auf Sendung.
In einer merkwürdigen Mischung aus Verzweiflung, Fassungslosigkeit, Galgenhumor und Selbstironie, die tags darauf im Wortlaut, Zitat für Zitat, Wuchtel für Wuchtel, Aufschrei für Aufschrei, auf einer ganzen *Kurier*-Seite nachgedruckt wurde.
Jetzt versteht man *merkwürdig* richtig: Es war sowohl zum *Merken* als auch, dem Anlass entsprechend, *würdig*. Diese niederschmetternde Niederlage wurde zum Sensationssieg für das Reporter-Duo. **TWO STARS WERE BORN!**
Dabei standen die Sterne anfangs, Mitte der 80er-Jahre, gar nicht so günstig für die beiden. Ring frei zum nostalgischen Schlagabtausch. *(bitte umblättern)*

Adi und Edi

Wie es begann – das ungekürzte Protokoll

Es gibt bekanntlich keine Zufälle. Nicht einmal im Sport, geschweige denn unter Sportreportern. Adi & Edi *mussten* zusammenkommen.

Adi: Wie bei jeder guten Beziehung hat unsere ‚Ehe' mit einem Eklat begonnen. *(Adi, damals 21 und mäßig erfolgreicher Student der Rechtswissenschaften, hatte sich 1985 beim RadioWien-Sportchef Edi Finger jun. vorgestellt. Nur: SO hatte er ihn sich sicher nicht vorgestellt).*
Adi: Es war furchtbar. Ich wartete eine halbe Stunde, bis er erschien – und dann hat er mich nach wenigen Sekunden abgeschasselt.
Edi: „Das war das erste und letzte Mal, dass Adi pünktlich war."

Souvenirs von tausend und einer Dienstreise: „Büschelweise" Akkreditierungen, die Adi, der Hamster, gewissenhaft hortet.

Adi: Insgesamt dauerte der *telefonisch fix vereinbarte* Termin 31 Minuten – davon allerdings 30 Minuten Warten. Und als er endlich erschien, war ich ihm ganz offensichtlich lästig.
Edi: *Es* war mir lästig, nicht *er*. Es ist ja fast jeden Tag irgendein selbst ernanntes oder von anderen angepriesenes *Ausnahme-Talent* bei mir angetanzt.
Adi: Ich hab damals neben der Uni als Privatdetektiv gejobbt.
Edi: Auch der große **Didi Mateschitz** war einmal Privatdetektiv – das entschuldigt also nicht alles.
Adi *(unbeirrt)*: Mein letzter Auftraggeber, dessen Frau ich der ehelichen Untreue überführen sollte, kam aber ums Leben. Er wurde, glaube ich, erschossen.
Edi: Vielleicht hab ich instinktiv gespürt: Wenn ich den verpflichte bin ich erschossen.
Adi: Also beschloss ich, Ö3-Sportreporter zu werden.
Edi: Daraufhin teilte ich ihm formvollendet mit: *Ö3? Sie haben Glück – ich kenn da jemanden bei Ö3, der wird Ihnen zwar nix sagen, der heißt aber auch* **Edi Finger** *und ist mein Vater. Auf Wiederschaun.* Ich habe eben sofort erkannt, der junge Mann ist zu Höherem berufen und mein Papa selig hat ihm

Benefiz-Kick für *Künstler helfen Künstler* auf der Hohen Warte in Wien 1958: Edi Finger jun. (9), längst bei der Damenwelt am Ball (zwischen den Schauspielerinnen Christiane Maybach und Marianne Hold, ganz links Masseur Oskar Sima).

in seiner grundgütigen Art dann auch prompt die nötige Anerkennung verschafft.

Adi: Ich bin raus bei der Tür und sofort zu **Edi Finger sen**. Meine erste Tätigkeit war ein Aufnahmetest, den ich mit Bravour bestand. Meine zweite Tätigkeit war die aktuellen Meldungen vom Fernschreiber zu holen.

> ***14 Jahre haben der Edi und ich im Funkhaus praktisch aneinander vorbeigelebt.***
>
> Adi Niederkorn

Edi: Wann war das? *1885* oder *1985*? Im Ernst: Ich weiß, dass der Adi das mit Begeisterung getan hat, denn damals hat beim Fernschreiber die schönste Frau des Funkhauses gearbeitet. Adi kam mit den Meldungen *nie zurück, oft tagelang nicht.*

Adi: 14 Jahre haben der Edi und ich im Funkhaus praktisch aneinander vorbei gelebt.

Edi: Na – und waren es nicht *wunderbare 14 Jahre*?

Adi: Wir haben zwar ab und zu einige Dinge gemeinsam moderiert. Aber es gab das Produkt *Adi und Edi* noch nicht. Dann allerdings kam der *Tag der Tage.*

Edi: Über diesen Tag gibt es zwei Versionen: die Wahrheit und die Geschichte, die der Adi immer erzählt.

Adi: Und diese Geschichte *ist* die Wahrheit. *Adi und Edi* war *meine* Idee. Ich hatte einen Termin beim damaligen Ö3-Chef, der wollte, dass Edi oder ich Kitzbühel übertragen, mit einem Skifahrer zur Seite. Angelehnt an die Doppelmoderationen im Fernsehen mit dem **Armin Assinger**. Ich widersprach dem Chef: *Das schaut schlecht aus – entweder man hat den Assinger oder billige Kopien.* Da zu Beginn meiner Mitarbeit im Haus sehr viel Archiv-

Magic Moments: Der angehende Dancing Star Edi mit Weltverzauberer Copperfield.

Arbeit angefallen war, wusste ich Bescheid, dass Doppelmoderationen zweier Reporter in den Anfangszeiten des Radios gang und gäbe waren.
Edi: Das hat ja mein Vater miterfunden. Bei Skirennen sogar die *Dreier*moderation. Er, der Kärntner, war immer im Ziel, der Salzburger **Hans Klettner** war immer irgendwo auf der Strecke, weil er der beste Skifahrer war, und **Bertl Neumann**, der Tiroler, war immer am Start. 1976, bei den Olympischen Spielen in Innsbruck, hat dann, wenn ich mich recht entsin-

> ***Platz hatten wir ja immer genug in der Reporterkabine. – Der Edi hatte immer Platz genug ...***

ne, nur noch mein Vater geredet. Er pflegte vor einer Reportage dem Ko-Reporter die Aufteilung der Startnummern gern wie folgt mitzuteilen: *Du machst ungrad, ich mach grad – und den **Klammer.*** Widerspruch war zwecklos.
Adi: Der damalige Ö3-Chef, **Bogdan Roscic**, hat also für Kitzbühel 1999 gesagt: *Okay, probieren wir's!* Das war die Geburtsstunde.
Edi: *Ich* habe es anders in Erinnerung. Die Idee hatte der Ö3-Chef und der Adi hat gesagt: *Okay, probieren wir's!* Mein Gefühl war vom Start weg positiv. So ein Duo hatte es in Österreich noch nicht gegeben. Weltweit gibt es das nicht, dass sich *zwei* Top-Reporter zu *einer* Einheit zusammenschweißen. Der geplante Test beim Training in Kitzbühel ist dann übrigens durch den schweren Unfall vom **Patrick Ortlieb** ausgefallen. Beim wichtigsten Rennen des Jahres wurden wir ins kalte Wasser geschmissen. Das Schwierigste war: Wann hört der andere auf zum Reden? Wir haben uns mit einem einfachen Trick geholfen – mit Druck. Wer aufgehört hat, hat den anderen in den Arm gezwickt: *Jetzt Du!* Das funktioniert seitdem reibungslos. Nur *Tooor!* und *Bestzeit!* schreien wir immer gemeinsam. Das funktioniert traumwandlerisch. Sonst gab's nie ein Problem. Platz hatten wir ja immer genug in der Reporterkabine.
Adi: Der *Edi* hatte immer Platz genug.
Edi: Das Wichtigste war: Es war aus – und sämtliche Entscheidungsträger haben sich sofort gemeldet. Das Echo der Chefs und vor allem das des Publikums war durch die Bank positiv.
Adi: Wir hatten niemals Angst.
Edi: Na ja – nicht vor einer Reportage. Aber dafür schon wegen einer Situation, in der wir uns befanden. Ich denke da an das 1:1 in Israel *(Anm.: 27. 10. 2001, WM-Qualifikation 2001 in Tel Aviv)*. Israel spielte mindestens eine Klasse besser, hat aber nur 1:0 geführt. In der 92. Minute hat der **Andy Herzog** das unfassbare 1:1 gemacht, das den Spielverlauf völlig auf

Die Geburtsurkunde von Adi und Edi: Das Presse-Ticket für Spanien - Österreich (9:0, 1999).

den Kopf stellte und Israel aus dem Bewerb warf. Läh-mendes Entsetzen und Totenstille im Stadion. Nur *zwei* Menschen sind mit Jubelschreien aufgesprungen - Adi und Edi. Wenn Blicke töten könnten, wär's in der Sekunde aus gewesen mit uns. Wir spürten die Augen von 5000 Leuten aus dem unmittelbaren Umfeld. Der israelische Sicherheitsdienst brachte uns aber heil aus dem Stadion.
Adi: Das war einer unserer größten Erfolge als Reporter.
Edi: *Mein* größter Erfolg war die Wiedereröffnung des Praterstadions - ohne Adi *(Anm.: 29. 10. 1986 mit einem freundschaftlichen 4:1 gegen Deutschland)*. Und mein schlimmster Tag war, als mich ein Mann auf der Straße mit den Worten ansprach: *Hallo, Adi! Wie geht's dem Edi?*
Adi: Also, wirklich herrlich war auch das Champions League-Finale 1999 in Nou Camp von Barcelona. Bayern führte gegen Manchester United bis zur 89. Minute mit 1:0. Wir begannen unsere Reportage von der Schlussphase, indem wir die Bayern als Sieger ankündigten.
Edi: Dann hat der **Hitzfeld** noch den **Matthäus** ausgetauscht, um Zeit zu schinden. Der ist rausgegangen und hat sich bis zur Bank genau zweimal umgedreht - beim 1:1 und beim 2:1 für ManU. Und dann haben wir bis zum nächsten Tag gefeiert. Gutes Essen gehört ja zu unseren gemeinsamen Interessen.
Adi: *Ich* esse gut, *er* isst viel.
Edi: Wir versuchen immer, die landestypischen Speisen zu verkosten. Wir sind keine Schnitzel-Typen im Ausland. Bei gemeinsamen Dienstreisen gehen wir auch gemeinsam ins Fitness-Center.
Adi: Dabei renn ich drei Kilometer am Laufband und er macht drei Umdrehungen am Radl. Wir waren auch schon gemeinsam auf Urlaub, in Jesolo und am Wörthersee.
Edi: Der Adi macht mir ja alles nach.

Vorbild, Galionsfigur und Legende: Edi sen. mit Edi jun. als Botschafter der Radio-Reportage.

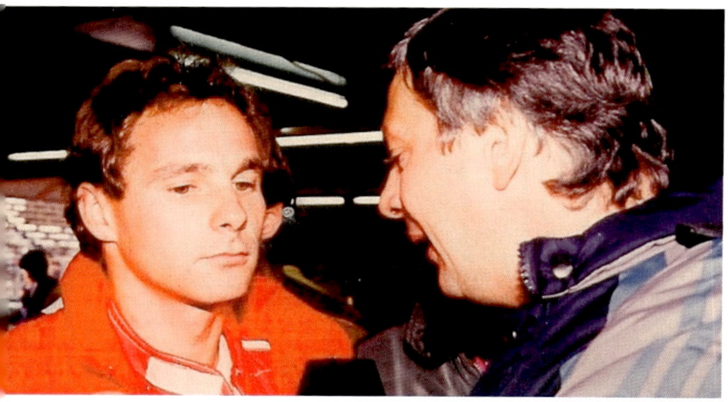

Auch abseits des Fußballs nicht im Abseits: Edi mit dem Formel-I-Tiroler Gerhard Berger.

Auch privat. Sein Sohn ist zwei Jahre jünger als meiner, seine Tochter ist zwei Jahre jünger als meine.
Adi: Adi und Edi funktioniert, weil wir uns zwar oft lustig machen übereinander, aber nie bei irgendeinem Fehler überführen.
Edi: Wir sind Sportfans, die mit ihrem Hobby ihr Geld verdienen. Einen wesentlichen Unterschied gibt's zu fast allen anderen Sportreportern: Wir sind keine gescheiterten Sportler. Früher wurde man Reporter, weil man *Reporter* werden wollte. Heute gibt's ein *Assessment Center*, das *Reporter* sucht.
Adi: Bei allem Respekt für die Top-Profis, die nach den Gebildetsten suchen: Beim Sport geht's in erster Linie um *Herzens*-Bildung. Das Spannende und Unverwechselbare an dem Job ist aber, dass man ihn auf die eigene Art und Weise anlegt, nicht nachmacht.
Edi: Wir beide haben fast *nur* Sachen gemacht, die wir noch nie zuvor gemacht haben: Doppelmoderationen, Show, Werbung und damit irgendwie auch Schauspielerei.

Mit Gefühl im Gewühl: Adi und der „Herminator" in Kitzbühel.

Und damit, stilgerecht dem Titel und Motto des Buches entsprechend, erzählen Adi und Edi, die persönliche Lieblingsstory ihrer Reporterlaufbahn.
Adi: Adi und Edi im Hotel in London. Nachmittag. Jeder in seinem Zimmer. Edi telefoniert mit seiner Frau in Wien, plötzlich geht die Feuersirene los. Edi schaut aus dem Fenster – und sieht keinen Rauch. Plötzlich ein Schrei! Edi bricht in Panik das Telefonat ab und macht sich auf die Suche nach Adi.
Edi: Der Adi stammt ja aus einer Putzereidynastie, daher weiß er von seiner lieben Mama: Wenn ein Sakko Falten hat, lässt man heißes Wasser in die Badewanne und hängt das Sakko drüber. Genau das hat er getan und sich danach zur Entspannung aufs Bett gelegt. Er ist selig eingeschlafen – und, so wie ich, durch die Feuersirene aus seinen sanften Träumen aufgeschreckt. Auslöser dafür war kein Feuer, sondern der Wasserdampf!
Adi: Ich hab das Wasser laufen lassen und nicht bemerkt, dass der Stoppel in der Wanne zu war. Also hör ich, wie es an der Tür poltert. Der Hotel-Manager. Er schrie, ich soll den Stoppel aus der Wanne ziehen!
Edi: Adi – nicht blöd – macht das natürlich nicht. Bedenken wir nur: Siedend heißes Wasser! Also krempelt sich der Manager den Ärmel rauf und zieht den Stoppel selber raus. Diesen SCHREI werde ich nie vergessen. Am nächsten Tag sah ich ihn mit seinem Arm im dicken Verband. Der Adi hat mit dieser Aktion einen Manager und vier Zimmer verwüstet. Sein eigenes und die drei unter ihm. Eines davon war meines.

Adi: Ich bekam ein neues Zimmer, Edi bekam ein neues Zimmer. Sein ursprüngliches Zimmer hatte *rechts* die *Toilette* und *links* der *Gang*. Beim neuen Zimmer war das allerdings seitenverkehrt.
Edi: Wir waren gut essen und haben auf den Schock ein paar Gläschen Wein getrunken. Mitten in der Nacht werde ich munter und muss aufs WC. Ich hatte dabei noch *traumwandlerisch* mein altes Zimmer im Kopf.
Adi: „Der Edi geht raus durch die Tür, hinter ihm macht's *Klick* und er steht nicht im Klo, sondern am Gang. Natürlich hat er seine Türkarte nicht dabei. Er fährt daraufhin nackt mit dem Lift nach unten.
Edi: Der Lift geht auf und ich stehe, wie Gott mich schuf, vor dem Portier: *Sir, I've got a problem!* – Seine Antwort, very british: *Yes, I can see.* Er hat mich in ein Tuch gehüllt ...
Adi: ... In ein *riesiges* Tuch ...
Edi: ... und mich zurück aufs Zimmer begleitet.

Nun aber: Anpfiff! Von **A** bis **Z** die reine Wahrheit. Aber: es heißt Fußball-SPIEL **A** bis **Z** steht auch für **Augen** plus **Zwinkern**. Willkommen zum Match der Sprüche - Pointen - Anekdoten pünktlich zur EURO 2008 in Österreich und der Schweiz.

Adi NIEDERKORN
Geburtsdatum: 15. Juni 1964
Geburtsort: Breitenfurt/NÖ
Sternzeichen: Zwilling
Bei Ö3 seit: 1985.

Edi FINGER jun.
Geburtsdatum: 9. März 1949
Geburtsort: Klagenfurt
Sternzeichen: Fisch
Bei Radio Wien seit: Gründung der Sportredaktion in den 70er-Jahren.

Die Strategie für ...

... das lachende Fussball-Match

Fußball und Schmäh sind Geschwister – es heißt ja auch Spiel-Witz. Hier erfahren Sie, was das Fragezeichen, das „Gänsefüßchen“, die lachende „Wuchtel“ und die Farben bedeuten.

Das Fragezeichen

Die Fußball-Geschichte steckt voller Rätsel, Unglaublichkeiten und Kuriositäten. Wo immer in diesem Buch das Fragezeichen auftaucht, ist Geist und Glück gefragt. Testen Sie sich selbst und verblüffen Sie Ihre Freunde! Achtung: Hier beißen sich auch Top-Experten die Zähne aus. Viel Spaß beim Quizzeln!

Hätten Sie's gewusst?

Warum zog Frankreich die Teilnahme an der WM 1950 in Brasilien zurück?

a. die Spielorte der Vorrunde lagen mit 3200 Kilometer zu weit auseinander

b. es wurde den Spieler-Frauen kein Zutritt zum Quartier gestattet

c. es war kein eigener Koch zugelassen

Richtige Antwort: **a.**

Die Gänsefüßchen

Spieler, Trainer, Funktionäre und Reporter müssen vor allem eines: Jederzeit was „G'scheites“ sagen. Dass sowas nicht immer gelingt – davon leben alle Zitaten-Sammlungen. Ob freiweillig oder unfreiwillig: Die stärksten Sprüche.

> ***Im Training hab ich mal die Alkoholiker gegen die Anti-Alholiker spielen lassen. Die Alkoholiker siegten 7:1. Da hab ich g'sagt: Saufts weiter!***
>
> MAX MERKEL *(1918 – 2006), Peitschenknaller*

Die lachende Wuchtel

Wer genau hinschaut, erkennt: Der Fußball schmunzelt. Ob ein genialer Spielzug, ein pfiffiger Pass oder ein perfektes Dribbling – alles hat Witz. Darüber hinaus gibt's tausend herzerfrischende Jokes „mit Kick“.

Lehrerin: *„Nenne mir drei berühmte Männer, die mit B beginnen.“*
Schüler: *„Ballack, Basler, Beckenbauer!“*
Lehrerin: *„Hast Du noch nie was von Bach, Brecht oder Brahms gehört?“*
Schüler: *„Nö, Ersatzspieler interessieren mich nicht!“*

Fußball in allen Farben

A
B C D E
F G H I
J K L M
N O P Q
R S T U
V W X Y
Z

26 Buchstaben, 26 verschiedene Farben – ein Blick, ein Griff, gesucht und gefunden! Dazu kommen noch Spezial-Themen wie Rekorde, Meisterschaften oder Namenslisten mit eigene übersichtlichen Tabellen.

Champions League – **DIE CHAMPIONS LEAGUE**

1. – **EUROPAMEISTERSCHAFT**

TOP 15 – **SPIELER MIT TRINKER-NAMEN**

DIE WELTMEISTERSCHAFTEN

Siegestor der EM 2004

EM-Finale 2004: Der Grieche Charisteas „on top of Europe" mit dem 1:0-Goldtor gegen Portugal (*siehe → Europameisterschaften, Seite 63*).

> ***Der springende Punkt ist der Ball.***
>
> **Dettmar Cramer**
> *(dt. Trainerlegende)*

Keine Back-Pfeife, sondern Pfeifen-Backen: Schiri Ivan Bebek (Kroatien) beim Länderspiel Österreich gegen Paraguay (0:0, Wien, 2006)

> *„Abseits ist nur dann, wenn's der Schiedsrichter pfeift ...“*
>
> **Franz Beckenbauer**

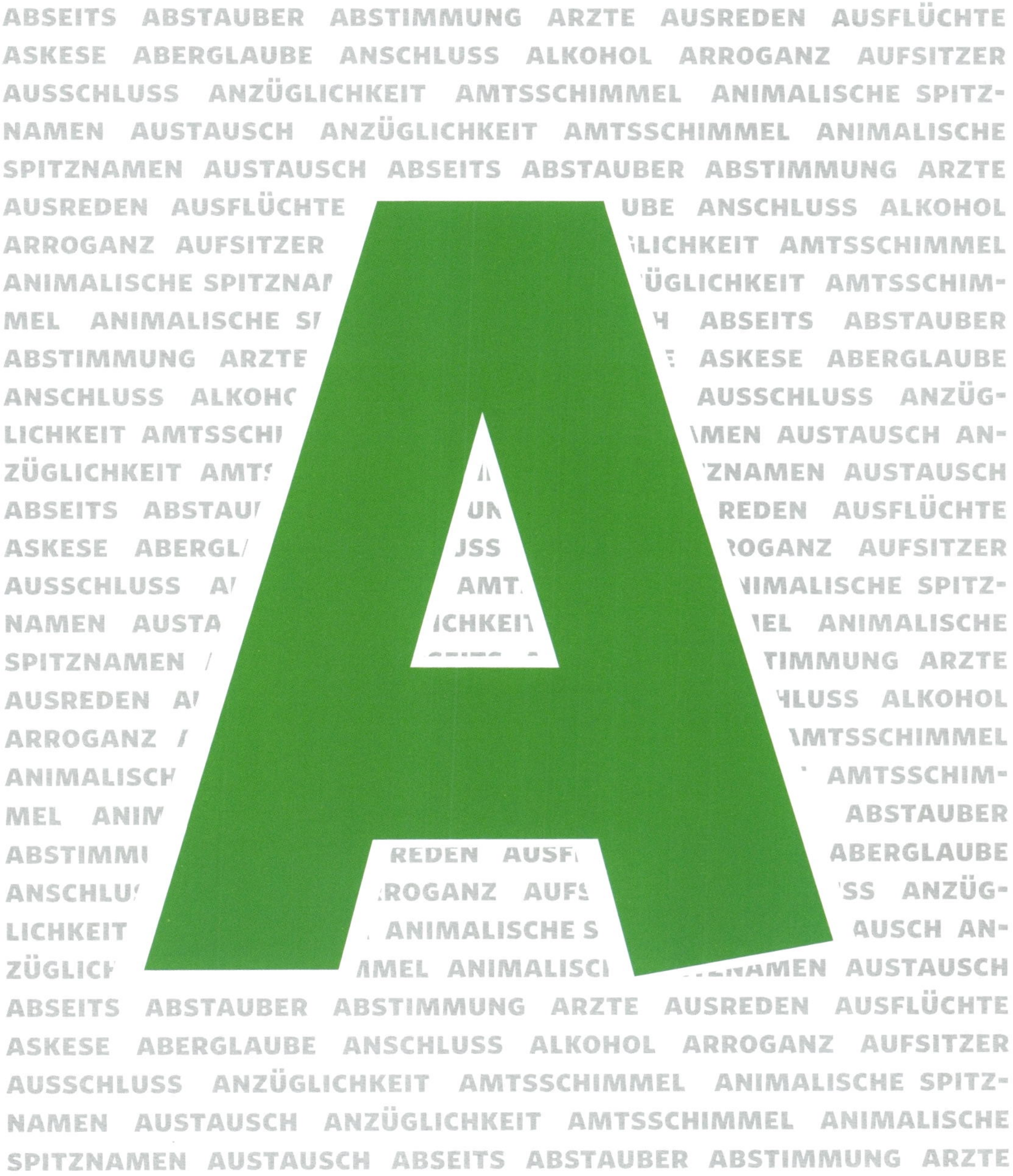

A wie Anpfiff, Altspatzen und Ausreden

AUSREDEN AUSFLÜCHTE ASKESE ABERGLAUBE ANSCHLUSS ALKOHOL ARROGANZ AUFSITZER AUSSCHLUSS ANZÜGLICHKEIT AMTSSCHIMMEL ANIMALISCHE SPITZNAMEN ANIMALISCHE SPITZNAMEN AUSTAUSCH

A wie Anpfiff, Altspatzen und Ausreden

Am Anfang steht das A wie Anpfiff oder Anstoß. Beides hat einen doppelsinnigen Kick: Man kriegt ja auch vom Chef (einer Art Ober-Schiedsrichter des Lebens) einen *Anpfiff* - etwa, wenn man *Anstoß* erregt ... Und: Wie abergläubisch sind Sie? Hier der erste Test!

ABSEITS

Die Abseits-Regel gilt - völlig zu Unrecht! -als die schwierigste im Fußball, ist sie doch eine der kürzesten: **Ein Spieler befindet sich im Abseits, wenn er im Moment der Ballabgabe der Torauslinie näher ist als der Ball und der vorletzte Spieler der gegnerischen Mannschaft** *(der Torwart wird als Spieler mitgezählt).* **Und warum merken sich das Männer besser?**

„Männer haben 100 Gramm mehr Gehirn als Frauen - da ist unter anderem die Abseitsregel drin."
DIETER NUHR, *dt. Kabarettist*

Hätten Sie's gewusst?

ABERGLAUBEN
Was beschloss der AC Milan, als ***Franco Baresi*** *nach 20 Jahren im rot-schwarzen Trikot 1997 seine aktive Laufbahn beendete?*

a. Ihm auf Lebenszeit täglich die Schuhe zu putzen
b. Das Stadion nach ihm zu benennen
c. Nie wieder „seine" Nr. 6 zu vergeben

Richtige Antwort: **c.**

Was beschlossen Brasiliens Fußballverantwortliche nach dem, zum Entsetzen eines ganzen Landes, verlorenen „Heimfinale" 1950 gegen Uruguay (1:2) für alle künftigen Spiele des Nationalteams („Seleçao")?

a. Nie wieder weißen Dressen
b. Nie wieder mit Gummistoppeln
c. Nie wieder gegen Uruguay

Richtige Antwort: **a.**

Was empfahl Teamchef ***Cesar Luis Menotti*** *seinem Starstürmer* ***Mario Kempes****, nachdem dieser in der Vorrunde der Heim-WM 1978 in Argentinien kein einziges Tor erzielt hatte (letztlich aber noch mit sechs Treffern Schützenkönig wurde)?*

a. Er möge den Ehering abnehmen
b. Er möge den Schnauzbart abrasieren
c. Er möge ab sofort ohne Schienbeinschützer antreten

Richtige Antwort: **b.**

ABSTIMMUNG

Wir haben ein Abstimmungsproblem. Das müssen wir automatisieren.
BERTI VOGTS, *dt. Ex-Teamchef*

ALKOHOL

Ein großer „Schluckspecht" vor dem Herrn war **Branko Zebec** (1929-1988), Spieler bei Roter Stern Belgrad (Meister 1960), im jugoslawischen Team (65 Spiele, 17 Tore, WM-Teilnehmer 1954, 1958 als Kapitän), Trainer u. a. bei Bayern München (Double 1969) und dem HSV (Meister 1979). Einmal soll er bei einem Elfer gegen sein Team von einem Nickerchen auf der Bank aufgeschreckt sein und geschrien haben: ***„Wie kann der Mann so frei zum Schuss kommen?"***

„Früher hab ich die Kugel am Elfmeter gestoppt, den Tormann gefragt, wie alt er ist und wo er wohnt – und erst dann hab ich … … reingeschossen. Das geht heute nicht mehr so …"

Kurt Jara *(59 Länderspiele, 15 Tore, Markenzeichen in 18 Jahren Profifußball: die runtergerollten Stutzen)*

Geschnatter mit Blatter: WM-Oldboy Roger Milla

Paolo Maldini: Mit 39 im Finale, aber nicht am Ende

Tragischster Hofnarr von König Alkohol war der langmähnige Nordire **George Best** (1946-2005). Der erste „Popstar" des Fußballs, genialer Dribblanski bei ManU (2x Meister, Europacupsieger der Meister und Europas Fußballer des Jahres 1968), sagte trocken: ***„Ich könnte den Anonymen Alkoholikern beitreten. Das Problem: Ich kann nicht anonym bleiben."*** *Siehe auch → T wie Trinker.*

> ***Im Training hab ich mal die Alkoholiker gegen die Antialkoholiker spielen lassen. Die Alkoholiker haben 7:1 gewonnen. Da hab ich g'sagt: Saufts weiter!***
>
> **Max Merkel (1918 – 2006)**, *Peitschenknaller*

> *Wie lautet die erste Frage vom Ötzi, nachdem er aufgetaut wurde? - „Spielen der Vastic und der Kühbauer immer noch?"*

ALTSPATZEN

- 2004 spielte der Brasilianer **Brasileiro Sampaio de Souza Viera de Oliveira,** als **Sócrates** ein Begriff (Botafogo, Fiorentina, Santos, 60x international, 22 Tore, WM-Kapitän 1982, 1986), mit 51 beim englischen Amateurklub Garforth Town.

- Oft erweisen sich präzise Altersangaben als schwierig. **Otto Pfister** (*1937), Nationaltrainer in neun Ländern Afrikas und Asiens, riet im Fall des Frankfurter Ghanesen **Anthony Yeboah** (*1964 oder doch 1966?): ***„Da hilft nur eines: Bein aufsägen und Jahresringe zählen."***

A

● Italiens Tormann **Dino Zoff** (*1942), dessen Name *Abschluss* (jidd.) heißt, wurde 1982 mit *40 Jahren und 133 Tagen* ältester Weltmeister aller Zeiten – als WM-Teilnehmer ist er „nur" Vierter:

● Der englische Keeper **Peter Shilton** (*1949) war 1990 in Italien 159 Tage älter. Der nordirische Goalie **Pat Jennings** (*1945) war bei der WM 1986 sogar 41. Und außerhalb des Tores?

DOKTOR & INGENIEUR

Helmut Qualtinger** (1928-1986), Wiens wahrhaftigster Analytiker („Herr Karl"), wollte seinen Sohn **Christian Heimito** (*1958) ursprünglich **Drusius Ingomar** taufen, damit er, abgekürzt als **Dr. Ing.**, quasi der „geborene" Akademiker wäre. Alter Spruch: „Wäre **Shakespeare** ein Österreicher gewesen, sein Stück hätte geheißen: Der **Diplom-Kaufmann** von Venedig." Als **Peter Pumm** (1971 erster Sieger der „Krone"-Wahl zum **Fußballer des Jahres**) und **Gustl Starek** bei Bayern München spielten, wurden sie von „Kaiser" **Franz Beckenbauer** in Anlehnung an die Titelsucht der „Ösis" mit den Spitznamen **Professor

Heiliges Hütteldorf: Wenn Rapid eine Religion ist, dann ist St. Hanappi seine Kathedrale.

DIE TOP 3 AKADEMIKER IM FUSSBALL
Österreich brachte gleich zwei (auch international) gefeierte Fußballer mit akademischen Würden hervor:

Starb mit 51: Genie und Idol Hanappi.

1. **Dipl.-Ing. Gerhard Hanappi** (1929-1980) begann mit 17 bei Wacker-Wien (Double 1947) und spielte bis 1964 für Rapid (333 Partien, 114 Tore, 7x Meister, 1x Cup). Der „Gschropp" gilt als Österreichs größter Allrounder und brillierte auf jedem Posten, nur nicht zwischen den Pfosten. Der langjährige Rekordler (93 Länderspiele, die ersten 55 davon en suite, 12 Tore) war als linker Außenverteidiger Schlüsselspieler der WM 1954 in der Schweiz (Platz 3). Als Architekt erbaute er das Weststadion, heute nur „St. Hanappi". Mit 51 verlor er den Kampf gegen den Krebs.

2. **Dr. Walter Schleger** (1929-99) kam von Sparta-Prag über den Sportklub zur Austria (4x Meister, 3x Cupsieger). Der zweifache WM-Teilnehmer (1954 und 1958, 22 Länderspiele, 1 Tor) wurde als Veterinärmediziner Uni-Rektor.

3. **Dr. Claudio Sulser** (*1955) stürmte in 49 Länderspielen (13 Tore) für die Schweiz. Noch bei Grashoppers Zürich (4x Meister, 1x Cup) wurde er Jurist.

Ferner: **Dr. György Sárosi** (2x WM-Teilnehmer für Ungarn 1934, 1938), **Dr. Mate Fényvesi** (3x WM-Teilnehmer für Ungarn 1958–66), **Dr. Jupp Kapellmann** (deutscher Weltmeister 1974) und **Dr. (?) Sócrates** (Brasilien, WM-Teilnehmer 1982, 1986). *Österreicher:* **Dkfm. Walter Stamm** (Admira, Meister '66, 7x im Team), **Prof. Walter Ludescher** (Innsbruck, 7x im Team), **Dr. Günther Paulitsch** (Sturm, 1x im Teamtor).

● Da regiert **Roger Milla** (*1948). Er führte mit *42 Jahren und 39 Tagen* bei der WM 1990 Kamerun ins Viertelfinale - der größte afrikanische Erfolg bei einer Endrunde. Gegen England traf Milla sogar noch im Doppelpack, ehe Englands **Gary Lineker** die Kameruner doch noch aus dem Turnier schoss. Milla, der auch mit Cornerfahnl-Tanz und Zahnlücken-Lächeln weltberühmt wurde, ist damit der älteste WM-Torschütze aller Zeiten. Das sieht nach einem Rekord für die Ewigkeit aus.

● Mit 54 Jahren unterschrieb der Ex-DDR-Stürmer-Star **Joachim Streich** (*1951, 98 Länderspiele, 53 Tore) 2005 bei den „Magdeburg Virgin Guards" - in der *American Football*-Regionalliga.

● Mit 50 Jahren beendete **Sir Stanley Matthews** (1915-2000) seine Karriere bei Stoke City. Vorm Britannia-Stadion steht das Monument des trickreichsten englischen Außenstürmers dreier Jahrzehnte. ➜ ***Denkmäler, Dribblanski***

● Mit 40 Jahren spielte der dänische Abwehr-Recke **Morten Olsen** (*1949, 102 Länderspiele, 4 Tore, UEFA-Cup 1983 mit RSC Anderlecht) noch beim 1. FC Köln. Berühmt sein Stoßseufzer: ***„Wir hätten den Afrikanern nie das Fußballspielen beibringen dürfen."***

● Mit 39 Jahren wurde **Manfred „Manni" Burgsmüller** (*1949, drei Länderspiele) 1988 Meister mit Werder Bremen. Seine coolsten Sprüche gibt es auch als Handy-Klingeltöne, etwa: ***„Schiri, sollen wir es heller machen?"***

● Mit 39 Jahren gewann AC Milan-Denkmal **Paolo Maldini** (*1968, 126 Länderspiele, 74 als Kapitän) im 8. (!) Finale den 6. Champions League-Titel. Seine Rückennummer „3" würde nur an seinen Sohn weiter gegeben.

● Mit 39 Jahren wurde **Robert Sara** (*1946, 55 Länderspiele, die letzten 37 als Kapitän, 3 Tore) in die „Austria-Elf des Jahrhunderts" gewählt. Mit 15 Trophäen (9x Meister, 6x Cup) ist er Österreich-Rekordler. ➜ ***Titel***

Abschiedsspiel 2005 für den „alten Hasen" Ziege (Mitte: Ballack)

Ochs vorm neuen Tor? „Bulle" Timo (➜ Animalische Namen).

● Mit 36 Jahren trat **„Charly"** (Karl-Heinz) **Körbel** (*1954, 6 Länderspiele, UEFA-Pokal 1980 mit Frankfurt) als Bundesliga-Rekordler (602 Spiele!) zurück. Vor einem Pokalspiel verplapperte sich der staubtrockene Riese einmal: ***„Wir haben heute nur eine Chance mit der vollen Unterstützung des Schiedsrichters... äh ... der Zuschauer."***

A

ANIMALISCH: DIE TOP 13 FUSSBALLER MIT TIERNAMEN

1. **Franz Pelikan** (Wacker-Wien, 6x Teamtorhüter für Österreich)
2. **Christian Fuchs** (Mattersburg)
3. **Timo Ochs** (Hannover 96, Salzburg)
4. **Karl „Vogerl" Geyer** (Ur-Austrianer)

5. **Christian Ziege** (M'gladbach,Tottenham, Liverpool Middlesborough, Milan, Bayern, 42-facher deutscher Internationaler *Bild links*)

6. **Xavier Stierli** (FC Zürich, 12x international für die Schweiz)
7. **Hans Kalb** (Nürnberg, 8x deutscher Internationaler)
8. **Rainer Zobel** (Bayern München, Trainer bei Braunschweig, Nürnberg)
9. **Dieter Hundt** (Aufsichtsratsvorsitzender Stuttgart)
10. **Norbert Katz** (Hakoah, 3x österr. Internationaler)
11. **Raimund Löw** (Stuttgart, deutscher Bundestrainer)
12. **Robert Schwan** (Ex-Manager von Franz Beckenbauer)
13. **Thomas Schaaf** (Ex-Spieler, dann Trainer bei Werder Bremen, *Bild rechts*)

Außer Konkurrenz: Franz Viehböck (LASK), **Didi Kühbauer**, (Rapid, Mattersburg), **Bastian Schweinsteiger**, (Bayern), **Rüdiger Schnuphase** (RW Erfurt), **Karl Daxbacher** (Austria), **Willi Hahnemann** (Admira, 23x für Österreich, nach 1938 als „Ostmärker" auch 23x fürs „Großdeutsche Reich"), **Otto Rehhagel** (Stuttgart, Bremen, Bayern, Griechenland), **Ralph Hasenhüttl** (GAK, Austria, Salzburg, 8x International), **Erich Hasenkopf** (Sportklub, 31x international), **Richard Kitzbichler** (Salzburg, HSV, Austria, 1x international), **Helmut Kitzmüller** (Torhüter beim LASK, Meister 1965), **Franz Hasil** (Rapid, Schalke, Feyenoord Europacup- und Weltcupsieger, Klagenfurt, 21x international), **Roberto Falcao** (Porto Alegro, AS Roma, Sao Paulo, 36x für Brasilien international), **Hannes Sauhammel** (Neusiedl-Spieler), **Erich Beer** (Hertha BSC, 24x für Deutschland international.).

Animalische Teams: Löwen: 1860 München, Kamerun, **Kängurus:** Bohemians Prag, **Drachen:** FC Porto, **Geißböcke:** Köln, **Panther:** Boavista Porto, **Zebras:** Duisburg, Juventus, **Grüne Krokodile:** Bursaspor, **Rote Skorpione:** Antalyaspor, **Gelbe Kanaris:** Fenerbahce, Nantes, **Wölfe:** Wolverhampton, **Bullen:** Red Bull Salzburg.

AMTS-SCHIMMEL

1983. Rapid reist per Bus nach Prag. Am „Eisernen Vorhang" zeitraubende Formalitäten. Diesmal sogar noch länger. Es gibt für ***Kurt Garger*** *und* ***Christian Keglevits*** *„Sonderformulare".* ***Antonin Panenka*** *übersetzt hilfreich: „Wann war Ihre Oma zuletzt in Russland?", „Haben Sie Verwandte in Kasachstan?" Die Betroffenen maulen: „Warum eigentlich nur wir?" Schlitzohr Panenka, Urheber des Schabernacks, wiehert vor Vergnügen wie ein Amtsschimmel: „Weil ihr* ***Burgenländer*** *seid."*

> ***Ein Python kann nie ein Stachelschwein verschlingen.***
> *Transparent ghanesischer Fans beim 2:1 gegen die USA bei der WM 2006*

> ***Kein Pferd würde auf den Körper eines Menschen treten, der am Boden liegt. Kroatische Spieler schon.***
> **Eugen Drewermann,** *dt. Theologe, EM 96*

ANIMALISCHE (SPITZ-)NAMEN

● Wie kam **Dragan Stojkovic** (*1965, Roter Stern Belgrad) zu seinem Spitznamen ***Piksi?*** Ganz einfach: Er besaß einen Papagei dieses Namens – der offenbar genauso gern und viel redete.

● Wie kam der Brasilianer **Waldemar Graziano** (*1938, Austria-Wien) zu seinem „Kampfnamen" **Jacaré?** Der erste schwarze Spieler in Österreich, den die Sportjournalistin **Alice Kaufmann** 1962 um 250.000 Schilling nach Wien

Es stört mich nicht, dass in diesem Land ein paar hunderttausend Wellensittiche so heißen wie ich.

(... und zwar sowohl in Deutschland als auch in Österreich, wie Vornamensvetter Krankl weiß)
Hansi Müller, *deutscher Teamspieler*

geholt hatte, wurde schon als Bub aus ärmlichen Verhältnissen wegen seiner kaputten Schuhe so gerufen: Die Sohle klappte beim Copacabana-Kickerl auf und zu wie bei einem ***Jacaré*** – und das heißt ***Alligator***. Bei uns wurde er bald liebevoll ***Murli*** gerufen und heiratete später eine Tirolerin. ➜ ***Schiedsrichter***

● In welcher österreichischen Mannschaft spielten ***Mopsl*** & ***Bärli*** mit dem ***Bimbo*** im Sturm? Bei der legendären Rapid-Erfolgstruppe der 1950er-Jahre, die Tore am Fließband produzierte: **Erich Probst** (1927-1988) und **Robert Dienst** (1928-2000) neben **Franz Binder** (1911-1989). Bei allen dreien standen Aussehen, Ähnlichkeit und Ausstrahlung Pate. ➜ ***Spitznamen***

● In **Paul Breitner** (*1951, Bayern, Real, Weltmeister 1974) erkannte man (rein frisurentechnisch) rasch den ***Pavian***.

● Der Brasilianer **Edmundo** (*1971, AC Florenz, Vasco da Gama, WM-Finalist 1998) wurde durch Tätlichkeiten und Platzverweise ***O Animal – das Tier***.

● Sein Landsmann **Julio Baptista** (*1981, FC Sevilla, Real Madrid) gilt deshalb gar als ***La Bestia – die Bestie.***

● Der argentinische Torhüter **Roberto Abbondazieri** (*1972, River Plate) verdankt seinem Bewegungsstil das Prädikat ***El Pato – die Ente.*** Derzeit watschelt er bei Getafe (Spanien).

➜ ***Bitte umblättern!***

Hätten Sie's gewusst?

ARROGANZ

Welcher nationale europäische Fußballverband trägt bis heute hochmütig keinen Hinweis auf das eigene Land im Namen?

a. England (FA: Football Association)
b. Italien (FGC: Federazione G. Calzio)
c. Frankreich (FF: Féderation Futbol)

Richtige Antwort: **a.** *(b und c erfunden)*

Warum berief der deutsche Bundestrainer Helmut Schön für die WM 1978 die Topstars Beckenbauer und Stielike nicht ins Team?

a. Beide waren außer Form
b. Beide spielten im Ausland
c. Beide hatten gegen ihn opponiert

Richtige Antwort: **b.**

ANZÜGLICHES (1)

Auch Babbel hat das Loch von Kohler hervorragend ausgefüllt.
Karl-Heinz Feldkamp, *deutscher Trainer*

Hätten Sie's gewusst?

ANZÜGLICHES (2)

*Warum brachen am 12. 12. 1987 Zehntausende Zuschauer des Freundschaftsspiels Brasilien - Deutschland (1:1) in Gelächter aus, als der Stadionsprecher acht Minuten vor Schluss die Einwechslung von **Franco Foda** (damals Kaiserslautern, später bei Sturm-Graz) bekanntgab?*

Franco Foda

a. Weil Foda über die Fahne des Schiri-Assistenten stolperte und sofort wieder ausgewechselt wurde.
b. Weil der Name Franco Foda auf portugiesisch „kostenloser Geschlechtsverkehr" bedeutet.
c. Weil er irrtümlich im Trikot der gegnerischen Brasilianer einlief

Richtige Antwort: **b.**

ABERGLAUBE
Mehmet Scholl *über einen unruhigen Flug des FC Bayern zu einem UEFA-Cup-Auswärtsspiel: „Ich sah lauter erschrockene Gesichter mit aufgerissenen Augen. Da sagte ich mir: Okay, setz dich einfach neben den **Uli Hoeness**. Der hat schon einen Absturz überlebt. Und neben den **Franz Beckenbauer**. Eine Lichtgestalt kann physikalisch gar nicht abstürzen.*

ARSCHKARTE

Gelb steckt in der Brust - Rot in der Gesäßtasche.

Obwohl die genaue Herkunft der Redewendung nicht belegt ist, liegt ein Verdacht sehr nahe: Die 1970 eingeführte ***Rote Karte*** als Zeichen des Platzverweises steckte, um Verwechslungen zu vermeiden, nicht wie die ***Gelbe Karte*** in der Brusttasche, sondern in der Gesäßtasche der Schiris. Ein Spieler, der Rot sieht, hat somit ***„die Arschkarte gezogen"***. Und ein Wort geht um die Welt ...

- Zwei Weltklasse-Flöhe springen ins Auge: Der Argentinier **Lionel Messi** (*1987, Barcelona) als ***La Pulga*** (➜ ***Zwergerln)*** und der urschnelle Ukrainer **Oleg Blochin** (*1952,Kiew), Europas Fußballer 1975) als ***Blocha.***

- Der Franzose **Ludovic Giuly** (*1976, Lyon, FC Barcelona) ist ***El Ratón*** (die Maus), sein spanischer Ex-Kollege, **Javier Saviola** (*1981, Real) ***El Conejo*** (der Hase) und Argentiniens **Claudio Lopez** (*1974, Racing Paris, 55 Länderspiele, 10 Tore) ***El Piojo*** (die Laus).

- Spaniens Torjäger **Emilio Butragueno** (*1963, Real) galt dank Profil und Angriffsstil als ***El Buitre*** (der Geier), der langhalsige Brite **Jackie Charlton** (*1935, Weltmeister 1966) als ***Giraffe*** und der großpratzige Russe **Lew** ➜ **Jaschin** (1929-1990) als ***Spinne,*** die nichts ins Netz ließ. Unser **Walter Zeman** (1927-1991, Rapid, WM-Dritter 1954) war ***Tiger*** (von Glasgow) und ***Panther*** (von Budapest).

- Fehlen nur noch ***der Büffel*** **Christian Stumpf** (*1966, Rapid, LASK), ***El Caballo*** (das Pferd) **Gordillo** (*1975, Real), ***die Katze*** **Ralf Zumdick** (*1958, Bochum-Keeper, Dortmund-Kotrainer) und **Berti,** der **Vogts-*Terrier.***

ÄRZTE

Von dem würde ich mich nicht behandeln lassen. Ich gehe nur zu Ärzten meines Vertrauens.

Bernd Krauss *über den Zahnarzt und Schiedsrichter Markus Merk*

„Mein Arzt hat mir geraten, mit dem Fußballspielen aufzuhören." – „Hat er dich denn gründlich untersucht?" – „Nein, er hat mich spielen gesehen."

Wenn Sie dieses Spiel atemberaubend finden, dann haben Sie es an den Bronchien.

Marcel Reif, *premiere-Kommentator*

Der gefoulte Stürmer humpelt mit schmerzverzerrter Miene übers Feld. Meint der Trainer zum Masseur: „Bei dem weiß ich nie, ob ich den Doktor oder den Theaterkritiker kommen lassen soll."

Kompliment an meine Mannschaft und meinen Dank an die Mediziner, sie haben unmenschliches geleistet.

Berti Vogts, *dt. Ex-Bundestrainerw*

Hätten Sie's gewusst?

ÄRZTE OHNE GRENZEN

Wessen Gesundheit überprüfte der Teamarzt Brasiliens 1962 vor der WM in Chile im Vorrunden-Spielort des Titelverteidigers?

a. die der Köche im Hotel
b. die der 24 Prostituierten im Bordell
c. die der Haustiere im Quartier

Richtige Antwort: **b.**

AUFSTEIGER & ABSTEIGER

Ich muss mich noch bei meinem Präsidium entschuldigen, weil wir das Saisonziel „Klassenerhalt" nicht geschafft haben.

Dietmar Demuth *(zum überraschenden Aufstieg des FC St. Pauli in die erste Liga)*

Man kann nicht von Pech reden. Wir sind souverän aus dieser Liga verschwunden!

Peter Fischer *(Eintracht Frankfurts Präsident nach dem Abstieg 2001)*

AUSREDEN & AUSFLÜCHTE

Er kam nicht ins Spiel und wurde dann immer schlechter.

Felix Magath, *als Stuttgart-Trainer über den Rumänen Ioan Viorel Ganea)*

Ich sehe einen positiven Trend: Tiefer kann es nicht mehr gehen.

Olaf Thon, *deutscher Ex-Internationaler*

Wir stecken zur Zeit in einer Ergebniskrise.

Toni Schumacher, *Trainer von Fortuna Köln*

Wenn man ein 0:2 kassiert, dann ist ein 1:1 nicht mehr möglich.

Aleksandar Ristic, *dt. Bundesliga-Trainer*

AUFSITZER

In Deutschland „Aufsetzer": Ein tückischer Schuss, der unterwegs noch einmal Bodenberührung hat, einem flachen Stein auf der Wasseroberfläche vergleichbar.

ASKESE

Berti Vogts sagte einmal als Teamchef: „Sex vor dem Spiel? Das können meine Spieler halten wie sie wollen. Nur in der Halbzeit geht nix."

(→ **Liebesleben**)

A

Otto Baric mahnt, denn die tragbare Leuchttafel zeigt: Nur 1 Minute Nachspielzeit! Untragbar ...

AUSTAUSCH

> ***Jetzt wechselt Jamaika auch noch den Torhüter aus!***
>
> GERD RUBENBAUER, *ARD-Kommentator (es wurde 1 Minute Nachspielzeit angezeigt ...)*

● Der ***Kölner Stadt-Anzeiger*** in einem Matchbericht: „**Paolo Guerrero** hat Bayern München vor einer Blamage in Frankfurt bewahrt. Kurz ***nach*** seiner Auswechslung traf er zum 1:0."

● **Marcell Fensch** saß 1997 beim Spiel gegen den Karlsruher SC auf der Bank des 1. FC Köln, als ihn Trainer **Lorenz-Günther Köstner** einwechseln wollte. Der Amateur hatte aber sein Leiberl in der Kabine vergessen und brauchte vier Minuten, es zu holen. Der KSC hatte inzwischen in Überzahl das Spiel für sich entschieden. Zum Klassenerhalt fehlten den Geißböcken am Ende der Saison ganze drei Punkte - oder ***ein Trikot***.

● Als unser „Herzilein" **Andy Herzog** glücklos bei den Bayern spielte, stellte er fest: ***„Fußball ist erst ab der 60. Minute so richtig schön. Aber da bin ich meistens schon unter der Dusche."***

Hätten Sie's gewusst?

A WIE AUSGEWECHSELT

Seit welcher WM ist der Austausch erlaubt?

a. 1966 in England
b. 1970 in Mexiko
c. 1974 in Deutschland

Richtige Antwort: **b.**

Lehrerin: *„Nenne mir drei berühmte Männer die mit B beginnen."*
Schüler: *„Ballack, Basler, Beckenbauer!"*
Lehrerin: *„Hast Du noch nie etwas von Bach, Brecht oder Brahms gehört?"*
Schüler: *„Austausch-Spieler interessieren mich nicht!"*

ABSTAUBER & AUSPUTZER

Was für weibliche Ohren so hübsch nach Reinigungspersonal klingt, steht im Österreichischen für → Knipser, also Torjäger, bzw. für eine veraltete Abwehr-Rolle. Der sauberste Spieler ist der Tormann, wenn er sein Gehäuse reinhält (→ Phrasen).

AUSSCHLUSS x 3!

Am 16. Dezember 2006 sah der Schotte **Andy McLaren** in einem Zweitliga-Match seines FC Dundee gleich dreimal Rot. Nachdem er kurz vor Abpfiff wegen Foulspiels vom Platz gestellt worden war, schlug er auf dem Weg hinaus einem Gegner ins Gesicht. Der darüber informierte Schiri holte sich McLaren nach Spielende in seine Kabine und zeigte ihm noch einmal „Rot". Daraufhin trat dieser ein Loch in die Kabinentür des Referees und erhielt ***seine dritte Rote Karte***.

„ANSCHLUSS"

3. April 1938 – *das Geisterspiel*, das in der deutschen Länderspiel-Statistik nirgends auftaucht. Nach dem „Anschluss" (Einmarsch der Nazis) treten die „Ostmärker" im Praterstadion in Rot-Weiß-Rot gegen das „Altreich" an und gewinnen gegen den ausdrücklichen Wunsch „von oben" durch Tore von **Matthias Sindelar** und **Karl Sesta** 2:0. **Hitler** lässt zur Strafe alle Profiverträge annullieren (→ ***Wunderteam***).

B

Bälle, Bananen und Bogenlampen

B wie Bälle, Bananen und Bogenlampen

„Der springende Punkt ist der Ball" und „Das Runde muss ins Eckige!" - ganz so einfach ist es auch wieder nicht. Woher kommen die *Bananen?*

Rehakles gab den Göttern die Kugel: Griechenlands EM-Held Otto Rehhagel vor der Akropolis

DIE TOP TEN BEGRIFFE FÜR DEN BALL

1. Das Leder
2. Die Kugel
3. Das Laberl
4. Die Frucht
5. Die Wuchtel
6. Die Haut
7. Die Murmel
8. Die Kirsche
9. Die Pille
10. Das Ding

BÄLLE

● Der Umfang des Balles darf bei Spielbeginn nicht mehr als 71 und nicht weniger als 68 cm betragen.
● Das Gewicht des Balles darf zu Beginn nicht mehr als 453 und nicht weniger als 386 Gramm sein.
● Der Druck sollte 0,6 - 0,7 atü sein. Die frühen Bälle waren selbst unter gröbsten geometrischen Gesichtspunkten *rund* noch im weitesten Sinn *elastisch*. Vor der Weltmeisterschaft 2006 in Deutschland versuchten sich HSV-Spieler mit historischem Schuhwerk (wienerisch: *Packeln*) an den schmerzhaft schweren „Stein"-Kugeln von seinerzeit und erweckten dabei den Eindruck blutiger Berufsneulinge. Die mit Leder umhüllte luftgefüllte Schweinsblase (Fußballexperte **Peter Handke** erkannte in ***Die Angst des Tormanns beim Elfmeter***: „Fußball hat eine Seele") war eher tückisch oval.
● Ärgste Schikane: Dort, wo man den später entwickelten inneren Gummischlauch verschnürte, blieb ein *Tippel* (deutsch: *Hubbel*), der bei Kopfbällen gern folgenschwere Blessuren hinterließ. Das Luftventil revolutionierte das Spiel, die Kugel blieb aber unberechenbar: Sie sog sich bei Regen mit Wasser voll (➔ ***Angesoffener Ball).*** Erst die modernen Kunststoff-Kunstwerke aus den Hi-Tech-Labors ermöglichen heute den vollendeten Fußballgenuss, auch wenn Torhüter maulen. ➔ ***Flatterball.***

DER BESTE BECKHAM-WITZ*

David Beckham has gone crazy believing Posh has been having an affair on him. He goes out and buys a gun. He rushes home to confront his wife, and finds her in bed with none other than Ruud Van Nistelrooy. Devastated, Beckham takes out the gun and points it at his own head. „No, David don't do it." Posh cries jumping up from underneath the covers: „I'm sorry and I know we can work this out." – „Shut up and sit back Victoria", David replies. „You're next."
**Wer's auf Englisch nicht versteht, darf gar nicht über David Beckham lachen.*

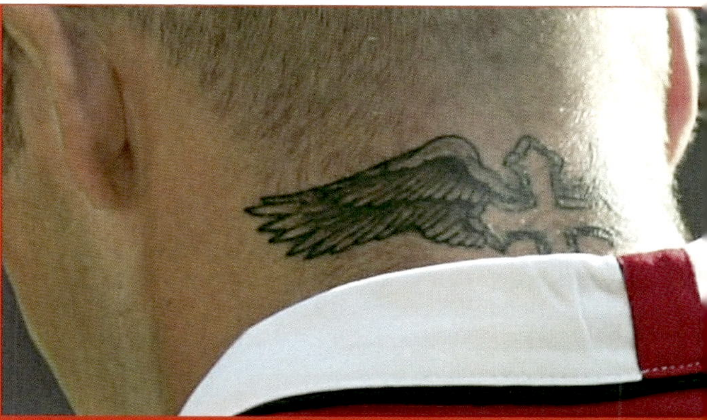

Das Kreuz des David Beckham: Immer zwei Flügel im Nacken

Und nun ein Einwurf. Nein, ein Eckball. Nein, ein Einball.
MANFRED BREUCKMANN, *WDR-Reporter*

Sutter hat in den Füßen mehr Gefühl als andere in den Händen. Bei ihm möchte man Ball sein.
THOMAS KLEMENTZ, *premiere-Kommentator*

Der schnellste Spieler ist der Ball.
SEPP HERBERGER, *dt. Bundestrainer (1936-1964)*

Für die meisten Bundesligaprofis wäre es besser, der Ball wäre ein Würfel. Dann würde er nicht so weit wegspringen.
BUFFY ETTMAYER, *österreichische Kicker-Legende*

Wissen Sie, wer mir am meisten leid tat? Der Ball.
FRANZ BECKENBAUER, *deutscher TV-Experte*

Die deutsche Nationalelf an der Grenze. Der Zollbeamte sagt zu Andy Möller: „Zeigen Sie mir doch mal Ihren Pass!" – Daraufhin antwortet Möller: „Ja gerne, haben Sie einen Ball?"

Hätten Sie's gewusst?

BALL
Bei welchem WM-Finale wurde zuvor ausgelost, wer in der ersten bzw. zweiten Hälfte mit jeweils „seinem" Ball spielen durfte?

a. Italien – Tschechoslowakei 2:1 (1934)
b. Deutschland – Ungarn 3:2 (1954)
c. Uruguay – Argentinien 4:2 (1930)

Richtige Antwort: **c.**

Happel-Triple: 2 Bälle, 1 Tschick → ***Ballzauber***

B

BALLZAUBER (1)

Ernst Happels lebenslange Du-Freundschaft mit der Kugel (ob aus Leder auf dem Rasen oder aus Elfenbein im Casino) ist „aktenkundig". Der geniale Abwehrchef Rapids und im Nationalteam pflegte hohe Bälle in „seinen" Strafraum gern mit dem Hintern (!) zu stoppen: Einmal aufspringen lassen und draufsetzen. Ein garantierter Lacher für die Fans und eine Macht-Demonstration für die Gegner (→ ***Cola-Dose,*** → ***Eigentor).***

BALLZAUBER (2)

Vom spektakulärsten Tor des Jahrhundert-Fußballers **Pelé** gibt es kein Filmdokument: Brasiliens Nationalheld erzielte es in den 60ern auf Tournee mit seinem *FC Santos* gegen die *Rangers* in Glasgow. Einen Cornerball „unterflog" er am „16-er" und scorte volley mit beiden Fersen ins Kreuzeck der Schotten. (→ ***Skorpion-Kick).***

EIN BALL VERHUNGERT
Dabei geht der Kugel bzw. ihrer Seele keineswegs die Luft aus – es handelt sich nur um einen Schuss, der's nicht bis zum Tor schafft.

EIN BALL IST ANGESOFFEN
Dabei hat die „Wuchtel" nicht zuviel an Alkohol, sondern nur an (Regen-)Wasser erwischt und wird immer schwerer.

EIN BALL HAT EINE FETT'N
Dabei ist das Leder (oder Plastik) weder eingeschmiert noch übergewichtig – es handelt sich nur um die österreichische Lautmalerei für „Effet" (frz. für: absichtlich erzielte Balldrehung).

BESTECHUNG

Reporterfrage: „Sie haben in dieser Saison noch kein Spiel verloren – woran liegt das?" Trainer-Antwort: „Keine Ahnung. Dabei wette ich vor jedem Spiel mit dem Schiedsrichter um 5000 Euro, dass es diesmal so weit sein wird."

Hätten Sie's gewusst?

BÖSER VERDACHT

Warum wurde den ungarischen Favoriten nach dem verlorenen WM-Finale 1954 gegen Deutschland (2:3) in ihrer Heimat vorgeworfen, sie wären „gekauft" gewesen?

a. einige Spieler hatten während der WM einen Mercedes bekommen

b. einige Spieler hatten sich mit deutschen Frauen verlobt

c. einige Spieler hatten lukrative Vorverträge mit deutschen Vereinen abgeschlossen

Richtige Antwort: **a.**

Die Maß war voll: Jeremies erfrischt Fink.

BIER HER, BIER HER!

Die Top-Stars tragen ihre Sixpacks unterm Dress, die Fans trinken's lieber. **Bierernste Frage:** Welche Nation verträgt am meisten? **Gegenfrage:** Kommt Tschechien etwa gar von *tschechern*? – Ja, aber nur, wenn's nach dem jährlichen Bierkonsum geht, pro Kopf und roter Nase! Nach der aktuellen Schluckspecht-Weltrangliste würde sich ein EM-Finale Tschechien *(158 Liter)* gegen Deutschland *(115,8)* zusammenbrauen. **Auf Platz 3 „voll" dabei:** Österreich würde überschäumend *(108,6 Liter)* sogar die geeichten Engländer *(100,8)* spielend unter den Bier-Tisch saufen! Na, Prost ...

DURCH DIE BLUME

1000 Rosen für den Realisten Rehhagel.

> ***Wenn ich heute fünf Talente einbaue und mehrere Spiele hintereinander verliere, dann lassen die Leute an den Blumen, die sie mir zuwerfen, plötzlich die Töpfe dran.***
>
> **OTTO REHHAGEL**, *dt. Trainer-Legende*

Der offensive rechte Hamburger Außenverteidiger Kaltz (Bild: Bei der WM 1982 gegen Schachner und Krankl) galt als Flankengott und Bananenkönig.

DER ERSTE BALL

Apropos **Edson Arrantes do Nascimento** (wie **Pelé** wirklich hieß): Seinen ersten eigenen Ball gibt es in seinem Museum in Berlin zu bestaunen. Das Unding besteht zur Gänze aus alten, gebündelten Wollsocken, die der Knirps in seinem Geburtsort *Tres Coraçoes* (drei Herzen) mit glühender Leidenschaft gesammelt hatte. Der britische Begriff *Soccer* geht aber nicht auf die *Socken* zurück, sondern auf das SOC in „Football As**soc**iation" (zur rascheren Unterscheidung vom *American Football*).

> *Manni Bananenflanke, ich Kopf, Tor!*
>
> HORST HRUBESCH, *HSV-Kopfballungeheuer*

BOGENLAMPEN & BANANEN

Als Pionier angeschnittener Bälle gilt der größte Unbekannte der Fußballgeschichte: **Arthur Friedenreich** (1892-1969). „Pé de Ouro" (Goldfuß) hieß der Sohn eines deutschen Ingenieurs und einer brasilianischen Wäscherin, der nichts anderes nützte als den ...

● ***Bernoulli-Effekt***: Wenn Flüssigkeiten und Gase strömen, so der Schweizer Physiker **Daniel Bernouilli** (1700-1782), üben sie einen geringeren Druck auf Ihre Umgebung aus. Dem fliegenden Ball strömt „Fahrtwind" entgegen. An den Seiten: Unterdruck. Zwischen Ball und Luft: Reibung. Auf der getroffenen Seite wird eine Luftschicht mitgerissen, zugleich strömt Luft entgegen. Es prallen rotierende und strömende Luft aufeinander: Überdruck! *Der Ball fliegt eine Kurve. Alles klar?* ***Banane*** ist die sich vom Tor wegdrehende Flanke, ***Bogenlampe*** der hohe Schuss, der sich „plötzlich" ins Netz senkt.

Hätten Sie's gewusst

SPIEL OHNE BALL

Hohe Warte, Ende der 50er Jahre, österreichische Meisterschaft: Vienna empfängt vor 30.000 Zuschauern Austria. Die Veilchen haben Ankick. Da beim Aufwärmen alle Bälle verschossen worden waren, zeigt man einen ganzen Angriff ohne Ball. Welchem ***Ernst*** *fiel dieser Spaß ein – den im Übrigen der Schiedsrichter nicht sofort durschaute?*

a. Ernst Ocwirk (1926-1980)
b. Ernst Melchior (1920-1978)
c. Ernst Stojaspal (1925-2002)

Richtige Antwort: **c.**

B

DIE BRÜDER-*PAAR*ADE*

- **Klaus & Thomas Allofs** (*Klaus*, 56 Länderspiele, 17 Tore, bei Köln, Düsseldorf, Marseille, Bordeaux; *Thomas*, 2 Länderspiele, Düsseldorf, KSC, Köln, Straßburg).
- **Hamit & Halil Altintop** (Name heißt „Goldener Ball"): *Hamit* bei Schalke, Bayern; *Halil* bei KSC, Schalke).
- **Giuseppe & Franco Baresi** (*Giuseppe* bei Inter-Mailand, *Franco* bei AC Milan).
- **Ronald & Frank de Boer** (*Ronald*, 67 Länderspiele, bei Ajax, Enschede, Barcelona, Rangers; *Frank*, 112 Länderspiele, 13 Tore, bei Ajax, Barcelona, Galatasaray).
- **Jackie & Bobby Charlton →**
- **Mario & Juan Evaristo →**
- **Bernd & Karlheinz Förster →**
- **Dieter & Uli Hoeneß** (*Uli*, 35 Länderspiele, 5 Tore, EM 1972, WM 1974, bei Ulm, Bayern; *Dieter*, 6 Länderspiele, 4 Tore, bei Ulm, Stuttgart, Bayern).
- **Erich & Norbert Hof** (*Erich*, 37 Länderspiele, 18 Tore, bei Sportklub, Austria; *Norbert*, 31 Länderspiele, 1 Tor, bei Sportklub, HSV, Rapid).
- **Willy & René van de Kerkhof →**
- **Reinhard & Wolfgang Kienast** (*Reinhard*, 13 Länderspiele, 3 Tore, 4 x Meister mit Rapid; *Wolfgang* bei Rapid und Sportklub).
- **Erwin & Ronald Koeman** (*Erwin*, 34 Länderspiele, 3 Tore, bei Groningen, Eindhoven, Mechelen; *Ronald*, 78 Länderspiele, 14 Tore, bei Groningen, Eindhoven, Ajax, Barcelona, Feyenoord).
- **Friedl & Peter Koncilia** (Keeper *Friedl*, 8x Meister, 84 Länderspiele, bei Klagenfurt, Innsbruck, Anderlecht, Austria; *Peter*, 6 Länderspiele, bei Klagenfurt, Innsbruck).
- **Robert & Alfred Körner** (beide Rapid): *Robert*, 16 Länderspiele, 1 Tor; Alfred, 47 Länderspiele, 14 Tore.
- **Ernst & Paul Kozlicek** (Wacker Wien)
- **Niko & Robert Kovac** (*Niko* bei Hertha BSC, Leverkusen, HSV, Bayern, Salzburg; *Robert* bei Nürnberg, Leverkusen, Bayern, Juve, Dortmund)
- **Erwin & Helmut Kremers** (beide bei Mönchengladbach, Offenbach, Schalke): *Erwin*, 15 Länderspiele, 3 Tore, *Helmut*, 8 Länderspiele.
- **Michael & Brian Laudrup** (*Michael* bei Brondby, Juve, Lazio, Barcelona, Real, Ajax; *Brian*, in Wien geboren, da Vater *Finn* beim Sportklub spielte, bei Brondby, Uerdingen, Bayern, AC Florenz, Milan, Glasgow Rangers, Chelsea, Ajax, Europameister 1992)
- **Gerrie & Arnold Mühren** (Gerrie, 10 Länderspiele, bei Ajax, Betis Sevilla; Arnold, 23 Länderspiele, bei Ajax, Enschede, ManU, Ipswich)
- **Gary & Phil Neville** (ManU; Everton)
- **Andy & Ernst Ogris** (*Andy*, 63 Länderspiele, 11 Tore, bei Austria, Espanyol Barcelona; *Ernst*, 1 Länderspiel, 1 Tor, bei Austria und Hertha BSC Berlin, angeblich, weil ihn der greise Vorstand mit Andy *verwechselt* hatte.
- **Karl-Heinz & Michael Rummenigge** (*Kalle*, 95 Länderspiele, 45 Tore, bei Bayern, Inter, Servette; *Michael* bei Bayern, Dortmund)
- **Robert & Josef Sara** (Austria)
- **Fritz & Ottmar Walter →**
- **Walter, Ernst, Gerhard, Erich, Günther & Ewald Zacsek** (SC Marchegg): Nur 5 der 6 spielten gemeinsam - Günther und Ernst waren beide Torhüter.

**jeweils nach dem Alter gereiht*

Fast 3 Brüderpaare in einem Spiel

1. WM 1930 in Uruguay: **Mario & Juan Evaristos** (Arg) im Finale, den Titel holte sich aber der Gastgeber. Am 19. 7. 1930 wär's bei Mexiko - Argentinien fast zum *totalen Bruderkrieg* gekommen: Mexiko bot **Manuel & Felipe Rosas** *plus* **Rafael & Francisco Gutierrez** auf, doch Argentinien verzichtete auf die **Evaristos** ...

Der übermächtige „Alte Fritz"

Die ersten Weltmeister-Brüder waren *lauter Kaiser* aus *Kaiserslautern*: Deutschlands Kapitän **Fritz**, 61 Länderspiele, 33 Tore, und **Ottmar Walter** 20 Länderspiele, 10 Tore. 1954 schlugen sie Ungarn mit 3:2 *(Das Wunder von Bern).* Nach der Karriere lief ihr Leben diametral. Fritz erfolgreicher Geschäftsmann, Ottmar, heute 83, versuchte sich als gescheiterter Tankwart sogar das Leben zu nehmen.

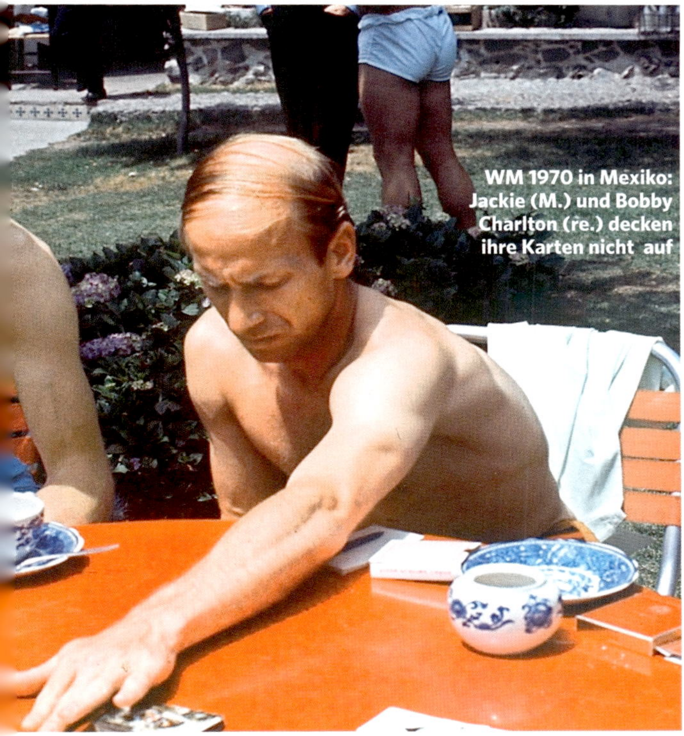
WM 1970 in Mexiko: Jackie (M.) und Bobby Charlton (re.) decken ihre Karten nicht auf

Langer Hals und hohe Stirn

Beide *very british* – aber unterschiedlicher können Brüder nicht sein: Spätstarter **Jackie** (*die Giraffe*, ➜ ***Animalische Spitznamen***) kam erst 1965, mit 30, zum ersten Länderspiel. Der rastlose Rackerer im defensiven Mittelfeld hielt seinem weltberühmten Bruder oft den Rücken frei. **Bobby**, seit 1958 in der englischen Auswahl, brillierte dank seiner Torgefährlichkeit (mit 49 Treffern noch immer Rekordschütze der *Three Lions* ➜ ***Spitznamen von Nationalteams***) und dem strategischen Genius.
Bei beiden auffallend: Die Vereinstreue. **Jack** spielte in 21 Jahren 773x für *Leeds United*, „Sir" Bobby (wie **Alf Ramsey, Stan Matthews** und **Bobby Moore** in der Riege der Ritter) trug in 19 Jahren 752x das Trikot von *Manchester United*, ehe er nostalgisch bei seinem ersten Klub *Preston North End* anheuerte. Ein letztes Mal gemeinsam spielten Charlton & Charlton bei der WM 1970 in Mexiko.

Zweimal Zweiter: Geteiltes Leid ist doppeltes Leid ...

Bei **Willy & René van de Kerkhof** hat sich das Pech doppelt verbrüdert. Zwar haben die niederländischen Zwillinge (die einzigen, die beide bei einer Weltmeisterschaft ein Tor erzielten) Großes erreicht, aber eben nicht das Größte. René, 47 Länderspiele, 5 Tore, und Willy, 63 Länderspiele, 5 Tore, wurden Doppel-Vize-Weltmeister. 1974 fast nur Ersatz (René spielte eine Hälfte beim 1:2 im Finale gegen Deutschland), absolvierten sie 1978 alle Partien bis ins Finale gegen Argentinien – 1:3 nach Verlängerung in Buenos Aires.

Zwei Schwaben machten einen EM-Sommer

1980 war *das* große Jahr der Stuttgarter Abwehr-Brüder **Bernd & Karlheinz Förster**: Europameister 1980 in Rom (2:1 gegen Belgien), wobei nur der zwei Jahre jüngere Karlheinz im Finale stand. Bei der WM 1982 in Spanien spielte er alle 7 Spielen der Deutschen, auch das 1:0 gegen Österreich (➜ ***Schande von Gijon***). Bernd kam erst in der zweiten Finalrunde zum Einsatz: 4 Partien, einschließlich des Halbfinal-Krimis gegen Frankreich (3:3 n.V., 8:7 n.E. ➜ ***Thriller von Sevilla***) und der 1:3-Finalniederlage gegen Italien.

Hätten Sie's gewusst

DOPPELT VERBRÜDERT
Welche beiden Brüderpaare waren die bisher einzigen, die jeweils in ein- und demselben siegreichen WM-Team spielten?

a. Die Walters & die Charltons
b. Die Körners & die Baggios
c. Die Maradonas & die Koemans

Richtige Antwort: **a.**

BADKICKER
Abwertender österreichischer Begriff für einen müden, lustlosen, Stand-Fußballer.

BRIESKICKER
Anerkennender österreichischer Begriff für einen inspirierten (bis genialen) Spieler. Bries = Hirn des Rindviehs.

DIE TOP 20 BERUFS-SPIELER – FUSSBALLSTARS ALS STANDESVERTRETER

20. Bauer (*Edi*, Serien-Meister mit Rapid bis 1921, 23 Länderspiele, 13 Tore, danach u. a. Teamchef 1945-1948).
19. Krämer (*Werner*, Spitzname: „Eia", MSV Duisburg, HSV, Bochum, Vizeweltmeister mit Deutschland 1966).
18. Förster (*Bernd u. Karl-Heinz*, VfB Stuttgart), ***Seite 35.***
17. Maurer (*Helmut*, als Tormann Cupsieg 1976 mit Rapid, 1 Länderspiel).
16. Hunter (= engl.: Jäger, *Norman*, Leeds United, Weltmeister 1966).
15. Weber (*Heribert*, Pöls, Sturm, Rapid, Austria-Salzburg, 5x Meister, 4x Cupsieger, 2x Europacup-Finalist, 68x international, langjähriger Kapitän).
14. Probst (fast ein kirchlicher Würdenträger, *Erich Mopsl*, → ***Animalische Spitznamen,*** Rapid, 4x Meister, 19 Länderspiele, 17 Tore, WM-Dritter 1954).

„Kleines, dickes Müller" (re.) nannte ihn Trainer Cajkovski in den 70ern: Gerd, der beste Bayern-Bomber und Inbegriff für → *Torjäger*

13. Müller (*Dieter*, Köln, Girondins-Bordeaux, 12 Länderspiele, 9 Tore, *Gerd, der* Bayern-Bomber, 4x Meister, 4x Pokalsieger, 4x Europacupsieger, Weltmeister 1974, 62 Länderspiele, 68 Tore, *Hansi*, VfB Stuttgart, Inter-Mailand, Tirol, 42 Länderspiele, 5 Tore, und *Wudi*, eigentlich *Heinrich*, Austria, dreifacher Wunderteam-Spieler).
12. Schäfer (*Hans*, Spitzname: *de Knoll*, 1. FC Köln, 39 Länderspiele, 15 Tore).
11. Reiter (*Peter*, Spieler bei Rapid)
10. Wagner (*Theodor Turl*, Wacker-Wien, 1x Meister, 1x Cupsieger, 46 Länderspiele, 22 Tore, WM-Dritter 1954)
9. Schuster (*Bernd*, Köln, Barcelona, Real Madrid, Europameister 1980) und **Schuhmacher** (*Harald*, genannt *Toni*, Tormann bei Köln, Vize-Weltmeister 1982 und 1986) und **Zapater** (= span.: Schuster, *Alberto*, Real Saragossa)
8. Fischer (*Klaus*, Schalke, 45 Länderspiele, 32 Tore, Vize-Weltmeister 1982).
7. Schneider (*Bernd*, Bayer-Leverkusen 04, 79 Länderspiele, 3 Tore).
6. Baumeister (*Ernst*, 8x Meister mit Austria, 39 Länderspiele, 1 Tor).
5. Seaman (= engl.: Matrose, *David*, Arsenal, 75 Länderspiele)

Heißt Seaman, schwimmt aber häufig ...

4. Schmied (*Kurt*, Vienna, 38x österreichischer Teamtorhüter, WM-Dritter 1954) → ***Hitzeschlacht,*** und **Herrera** (= span.: Schmiedin, *Helenio*, 1916-97, argentin. Trainer, 2x Meistercupsieger).
3. Butcher (= engl.: Fleischhauer, *Terry* (WM-Vierter 1990 mit England)
2. Zimmermann (*Herbert*, Bayern München, Köln, Europameister 1980)
1. Beckenbauer (*Franz*, Lichtgestalt, Hersteller von Planschpools bzw. künstlichen Hüftgelenken).

Keine Seite eines Fußballbuchs ohne Kniefall vor dem Kaiser: Als *Becken-Bauer* ist man auch Experte für Pools und Hüftgelenke.

C

wie Charme, Chancen und Chuzpe

C wie Charme, Chancen und Chuzpe

Der Fußball spricht Englisch: Corner, Cup, Club und sogar Clowns. Aber auch altösterreichisch: Charme & Chuzpe sind zwei All-Time-Champions.

Der Pokal als Krönung für den kroatischen Kicker-König Davor Suker (1998: Real - Juventus 1:0)

DIE CHAMPIONS DER LEAGUE*

Top Ten Spiele

1.	Paolo Maldini	151
2.	Luis Figo	130
	Oliver Kahn	130
4.	Frank de Boer	127
5.	Philip Cocu	119
6.	G. Bergomi	117
7.	Clar. Seedorf	115
8.	David Beckham	111
	Stefan Reuter	111
10.	Raúl	110

Top Ten Tore

1.	G. Müller	66 (74)
2.	Eusébio	57 (75)
	A. Schewtschenko	57 (103)
4.	Raúl	56 (110)
5.	R. van Nistelrooy	53 (69)
6.	J. Heynckes	51 (64)
7.	Th. Henry	50 (109)
8.	Di Stéfano	49 (64)
9.	F. Inzaghi	48 (83)
10.	Santillana	47 (87)
	H. Larsson	47 (93)

** Stand: Mai 2007*

→ Alle Sieger: S. 40-44

CHARME

- Als Botschafter des Wiener Schmähs zeigte **Toni Polster** auch in misslichen Momenten Haltung. Nachdem ihn ein Referee in Deutschland ausgeschlossen hatte, verbeugte er sich formvollendet: „Handkuss an die Frau Gemahlin!"
- Österreichs genialer, aber glückloser Langzeit-Teamchef **Leopold Stastny** (1911-1996, 49 Länderspiele 1968-1975) rühmte sich der „hässlichsten Abwehr Europas" (**Krieger, Schmidradner, Horvath, Sturmberger, Strasser**). „Vorteil ist: Stürmer dreht um und rennt davon!"
- **Franz Beckenbauer** wurde einmal auf einem Sportlerball gefragt: „Werden Sie auch mit **Naddel** tanzen?" Seine Antwort: „Was ist das?" ➜ *Komplimente.*

> ***Sie können ruhig etwas lauter nicken.***
> **Udo Lattek,** *Trainer der alten Schule*

CHUZPE

Chuzpe (jidd.: *Frechheit*) erklärt man am besten so „böse" wie sie sein sollte: Ein Mann bringt seine Eltern um die Ecke – *und plädiert vor Gericht auf Halbwaise!* Der aus Budapest stammende Weltenbummler **Bela Guttmann** (1899-1981), der *Benfica* zweimal zum Meistercup führte (1961, 1962), ging als *Österreichs Teamkapitän* (1964) mit einem Funktionär in Wien spazieren, als ein Fremder den Hut zog: „*Die Ehre*, Herr Guttmann!" Der erwiderte den Gruß herzlich. Wenig später fragte sein Begleiter: „Wer war das?" Darauf Bela: „Ka Ahnung. Ich kenn' ja nicht einmal *SIE*."

> ***Wann S' reden wollen, müssen S' Staubsauger-Vertreter werden. Ich brauche nur Fußballer.***
> **Ernst Happel,** *nachdem ihn Tirol-Star Hansi Müller ersuchte: „Trainer, wir müssen reden"*

CHANCEN

> ***Ich habe nie an unserer Chancenlosigkeit gezweifelt.***
> **Richard Golz,** *Torhüter (Hannover 96)*

> ***Die Chancen stehen 50:50 oder vielleicht 60:60.***
> **Reiner Calmund,** *120-prozentiger Manager*

Hätten Sie's gewusst?

COLA-DOSE

***Ernst Happel** eilte bei fast allen Trainerstationen (Feyenoord, HSV, Tirol) die Story mit der Cola-Dose hinterher. Was ist ihr Inhalt?*

- **a.** Er füllte sie stets heimlich mit Wodka
- **b.** Er schoss sie vom 16er von der Latte
- **c.** Er leerte sie und köpfelte 20x damit

Richtige Antwort: **b.**

SCHASSEN, SCHANGSEN & CHANCENTOD

***Franz Beckenbauer** nennt Tormöglichkeiten gern (bayrisch) **Schassen**, Ex-Burgtheater-Direktor **Claus Peymann** sprach (westfälisch) von **Schangsen.** Und **Chancentod** ist der (üble) Nach-Ruf für einen verlässlichen Vernebler.*

KAP, KUP ODER KÖP?

***Cup** (engl. Tasse, österr. Häferl) gilt für Trophäe **und** Bewerb. Oft hört man **Kup** (schott. bzw. einsprachig), selten sogar **Köp** (frz.) – was von jenen Wiener Stars stammt, die sich nach dem Krieg als Legionäre in verdingt hatten.*

1993 Marseille — Ein Triumph für die rundeste Sache seit Erfindung des Balls

Nach 37 Jahren ***Europapokal der Landesmeister*** (der sich einst aus dem ***Mitropacup*** der 30-er entwickelt hatte) begann 1992 die gewaltigste Geldmaschine der Fußballgeschichte zu rattern – die ***UEFA Champions League*** mit „eigener" Hymne (frei nach **Georg Friedrich Händel** ➜ ***Musikalisches***) und dem bereits *sechsten* 62 Zentimeter hohen Glitzer-Häferl mit Henkeln wie goldgepiercte Elefantenohren. Wer 5x gewonnen hat, darf die Trophäe behalten (zuletzt *Liverpool* 2005 ➜ ***Die erfolgreichsten Klubs, Seite 42***). Was geschah im Gründerjahr? Mit *Olympique Marseille* siegte ein Außenseiter, dessen „Big Boss" **Bernard Tapie** sich und sein Geld dafür zerrissen hatte (angeblich zur „finanzielle Ermunterung" der nationalen Konkurrenten für eine frühe Entscheidung der französischen Meisterschaft, um Kräfte für die heiße Phase der Champions League zu sparen . ➜ ***Geld***). Und *Österreich?* ***Austria*** schied mit 3:1, 0:2 gegen *Brügge* in der 2. Vorrunde aus.

● **Finale: Marseille – AC Mailand 1:0 (1:0)**
Olympia-Stadion München, 69.000 Zuschauer, *Schiedsrichter:* Manuel Gonzales (Spanien), *Tor:* Boli (44.)

> *Nur Gott ist perfekt, aber Feiersinger ist es als Spieler.*
> **Nevio Scala,** *Trainer, über Dortmunds Final-Opfer*

1994 AC Mailand — „Il Genio" war noch fit – da kam Barca nicht mit

Als Coach **Fabio Capello** und sein Mailänder Orchester in einem *finale furioso* Barcelona den Marsch blies, läuteten die Freudenglocken in ganz Italien. Sein Primgeiger war **Dejan Savicevic** (*1966), heute Präsident seines montenegrinischen Verbandes, den alle *Il Genio* nannten. Da war er noch fullfit – bei *Rapid* (1999-2001) litt er leider schon deutlich an Materialermüdung. Apropos *Österreich:* **Austria** scheiterte in Runde 2 mit 1:2, 0:3 an Barcelona.

● **Finale: AC Mailand – Barcelona 4:0 (2:0)**
Olympiastadion, Athen, 76.000 Zuschauer, *Schiedsrichter:* Philip Don (England), *Tore:* Massaro (22., 45.), Savicevic (47.), Desailly (58.)

1995 Ajax — Ein Vierteljahrhundert nach der Final-Schlappe rächte sich Ajax glasklar

Im *Meistercup*-Finale 1969 fuhr ***Mailand*** (mit **Trapattoni**, **Rivera** und dem dreifachen Torschützen **Prati**) noch mit 4:1 über ***Ajax*** drüber. 26 Jahre danach: Die Revanche in Wien dank **Kluiverts** Killerinstinkt. *Österreich:* ***Salzburg*** als Dritter der Gruppe D out.

● **Finale: Ajax Amsterdam – AC Mailand 1:0 (0:0)**
Ernst Happel-Stadion, Wien, 49.730 Zuschauer, *Schiedsrichter:* Ion Craciunescu (Rumänien), *Tor:* Kluivert (85.)

● SCHNELLSTES TOR: MAKAAY*

7. März 2007, Allianz-Arena in München: *Bayerns* niederländischer Chef-Knipser **Roy Makaay** (*1975) scort nach exakt ***10 Sekunden*** zum 1:0 gegen *Real.*

***Das schnellste Tor in einem Finale schoss Paolo Maldini ➜ 2007**

ÖSTERREICHISCHE BAUERNOPFER IM FINALE: FEIERSINGER **TEIL I**

Bis zum Finale 1997 Stammspieler bei Borussia Dortmund, dann wurde Sammer fit und er musste auf die Tribüne: Der Saalfeldner Wolfgang Feiersinger.

1996 Juventus — Davids sah durch die orange Brille, die „alte Dame" durch die rosarote

Erster Elferschütze im Marathon von Rom: **Edgar Davids**, der *„Pitbull"* (➜ *Animal. Spitznamen*) mit der orangen Brille, scheitert. Da sah *Juve*, *„die alte Dame"*, Land: Erster Titel - auch für den späteren Weltmeister-Coach **Marcello Lippi**. *Österreich? War wohl nix.*

● **Finale: Juventus - Ajax 1:1 (1:1), 4:2 nach Elfmeterschießen.** Olympiastadion Rom, 80.000 Zuschauer, *Schiedsrichter:* Manuel Díaz Vega (Spanien), *Tore:* Ravanelli (12.); Litmanen (41.)

● DIE MEISTEN KLUBS: SEEDORF*

Viermal stemmte der Niederländer **Clarence Seedorf** (*1976 in Surinam) den Pokal: mit *Ajax* (1995), *Real Madrid* (1998) und dem *AC Mailand* (2003, 2007).

Die meisten Siege (6) feierte Francisco Gento (Real Madrid)

1997 Dortmund — Hitzfelds härteste Entscheidung seines Lebens

Der Steirer **Heinz Schilcher** „siegte" mit *Ajax* 1972 und 1973 im *Meistercup* - jeweils auf der Bank (auch, was die Gagen betraf). Der Salzburger **Wolfgang Feiersinger** kam noch näher: Bis zum Finale ließ er den verletzten Borussen-Star **Sammer** vergessen, dann vergaß Trainer **Hitzfeld** auf ihn: „Die härteste Entscheidung meines Lebens." *Österreich:* ***Rapid*** sieglos (1:1 daheim gegen *Juventus* bzw. *Fenerbahce*) Gruppenletzter.

● **Finale: Dortmund - Juventus 3:1 (2:0)**
Olympiastadion München, 59.000, *Schiri:* Sándor Puhl (Ung), *Tore:* Riedle (29., 34.), Ricken (71.); Del Piero (64.)

1998 Real — Mister Montenegro machte es möglich: 1. Titel seit 32 Jahren

Wieder keine Titelverteidigung (*Dortmund* scheitert im Semifinale am späteren Sieger) und doch ein historisches Jahr: *Real* feiert dank **Predrag Mijatovic** aus Montenegro den ersten großen Europa-Titel seit 1966. *Österreich?* **Kein Verein** im Hauptbewerb.

● **Finale: Real Madrid - Juventus 1:0 (0:0)**
Amsterdam Arena, 50.000 Zuschauer, *Schiedsrichter:* Hellmut Krug (Deutschland), *Tor:* Mijatovic (67.)

1999 ManU — In zwei Minuten „verlernten" die Bayern das Feiern

Sammy Kuffour trommelte auf allen Vieren auf den Rasen, der Rest *Bayerns* verfiel in die stille Fassungslosigkeit altgriechischer Tragödien: Zehn Minuten nach dem Selbst-Austausch von **Lothar Matthäus** (80.) bot *ManU* die unvergesslichsten 120 Sekunden seiner Klubgeschichte und stellte von 0:1 auf 2:1. **Adi & Edi** berichteten ohne jede Schadenfreude live auf Ö3 ➜ ***Vorspiel.*** *Österreich:* ***Sturm*** schied sieglos (ein 0:0 bei *Spartak Moskau*) als Gruppenletzter aus.

● **Finale: Manchester U. - Bayern 2:1 (0:1)**
Nou Camp, Barcelona, 98.000 Zuschauer, *Schiedsrichter:* Pierluigi Collina (Italien), *Tore:* Sheringham (90.+1), Solskjaer (90.+3); Basler (6.)

UEFA CHAMPIONS LEAGUE (2000-2007): IN

2000 Real — Barcelona bezwungen, aber dann kam Madrid Valencia spanisch vor

Hasta la vista, Europa! Drei Spanier im Semifinale, zwei im Finale. Alle außerhalb Madrids drückten für ***Valencia*** (Sieg über ***Barca***), aber Real mit **Raúl** – nicht von der Rolle … *Österreich:* ***Sturm*** als Dritter der Gruppe D (1:0 gegen *Zagreb*, 3:2 gegen *Marseille*) out.

● **Finale: Real Madrid – Valencia 3:0 (1:0)**
Stade de France, Paris, 70.000 Zuschauer, *Schiedsrichter:* Stefano Braschi (Italien), *Tore:* Morientes (39.), McManaman (67.), Raúl (75.)

2001 Bayern — Das Jahr, in dem Sturm Kontakt aufnahm und Linke Recht bekam

Das ***Weiße Ballett*** und die ***Grazer Blackies*** in den Schlagzeilen: Kein Sieg für *Real* im Semi gegen *Bayern* (0:1, 1:2), aber irreale Siege für *Sturm*, die nicht fürs Viertelfinale reichten … **Kartnigs** Klub schreckte die Klasse und füllte die Kasse: „Wir ham soviel auf der Kant'n wie alle Bundesliga-Klubs Schulden." Gruppensieger (3:0, 2:2 gegen *Galatasaray*, 2:0 gegen *Monaco* u. *Glasgow Rangers*), dann Grupendritter (2:0, 2:1 gegen *Panathinaikos*) hinter *Valencia* und *ManU*. Im Finale nur Penalties! **Thomas Linke** verwandelte mit dem stärkeren Rechten den elften Elfer, der saß, und damit den Alptraum von 1999 in wahre Wonne.

● **Finale: Bayern – Valencia 1:1 (0:1) 6:5 nach Elfmeterschießen** Giuseppe Meazza-Stadion, Mailand, 74.500 Zuschauer, *Schiedsrichter:* Dick Jol (NL), *Tore:* Effenberg (50., Hands-Elfer); Mendieta (3., Hands-Elfer)

2002 Real — Zidanes Zaubertor zerstörte die zwanghaften Zweiten

Zweiter der Liga, Zweiter im Pokal und auch kein Zuspruch des zynischen Schicksals am Zenit: Die Welt jubelte, aber Leverkusen litt, als ***„Zizou"*** den Siegball vom 16er volley ins Kreuzeck zauberte. *Österreich?* ***Zuschauer***.

● **Finale: Real – Bayer Leverkusen 2:1 (2:1)**
Hampden Park, Glasgow, 51.456 Zuschauer, *Schiedsrichter:* Urs Meier (CH), *Tore:* Raúl (8.), Zidane (45); Lúcio (14.)

Der Pokal als Vierfach-Jack-Pott (mit dem dritten Klub!) für Clarence Seedorf: 2007 nahm er mit dem AC Mailand Revanche an Liverpool.

2003 AC Mailand — Italiener besetzten Old Trafford und entsetzten mit der Treffer-Quote

Das große Comeback Italiens: Drei von vier im Semifinale, ein Traditionsderby als Showdown – zum Hohn für *ManU*-Fans in Old Trafford. Dort spielten die Azzuri einen Stiefel: Im Elferschießen (50 % Quote) überlistete **Schewtschenko** den teuersten Keeper der Welt, **Buffon**. *Österreicher?* ***Fehlanzeige.***

● **Finale: AC Mailand – Juventus Turin 0:0, 3:2 nach Elfmeterschießen** Old Trafford, Manchester, 63.215 Zuschauer, *Schiedsrichter:* Markus Merk (Deutschland).

● DIE ERFOLGREICHSTEN KLUBS*

Real Madrid (9 Titelgewinne/12 Endspiel-Teilnahmen) vor *AC Mailand* (7/11), *Liverpool* (5/7), *Bayern München* (4/7) und *Ajax Amsterdam* (4/6).

****Meistercup (1955-1992) PLUS Champions League (1993-2007)***

5 JAHREN STIEG DIE SIEGESPRÄMIE AUF 22,7 MIO. EURO **TEIL II**

> *Seedorf ist zu intelligent für die meisten Reporter, Trainer und Fans.*
> **HERMANN VAN VEEN,** *Liedermacher (NL)*

2004 FC Porto – Für Mourinho blätterte Abramowitsch die Porto-Kosten auf den Tisch

Das Gold-Ticket für *Porto*-Coach **José Mourinho**: *Chelsea*-Oligarch **Roman Abramowitsch** verpflichtete ihn vom Fleck weg - für eine Wochengage wie ein Jahresbudget in *Österreich:* ***GAK*** schied (nach 5:1, 2:1 gegen *Tirana*) in Runde 3 (1:1, 1:2 gegen *Ajax*) ebenso aus wie ***Austria*** (0:1, 0:0 gegen *Marseille*).

● **Finale: FC Porto - AS Monaco 3:0 (1:0)**
AufSchalke, Gelsenkirchen, 53.000 Zusch., *Schiri:* Kim M. Nielsen (Dänemark), *Tore:* Gomes (39.), Deco (71.), Alenitschew (75.)

● SO REICH MACHT DIE LEAGUE*

Vorrunde: 4,4 Mio. (+ 660.000 pro Sieg, 300.000 pro Remis), *Achtelfinale:* 2,2 Mio., *Viertelfinale:* 2,5 Mio., *Semifinale:* 3 Mio., *Finale:* 4 Mio., Titel: 7 Mio.
PLUS national unterschiedliche Anteile an TV-Geldern (270 Mio.)

2005 Liverpool – Rotjacken schlugen Red Devils vor dem diabolischen Finale

Der tapfere **GAK** schied nach 0:2 daheim trotz des 1:0 (Tor: **Mario Tokic**) in *Liverpool* aus. Der *erste Sieg* eines österreichischen Klubs auf der Insel ging unter. Dafür trieben es die *Roten Teufel* im Finale diabolisch: 0:3 nach 43 Minuten, ehe sie die Partie (und die Fußballwelt) noch auf den Kopf stellten. 3:3 nach Verlängerung - dann hielt der Pole **Dudek**, auf der Linie tänzelnd, die Elfer von **Pirlo** und **Schewtschenko** (→ *Dudek-Dance*).

● **Finale: Liverpool - Mailand 3:3 (0:3), 6:5 nach Elfmeterschießen,** Atatürk-Olympiastadion, Istanbul, 98.000 Zuschauer, *Schiedsrichter:* Manuel Gonzales (Spanien), *Tore:* Gerrard (54.), Smicer (56.), Xabi Alonso (60., Elfer-Nachschuss); Maldini (1.), Crespo (39., 43.)

2006 Barcelona – Späte Erlösung: So entwaffneten die Katalanen Arsenal

Ein Kameruner (**Eto'o**) und ein Brasilianer (**Belletti**) rissen im Finale in fünf Minuten den ersten „Oscar" fürs *Hollywood des Fußballs* aus dem Feuer und aus den Händen blasser, blasierter Briten. *Österreich?* ***Rapid*** (nach 6:1, 3:2 gegen Luxemburgs *Dudelange* und 1:0, 1:1 gegen *Lok Moskau*) punkteloser Letzter der Gruppe A (hinter *Juve, Bayern* und *Brügge*).

● **Finale: Barcelona - Arsenal 2:1 (0:1)**
Stade de France, Paris, 77.500 Zusch., *Schiri:* Terje Hauge (Nor), *Tore:* Eto'o (76.), Belletti (80.); Campbell (37.)

2007 AC Mailand – Nein, kein neues Wunder - aber eine alte Wunde heilte

Man trifft sich immer zweimal im Leben: ***Mailands*** Wunde von → 2005 heilte, *Liverpool* heulte. *Österreich:* ***Red Bull Salzburg*** scheiterte (nach 1:2, 2:0 gegen *FC Zürich*) ebenso in der 3. Runde (1:0, 0:3 gegen *Valencia*) wie ***Austria*** (1:1, 0:3 gegen *Benfica*).

● **Finale: AC Mailand - Liverpool 2:1 (0:1)**
Olympiastadion Spyridon Louis, Athen, 71.030 Zuschauer, *Schiedsrichter:* Herbert Fandel (Deutschland), *Tore:* Inzaghi (45., 82.); Kuyt (89.)

C

Trapattoni spumante (beim Titel 2007 mit Red Bull Salzburg): Verhaltensforscher vergleichen Sektverspritzen mit Revier markieren.

CHAMPAGNER

„Gekommen von mir als Champagner, jetzt spielen wie Mineralwasser."

„TSCHIK" CAJKOVSKI *als FC Zürich-Trainer über René Botteron (1978)*

„3 CORNER – 1 ELFER!" *Ewige Buben-Regel beim Wiesenkickerl.*

CATENACCIO *Italienisch für: Sperrkette, Riegel* ➜ ***Taktik***

CHLOROFORM *Der US-Teamarzt stürzte bei der WM 1930 aufs Feld, verschüttete Nar-kotika und fiel in Ohnmacht.* ➜ ***Fremdwörter***

CLOWNS

● **Damir Grloci**, Sturm-Goalie in den 70ern, war Jugoslawe, pflegte aber *very british* in der *Grazer Gruabn* aufzulaufen. Mit der Tweed-Kappe und mit einem vollen Bierglas, das er hinterm Tor parat hatte, fing er bei Unterbeschäftigung gern mal *eine Maus*.

● **Sepp Maier** (*1944), Bayern-Denkmal zwischen den Pfosten (Weltmeister 1974), *pflückte* aus Fadesse während eines Spiels *sogar eine Taube*.

● **Hans Ettmayer** (*1946), genannt ***Buffy***, Klassemann im Mittelfeld (25 Länderspiele, 0 Tore für Österreich ➜ ***X-Large***), genoss den Szenen-Applaus, wenn er mit beiden Beinen den Ball bestieg und preußisch *salutierte*.

● **Paul Gascoigne** (*1967), genannt ***Gazza***, der 1984 bei Newcastle begann und 2004 in Boston abtrat (57 Länderspiele, 10 Tore für England), zeigte dem Schiri die Gelbe Karte, die auf den Rasen gefallen war – *und bekam sie selber*.

● **Petar Radenkovic** (*1934) hieß ***Radi*** (1962-1970: 215x im Tor von 1860 München) und liebte absurde Ausflüge. Als er bis zur gegnerischen Eckfahne lief, putzte ihn Trainer **Max Merkel** z'samm: „Des kannst machen, wenn Nebel auf'm Feld liegt, du Cevapcici!"

← ● **José Higuita** (*1966), war ***El Loco*** *(der Irre)* im Tor. 1989 hielt er im Finale der *Copa Libertadores* 4 Elfer und verwandelte einen. Der krause Kolumbianer (➜ ***Drogen)*** patzte im WM-Achtelfinale 1982, als er den Ball an **Roger Milla** verlor, der prompt das 2:0 Kameruns schoss. Higuitas größte (Wahnsinns-)Tat: 1995 in Wembley gegen England (0:0) ➜ ***Skorpion-Kick.***

DANKBARKEIT DERBES DEFTIGES DEBAKEL DERBY DISZIPLIN DUSEL DOP-
PELPACK DUFTNOTE DUDEK-DANCE DRIBBLANSKI DRIBBEL-KÖNIGE DILLOS
DILETTANTEN DEZIMIEREN DROGEN DOPING DISTANZGEFÜHL DECKER-
-ÄRA DENKMAL DANKBARKEIT DERBES DEFTIGES DEBAKEL DERBY DIS-
ZIPLIN DUSEL DOPPELPACK DUFTNOTE DUDEK-DANCE DRIBBLELANSKI

D

DOPPELPACK DUFTNOTE DUDEK-DANCE DRIBBLANSKI DRIBBLE-KÖNIGE
DILLOS DILETTANTEN DEZIMIEREN DROGEN DOPING DISTANZGEFÜHL DE-
CKER-ÄRA DENKMAL DANKBARKEIT DERBES DEFTIGES DEBAKEL DERBY
DISZIPLIN DUSEL DOPPELPACK DUFTNOTE DUDEK-DANCE DRIBBELANSKI
DANKBARKEIT DERBES DEFTIGES DEBAKEL DERBY DISZIPLIN DUSEL

wie Derby, Derbheiten und Debakel

DOPPELPACK DUFTNOTE DUDEK-DANCE DRIBBLANSKI DRIBBEL-KÖNIGE DIL-
LOS DILETTANTEN DEZIMIEREN DROGEN DOPING DISTANZGEFÜHL DECKER-
ÄRA DENKMAL DANKBARKEIT DERBES DEFTIGES DEBAKEL DERBY

D wie Derby, Derbheiten und Debakel

Der Fußball kann ganz schön grausam sein, aber wie grausam auch immer: Er bleibt *ganz schön!* Davon zeugen, bei allen großen und kleinen „Katastrophen", die Denkmäler und die Denkwürdigkeiten.

Einer der Größten einmal ganz klein: Ernst Ocwirk wird im Spital von seiner Frau Martha wieder aufgepäppelt. Die Boxernase verdankt er einem Tritt des Superstars Boniperti – Trost für „Ossi": Österreich schlug Italien 5:1 (1947).

DADAISMUS
Die Kunstrichtung von 1916 erhöhte simple Kinderlaute, der Fußball mischt mit: ***Didi*** *(Bra, Weltmeister 1958, 1962),* ***Dedé*** *(Bra, Dortmund),* ***Dida*** *(Bra, Milan) und* ***Dudek*** *(Polen, Liverpool).*

DENKMAL & *DENK MAL!*

● **Ernst „*Ossi*" Ocwirk** (1926-1980, 62 Länderspiele, 6 Tore, WM-Dritter 1954, Sportler des Jahres 1951) war Österreichs lebendes Denkmal. Als er 1956 von *Austria* zu *Sampdoria* ging, galt er in Wien prompt als „Verräter", in Genua aber als Gott ***(„Il Dio")*** → *Religion.*

> *Ein Denkmal will ich nicht sein, darauf scheißen nur die Tauben.*
> TONI POLSTER, *am Höhepunkt beim 1. FC Köln*

● **Stan Matthews** (→ *Dribbelkönige*) lebt in *Stoke* aus Stein weiter. So wie ...
● ***Wanderer*** **Billy Wright** (1924-1994, 105 Länderspiele) vorm Molineux-Stadion von *Wolverhampton* und der ...
● ***WM-Kapitän 1966,*** **Bobby Moore** (1941-1993, West Ham, 108 Länderspiele), vor „Wembley neu" in Bronze.

DANKBARKEIT

Willi „*Ente*" Lippens (*1945, RW Essen, Dortmund) sah einmal Gelb. Der Schiri: „Ich verwarne ***Ihnen!***" Darauf Ente: „Ich danke ***Sie!***" *Prompt sah er auch noch Rot.*

DERBES & DEFTIGES

*Der Richter zur Angeklagten: „Sie bestreiten also gar nicht, Ihren Mann während der Fußball-Übertragung erschossen zu haben?“ Darauf die Ehefrau: „Nein.“ – Der Richter: „Und was waren seine letzten Worte?“ – **„Schieß doch endlich! Schieß, du Pfeife!“***

*Der Chef ruft seinen besten Mitarbeiter zu sich: „Ich befördere Sie! Sie übernehmen unsere Filiale in Brasilien!“ – Der gute Mann will aber gar nicht in die Fremde: „Was soll ich dort? Brasilianer sind entweder Fußballer oder Transvestiten!“ – Der Chef explodiert: „Was fällt Ihnen ein? Ich habe eine Brasilianerin geheiratet!“ – **„Wirklich? Und bei welchem Verein hat die gnädige Frau gespielt?“***

*Fußball-WM 1998 in Frankreich. Eine leichtes Mädchen hat sich auf dem linken Oberschenkel **Ronaldo** und auf dem rechten **Zidane** eintätowieren lassen. Zu jedem Freier sagt sie: „Wenn du beide Spieler errätst, kostet es nichts.“ Der erste sagt: „Ronaldo kenn ich, den anderen nicht.“ Er muss zahlen. Der zweite sagt: „Zidane ist klar, aber wer ist der andere?“ Auch er muss zahlen. Dann kommt ein Wiener. Er schaut links, er schaut rechts und schüttelt den Kopf: **„I kenn kan von de zwa, aber der in da Mitt'n is der Schneckerl Prohaska!“***

*Ehefrau und Hausfreund liegen im Bett. Da kommt der Ehemann heim. Panisch packt der Geliebte sein ganzes G'wand und hockerlt sich hinter den Fernseher. Der Ehemann stürmt ins Schlafzimmer: „Was is? Dreh den Fernseher auf, hol ein Bier! Ländermatch is!“ Die Frau eilt in die Küche, das Bier fällt ihr runter. Der Mann schüttelt den Kopf: „Überhaupt a komischer Tag heut' – **beim Match wird einer ausg'schlossen und bei uns geht er aus der Wohnung!“***

Wir müssen uns schleunigst in den Arsch treten.

MIRKO DICKHAUT, dt. Spieler bei Bregenz (2003)

Wir müssen den Arsch hochkriegen und Eier zeigen.

MARTIN PIECKENHAGEN (Duisburg, Rostock)

Wir haben den Schriftzug in unserem Vereinslogo in „Hosenscheißer 04“ geändert. Wir konnten ein großes Sponsoringpaket mit einer Windelfirma schnüren.

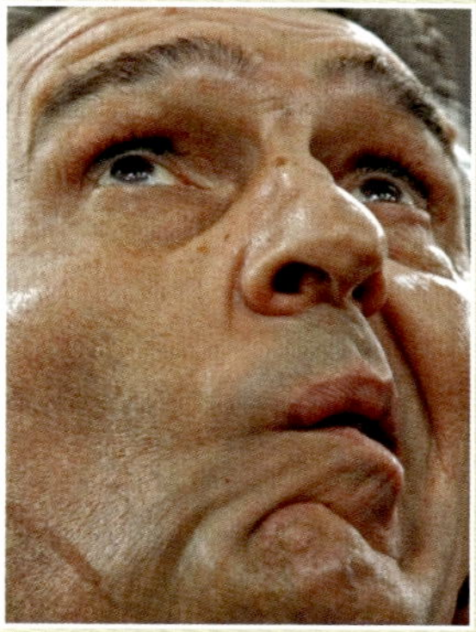

RUDI ASSAUER, dt. Spieler (307x für Dortmund 1964-76) und Manager (Bremen 1976-81, Schalke 1981-86 und 1993-2006) mit rauen Umgangsformen. Er trägt die Spitznamen „Stumpen-Rudi“ (➜ Machthaber) und „Kaschmir-Prolet“ (➜ Komplimente)

Meine Herren, da möcht' ich heut' kan Beistrich seh'n in der Hos'n!

ERNST HAPPEL vor Spielen gegen starke Gegner

Die Hosen fielen gleich sechsmal runter.

SPORTSKI ZURNAL serbische Sportzeitung, nach dem 0:6 von Serbien und Montenegro gegen Argentinien bei der WM 2006

Wie viel Franz steckt in Rudi?

JOHANNES B. KERNER, ARD-Kommentator, vergleicht die deutschen Teamchefs Beckenbauer und Völler

D

Tanzte mit seinem Erfolgsteam Europa auf der Nase herum: Karl Decker.

DIE DECKER-ÄRA (1958-1964)

Das Geschichtsbuch der österreichischen Nationalmannschaft hat vier goldene Kapitel: Das ➜ ***Wunderteam*** (1931-33), die ➜ ***WM 1954***, die ➜ ***WM 1978*** und die unbedankte ***Decker-Ära.*** Unter dem einstigen Europaklasse-Stürmer **Karl Decker** (1921-2005, 3x Meister mit Vienna, 609 Spiele, 605 Tore, 2x Schützenkönig, sowohl fürs „Deutsche Reich" als auch für Österreich international ➜ ***Einundzwanzig einbeorderte Deutsch-Österreicher***) reiften wir zur Großmacht. Diese perfekte Mischung aus Kämpfern (**Koller**, **Senekowitsch**) und Strategen (**Stotz**, **Hof**, **Hanappi**), garniert mit Goalgettern erster Güte (**Nemec**, **Buzek** hatte 1960/61 einen atemberaubenden Run: Doch die Siege gegen Schottland (4:1), UdSSR (3:1, 1:0), Spanien (3:0 vor der bis heute gültigen Rekordkulisse von 90.726 Zuschauern im Praterstadion), Italien (2:1), England (3:1) und Ungarn (zweimal 2:1) blieben statistische Fußnoten. Der ÖFB verzichtete aus Geldmangel (teure Schiffsreise!) trotz Qualifikation auf die WM-Teilnahme 1962 in Chile.

DRIBBLANSKI
Leicht abfälliges Adelsprädikat für (zu) ball- und selbstverliebte „Zangler" ➜ Querpass.

DROPKICK
Technisch anspruchsvoller als der ➜ Volley: der Ball wird nicht direkt aus der Luft genommen, sondern genau in dem Moment, in dem er den Boden berührt

DIE TOP 15 DRIBBEL-KÖNIGE DER FUSSBALL-GESCHICHTE

15. Dragan Dzajic (*1946): Sein ➜ ***EM-Tor 1968*** für Jugoslawien gegen **Banks** of England bot beinahe britischen Humor.
14. Johan Cruyff (*1947): Nur im ➜ ***WM-Finale '74*** fiel dem König der Niederlande ein Stein aus der Krone (dank **Vogts**).
13. Harry Aurednik (1918-1997): Der schnellste aller Ver-***Zauberer***.
12. Amancio (*1939): ***Der Hexer*** gewann mit Real alles, mit Spanien „nur" die EM '64.
11. Eusebio (*1942): Portugals ***schwarzer Panther*** tanzte 1966 als WM-Schützenkönig.
10. Jay-Jay Okocha (*1973): ***Tor des Jahres 1993*** gegen einen hilflos robbenden **Kahn**.
9. Zinédine Zidane (*1972): Sogar die ***Kopfstoß-Legende*** (im WM-Finale 2006) warf noch milden Glanz auf Frankreichs Lichtgestalt.
8. Lionel Messi (*1987): ***Der Floh*** hüpft auf den Spuren des größten „Kleinen". ➜
7. Diego Maradona (*1960): Auf einer überirdischer Ebene mit **Pelé**. Die ***Hand Gottes***, aber auch die Nase des Teufels.
6. Ronaldinho (*1980): Lacht im Freien und bringt seine Bewacher zum Weinen.
5. Georgie Best (1946-2005): Nordirlands Nationalheld verlor das Match gegen den ➜ ***Alkohol.***
4. Garrincha (1933-1983): Ein ➜ X-Bein, ein ➜ O-Bein – keiner konnte ***das Vögelchen*** einfangen.
3. Cristiano Ronaldo (*1985): ManU's Magier aus Madeira.
2. Stan Libuda (1943-1996): Schalker Schalk: ***„An Gott kommt keiner vorbei – außer Libuda!"***
1. Sir Stanley Matthews (1915-2000): Vater aller Finessen: ***The Wizard of Dribble.*** Links antäuschen, rechts vorbeigehen!

„Übersteiger": C. Ronaldo

DEZIMIEREN

Bei Ausfällen ist eine Elf ***dezimiert***. Unsinn, denn wörtlich heißt es: ***Um jeden Zehnten verringert***. Woher es kommt? Im alten Rom wurde bei Disziplinlosigkeit jeder Zehnte einer Legion ***geköpft!***

DISTANZGEFÜHL

> ***Das war nur einen Meter davon entfernt, ein zentimetergenauer Pass zu sein.***
>
> **MURDO MCLEOD,** *ehemaliger schottischer Teamspieler, als präziser Kommentator*

> ***Die Freistoßentfernungen kommen immer näher.***
>
> **HERIBERT FASSBENDER,** *WDR-Reporter-Legende (Kult-Begrüßung „'n Abend allerseits")*

DILLOS & DILETTANTEN

Neben dem ***Wappler*** ist der ***Dillo*** die zweitliebste Schmeicheleinheit, die Ex-*Goleador* **Hans Krankl** für vom Fußball Unbeleckte, also den Rest der Welt, bereit hält. Harmlos: Wappler war einmal ein *einfacher Fußsoldat,* Dillo kommt von ***dilettanti***. Im Sport keine Beleidigung – so heißen in Italien alle *Amateure*.

Hätten Sie's gewusst?

„TO DRIBBLE"

Was bedeutet, abseits vom Fußballbegriff, „to dribble" im Englischen ursprünglich?

a. tröpfeln
b. geifern
c. sabbern

Richtige Antwort(en): **a., b. und c.**

TWO DRIBBLERS

Welche beiden Argentinier haben bei der WM 1986 bzw. 21 Jahre später im spanischen Cup jeweils fünf Gegner überspielt und gescort?

a. Burruchaga & Crespo
b. Maradona & Messi
c. Kempes & Riquelme

Richtige Antwort: **b.**

DROGEN

Was droht bei einem Länderspiel Kolumbien gegen Jamaica? In der ersten Hälfte schnupfen die einen die Linien weg, in der zweiten rauchen die anderen das Gras zusammen.

Wegen Koks den Scherm auf: Diego.

DOPING

Der wohl kurioseste Dopingfall: 2007 in der japanischen J-League. Stürmer **Kazuki Ganaha** von ***Kawasaki Frontale*** (ein Klubname wie ein Unfallbericht) wurde für 6 Spiele gesperrt, da ihm sein Arzt gegen Grippe eine Knoblauch-Infusion verabreicht hatte. Zwar gilt der Genuss von Zehen an sich nicht als Regelverstoß, aber die intravenöse Aufnahme. 2005 wurde das deutsche Zweitligaspiel ***1860 München - Burghausen*** annulliert, weil der Serbe **Nemanja Vucicevic** das Haarwuchsmittel ***Finasterid*** eingenommen hatte. **Peter Neururer**, deutscher Trainer, behauptete, in den 1980er-Jahren seien „alle Schalker" mit dem Muntermacher ***Captagon*** vollgestopft gewesen. Ex-Präsident **Eichberg** ließ wissen: „*Ich* nicht!"

DIE SÜNDER

***1974** Joseph (Haiti), **1978** Johnston (Sco), **1986** Calderé (Spa), **1991** & **1994** Maradona (Arg), Kokain bzw. Ephedrin, **2000** Daum (D), Kokain, **2002** & **2004** Higuita (Kol), jew. Kokain, **2005** Tiganj (Slowenien), Guardiola (Spa).*

> ***Wir haben heute in Adrenalin gebadet.***
>
> **OLIVER KAHN,** *Bayern-Berserker im Tor, nach einem 6:2-Sieg über Dortmund*

> ***Wozu braucht meine Mannschaft Doping? Liebe Gott, sie hat ja mich!***
>
> **OTTO BARIC,** *als maximaler Trainer von Austria-Salzburg (1991-1995)*

> ***Doping im Fußball bringt nix – das Zeug muss in die Spieler!***
>
> *Der (unbekannte) Mannschaftsarzt, angeblich vom VfL Bochum*

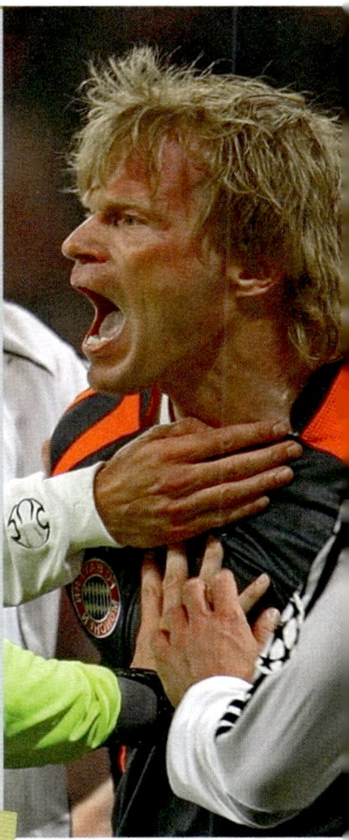

D

DIE TOP FÜNF DEBAKEL DER ÖSTERREICHISCHEN FUSSBALL-NATIONALMANNSCHAFT

„Mit mir in absoluter Höchstform hätte es nur ein 0:8 gegeben."
FRANZ WOHLFAHRT, *nach dem 0:9 in Spanien …*

1. Spanien - Österreich 9:0 (5:0)

27. 3. 1999, Valencia, EM-Qualifikation. *Alle Neune* hatte es zuvor nur für *Admira* (0:9 gegen Schalke in Berlin, Finale der dt. Meisterschaft 1939) bzw. Innsbruck (1:9 bei Real Madrid, Achtelfinale Meistercup 90/91) gesetzt. Für Teamchef **Prohaska** spielte es nach Valencia *Granada*. – Adios!
Österreich: Wohlfahrt, Feiersinger (54. Kogler), Schöttel, Pfeffer, Neukirchner, Mählich, Herzog, Prosenik (58. Reinmayr), Wetl, Cerny, Haas (69. Mayrleb). **Tore:** Raúl (6., 17., 48., 74.), Urzaiz (30., 45.), Hierro (35.), Wetl (77., Eigentor), Fran (84.).

2. Färöer - Österreich 1:0 (0:0)

Der Färöer-Pepi (0:1) – Schmerz lass nach!

12. 9. 1990, Landskrona (SVE), EM-Qualifikation. Die größte Schmach – im Tor der Färinger Feierabend-Fußballer stand **Knudsen**, ein Typ mit Zipfelmütze! Europa lachte laut, die wiedererstanden Wikinger singen seither (noch lauter) eine herzig-heroische „Hymne" auf ihren *ersten* Sieg) ➜ ***Musikalisches.*** Teamchef **Hickersberger** nahm den Hut.
Österreich: Konsel, Russ, Streiter, Pecl, Hartmann, Peischl, Linzmaier, Herzog (63. Pacult), Reisinger (63. Willfurth), Polster, Rodax. **Tor:** Nielsen (60.).

3. England - Österreich 7:0 (3:0)

26. 9. 1973, Wembley, Freundschaftsspiel. Ein (1) einziger Torschuss (Ettmayer mit einem ➜ ***Edelroller***). Teamchef **Stastny** blieb noch zwei Jahre im Amt. **Österreich:** Koncilia, Sara, Schmidradner, Krieger, Eigenstiller (67. Kriess), Hattenberger (46. Gombasch), Starek, Ettmayer, Kreuz, Krankl, Jara. **Tore:** Channon (9., 47.), Clarke (28., 43.), Chivers (61.), Currie (65.), Bell (89.).

4. Deutschland - Österreich 6:1 (1:0)

30. 6. 1954, Basel, WM-Semifinale. Wir hatten uns als Favorit aufgepudelt, den Sieg fast schon begossen und fuhren heim nach Favoriten wie begossene Pudel. Dort warteten gar Verschwörungstheorien …
Österreich: Zeman, Hanappi, Schleger, Ocwirk, Happel, Koller, R. Körner, Wagner, Stojaspal, Probst, A. Körner. Tore: Schäfer (31.), Morlock (49.), F. Walter (56., 61., 65.), O. Walter (89.); Probst (52.).

5. Türkei - Österreich 5:0 (3:0)

14. 11. 2001, Istanbul, WM-Qualifikation (Barrage): Schon daheim 0:1, aber ohne Gegenwehr in der fanatischen Fremde. Teamchef **Baric** verlor den Job an **Krankl**.
Österreich: Wohlfahrt, Vukovic, Winklhofer, Strafner, Lexa (54. Schopp), Hiden, Flögel, Herzog, Prilasnig (56. Kitzbichler), Vastic (75. Weißenberger), Haas. Tore: Bastürk (21.), Sükür (30.), Okan (45.), Arif (68., 84.).

Seine Uhr lief ab: Prohaska

DAUERBRENNER
Die 5 häufigsten Nachbar-Derbys: 196x Argentinien - Uruguay, 136x Österreich - Ungarn, 124x Belgien - Niederlande, 110x England - Schottland, 91x Argentinien - Paraguay

Das Derby 2005 beschäftigte sogar ein Zivilgericht: Austria-Keeper Didulica eliminiert Rapid-Stürmer Lawaree → ***Killer***

Das Derby hat eigene Gesetzlosigkeiten

Ob Wien, Mailand oder Rio: Das *Derby* muss (auch) was mit *derb* zu tun haben. Die lokalen, regionalen und internationalen Dauerbrenner sind voller Zündstoff.

Verhaltensforscher sind sich einig: Der Sport ist nur die halbwegs friedliche Fortsetzung des urmenschlichen Kampfs ums nackte Überleben – durch Regeln *gesellschaftsfähig* gemacht. Mit einem Wort: *Ersatzkrieg*. „Wobei man", hat der große Sport-Analytiker, Autor und Kabarettist **Werner Schneyder** bedacht, „allem, was Krieg ersetzt, positiv gegenüber stehen sollten". Nur: Worum geht's eigentlich im Fußball? Wie im Leben: Um Reviere und Reputation, um Macht und Anerkennung, um Aufstieg und Zuneigung und um all die dazugehörigen Symbole und Insignien wie Titel und Trophäen. Das ***Derby*** bringt die Sache auf den (Siede-)Punkt, fast wie ein entscheidendes Endspiel. Aber nur fast. Denn wer das Derby gewinnt, ist viel mehr als nur „Sieger". Er ist zudem *Herr im eigenen Haus*, im eigenen Bezirk, in der eigenen Stadt. Das Derby ist dabei völlig losgelöst vom Rest der Welt: Mögen die Verlierer auch in der Liga weit vorne liegen oder gar, was den Reiz noch erhöht, Champions sein – ein Sieg im direkten Duell mit dem ewigen Rivalen, missliebigen Nachbarn und natürlichen Nebenbuhler glänzt oft goldiger als Häferln, Schalen und Teller. Das Derby hat laut Uralt-Phrase „eigene Gesetze". Aber auch eigene Gesetzlosigkeiten. ***Bitte umblättern!*** →

Lächeln oder Zähnefletschen? Die Klubchefs Kartnig & Fischl: „Ein Kampf um Graz"

D

DISZIPLIN
Gefürchtet und geachtet: Die strengen Trainer wie **Ernst Ocwirk** *(Austria, Köln, Admira), der pro Minute Verspätung bis zu 100 Schilling (heute 7 Euro) Bußgeld abkassierte.* **Karl Schlechta** *(*1922, Meister '61 und '62 mit Austria) klapperte abends die Wohnungen seiner Kicker ab. Tormann* **Gernot Fraydl** *musste, wenn er Schlechtas Autohupe hörte, ein Stück Koks runterwerfen. Als einmal nichts kam, fand ihn der Coach im Café beim Kartenspielen – mit Klubchef* **Joschi Walter**: *Dennoch gab's beinhart 2000 Schilling Geldstrafe.*

DUSEL
Davon haben (wie im Sprichwort, so auf dem Spielfeld) oft die Dussel am meisten → **Glück**

DENKWÜRDIGES UND DELIKATES ZUM DERBY

● ***Woher kommt das Wort Derby?*** Vom mittelalterlichen ***Shrovetide-Spiel*** (stets am Faschingsdienstag) in ***Derbyshire*** (England). Die Bewohner zweier Ortsteile von ***Ashbourne*** versuchten, mit einem Ball den feindlichen Mühlstein zu berühren. Die *Ur-Tore* lagen drei Meilen voneinander entfernt. Genaue Regeln sind nicht überliefert, angeblich nahmen bis zu 1000 Menschen teil.

● ***Wann fand das erste Derby statt?*** Das erste – belegte – Fußball-Derby der Neuzeit lief 1866 in Nottingham: *Forest* (*1865) gegen *Notts County* (*1862) 0:0.

> ***Mein schönstes Derby? 1950! 7:5 gegen die Austria im Stadion. Strömender Regen, aber d' Leut' ham aufs Schirmaufspannen vergessen.***
> **Robert Dienst** *(1928-2000), Rapid-Bomber (4x Schützenkönig)* → ***Torjäger***

● ***Welches ist das „dichteste" Derby?*** Wohl das ***Merseyside Derby*** zwischen den ***„Reds"*** und den ***„Blues"***: Die beiden Heimstätten des *FC Liverpool* und des *FC Everton* liegen, nur durch einen Park getrennt, kaum einen Kilometer auseinander. Historisch brisant: Das Oval an der *Anfield Road* wurde für Everton (*1878) erbaut, aber eine Pachterhöhung 1892 bewog die ***„Toffeemen"*** (vor Anpfiff werfen Girls Minz-Bonbons ins Publikum) zum Umzug in den *Goodison Park*. Der Stadionbesitzer gründete noch im selben Jahr den FC Liverpool.

● ***Wo brodeln Derbys auch politisch?*** *In Hamburg: St. Pauli – HSV* ist das Spiel Links-Alternativ gegen Rechts-Konservativ. *In Rom:* Bei *AS Roma – Lazio* prallen zwei rechtsextreme (Fan-)Lager aufeinander. *In Glasgow: Celtic* ist „keltisch"-katholisch, *Rangers* protestantisch-königstreu". Ein Hauch von Klassenkampf weht *in Wien und in Zürich:* Die Arbeiter (*Rapid, FC Zürich*) gegen die Bürgerlichen (*Austria, Grasshoppers*).

Beim Grazer Derby herrscht immer ein Riesen-„Aufla

Drunter & drüber: Derby 1996 mit dem heutigen Rapid-Trainer Pacult als Austrianer (r: Jovanovic).

…uzek sagt zu Gruber: „Rutsch mir'n Buckel runter …"

Nicht von schlechten Eltern: Salmutter fällt Ahiden „regelrecht" in den Rücken (Graz, 2007).

BERÜHMTE DERBYS TEIL I

Argentinien

Superclásico Buenos Aires: Boca Juniors - River Plate

Brasilien

Clássico Fla-Flu: Flamengo - Fluminense
Clássico Vovô: Fluminense - Botafogo
Clássico dos Gigantes : Fluminense - Vasco da Gama
Clássico San-Sao: São Paulo FC - FC Santos
Clássico Bavi: EC Bahia - EC Vitória

Deutschland

Frankenderby: 1. FC Nürnberg - SpVgg Greuther Fürth
Münchner Stadtderby:
TSV 1860 München - FC Bayern München
Bayern-Derby: Bayern München - 1. FC Nürnberg
Stuttgarter Stadtderby:
VfB Stuttgart - SV Stuttgarter Kickers
Süd-West-Derby:
Eintracht Frankfurt - 1. FC Kaiserslautern
Mainderby: Eintracht Frankfurt - Kickers Offenbach
Thüringen Derby: FC Rot-Weiß Erfurt - FC Carl Zeiss Jena
Berliner Stadtderby: 1. FC Union Berlin - BFC Dynamo
Revierderby: Borussia Dortmund - FC Schalke 04
Niedersachsenderby:
Eintracht Braunschweig - Hannover 96
Hamburger Stadtderby: FC St. Pauli - Hamburger SV
Nord-Derby: SV Werder Bremen - Hamburger SV

England

Black Country Derby:
West Bromwich Albion - Wolverhampton Wanderers
Manchester Derby:
Manchester United - Manchester City
Merseyside Derby: FC Liverpool - FC Everton
North London Derby: FC Arsenal - Tottenham Hotspur
Second City Derby: Aston Villa - Birmingham City
Steel City Derby: Sheffield United - Sheffield Wednesday
West London Derby: FC Chelsea - FC Fulham

Frankreich

RC Lens - OSC Lille
FC Metz - AS Nancy - Racing Straßburg
AS Saint-Étienne - Olympique Lyon
AC Ajaccio - SC Bastia

Griechenland

Derby der „Ewigen":
Panathinaikos Athen - Olympiakos Piräus
Athener Stadtderby:
Panathinaikos Athen - AEK Athen

D

DUFTNOTE
***Otto Baric** (wegen gefärbter Haare vom Kabarett als „große alte Dame des österreichischen Fußballs verulkt) pflegte als Rapid-Trainer (1982-85) stets die Kosmetika seiner Kicker auszuprobieren. Einen Finger Creme da, ein Spritzer Deo dort. Als ihm eine Dose als After Shave empfohlen wurde, entpuppte es sich als – Rasierschaum. Otto sah aus wie ein Weihnachtsmann.*
➜ *Eitelkeit*

DUDEK-DANCE
*Nach dem Champions League-Sieg Liverpools 2005 gegen Mailand, (auch) dank **Jerzy Dudeks** Elfer-Tänzchen, widmeten ihm die **Trophy Boyz** die Hymne „Du the Dudek Dance" und kam damit auf Platz 7 der Charts.*

BERÜHMTE DERBYS TEIL II

Italien
Mailänder Stadtderby:
AC Mailand - Inter Mailand
Römer Stadtderby: AS Rom - Lazio Rom
Derby della Mole: Juventus Turin - AC Turin
Derby d'Italia: Juventus Turin - Inter Mailand

Niederlande
Ajax Amsterdam - Feyenoord Rotterdam

Österreich
Grazer Stadtderby:
Sturm Graz - GAK
Lustenauer Derby:
SC Austria Lustenau - FC Lustenau 07
Westderby: Austria bzw. Red Bull Salzburg - Wacker Innsbruck bzw. FC Tirol
Wiener Derby: Austria Wien - SK Rapid Wien

Polen
Krakauer Stadtderby:
Cracovia Krakau - Wisla Krakau
Lodzer Stadtderby:
LKS Lodz - Widzew Lodz
Warschauer Stadtderby:
Polonia Warschau - Legia Warschau
Oberschlesier Derby:
Górnik Zabrze - Ruch Chorzów

Uruguay
Montevideo-Stadtderby:
Club Nacional de Football - CA Peñarol

Serbien
Belgrader „Ewiges" Stadtderby:
Roter Stern Belgrad - Partizan Belgrad

Schottland
„Old Firm" (Glasgow):
Celtic Glasgow - Glasgow Rangers
Dundee-Stadtderby:
Dundee United - FC Dundee

Schweiz
Zürcher Stadtderby:
FC Zürich - Grasshoppers Zürich
Berner Derby: BSC Young Boys - FC Thun
Luzerner Derby: FC Luzern - SC Kriens
St. Galler Derby: FC St. Gallen - FC Wil

Spanien
Madrid-Stadtderby:
Real Madrid - Atlético Madrid
Barcelona-Stadtderby:
FC Barcelona - Espanyol Barcelona
Sevilla-Stadtderby:
Betis Sevilla - FC Sevilla
Valencia-Stadtderby:
FC Valencia - FC Villarreal
Spanien-Derby: FC Barcelona - Real Madrid

Portugal
Porto-Stadtderby: FC Porto - Boavista Porto
Lissabon-Stadtderby:
Benfica Lissabon - Sporting Lissabon

Türkei
Istanbuler Stadtderby:
Galatasaray - Fenerbahçe - Besiktas

Ungarn
Budapester Derby:
Ferencvárosi Torna Club - Újpest Dosza FC

DOPPELPACK & DEBÜTANTEN
Aus der langen Liste der Zweifach-Schützen im Team herausragend: **Franz Hanreiter**, der 1936 in Spanien kurz vor Schluss von 3:4 auf 5:4 stellte. **Hans Krankl** traf bei der WM 1978 zweimal gegen die Deutschen, was **Toni Polster** & **Reinhard Kienast** beim 4:1 1981 kopierten. Polster wurde ja in Köln zum *Toni Doppelpack*. **Nemec** (gegen Norwegen), **Keglevits**, **Hasenhüttl** (jeweils gegen Ungarn) und der ***Wembley*-Toni Fritsch** (1965, 3:2 in England) debütierten sogar mit Doppelschlägen.

Im Team wie im Klub: Tonis Jubel im Double.

EIERGOAL EITELKEITEN ERNÄHRUNG EINWURF EDELROLLER EINZELGE-SPRÄCHE EXISTENZIALISMUS ERZIEHUNG EUROPAMEISTERSCHAFTEN EINSTELLUNG EISENFÜSSE EINZELGÄNGER ENDSPIEL EDELROLLER EIN-SAMKEIT EIGENTOR EIERGOAL EITELKEITEN ERNÄHRUNG EINWURF EDELROLLER EINZELGESPRÄCHE EXISTENZIALISMUS ERZIEHUNG EURO-PAMEISTERSCHAFTEN EINSTELLUNG EISENFÜSSE EINZELGÄNGER END-

E

EIGENTOR EIERGOAL EITELKEITEN ERNAHRUNG EINWURF EDELROLLER EINZELGESPRÄCHE EXISTENZIALISMUS ERZIEHUNG EUROPAMEISTER-SCHAFTEN EINSTELLUNG EISENFÜSSE EINZELGÄNGER ENDSPIEL EDEL-ROLLER EINSAMKEIT EIGENTOR EIERGOAL EITELKEITEN ERNÄHRUNG EIN-WURF EDELROLLER EINZELGESPRÄCHE EXISTENZIALISMUS ERZIEHUNG

wie Eiergoal, Eisenfuß und Edelroller

EINSTELLUNG EISENFÜSSE EINZELGÄNGER ENDSPIEL EDELROLLER EINSAMKEIT EIGENTOR EIERGOAL EITELKEITEN ERNÄHRUNG EINWURF EDELROLLER EINZELGESPRÄCHE EXISTENZIALISMUS ERZIEHUNG EURO

E wie Eiergoal, Eisenfuß und Edelroller

Wo gehobelt wird, da fliegen Späne – wo geholzt wird, reißt die Sehne. Fußball, hat ein kluger Mann gesagt, ist „Krieg in kurzen Hosen“. Immer noch besser als echter Krieg.

Hoch das Bein! Liverpools Dirk Kuyt als Rasenmäher, Chelseas Makelele als springendes Reh

EISENFÜSSE

> ***„Mein Name ist Finken, und Du wirst gleich hinken.“***
>
> *Standardbegrüßung des gefürchteten Berliner „Tasmanen“ **Heribert Finken** (1965 in der deutschen Bundesliga)*

EINSTELLUNGSSACHE

Es ist wichtig, dass man 90 Minuten mit voller Konzentration an das nächste Spiel denkt.
LOTHAR MATTHÄUS *lässt sich nicht ablenken*

Ich bin der linke, mittlere, defensive Offensivspieler.
CHRISTIAN ZIEGE *lässt sich nichts anmerken*

Ich bin Optimist – sogar meine Blutgruppe ist positiv.
TONI POLSTER *lässt sich anzapfen*

Mir ist es egal, ob es ein Brasilianer, Pole, Kroate, Norddeutscher oder Süddeutscher ist. Die Leistung entscheidet, nicht irgendeine Blutgruppe.
CHRISTOPH DAUM *lässt sich auf medizinische Geografie ein*

EITELKEIT & EINBILDUNG

Wenn ich in den Spiegel schaue, dann sehe ich 67 Kilo geballte Erotik.
MEHMET SCHOLL, *Bayern-Beauty*

„Wir haben erst gedacht, das sind alles Fotografen."
OLIVER BIERHOFF, *deutscher Team-Manager bei der WM 2006, zu den Gewitterblitzen, die seine Mannschaft während des Fluges von Dortmund nach Berlin begleiteten*

EINZELGÄNGER

Ich beschuldige keinen Einzelnen. Ich gebe mir die Schuld.
JOE ROYLE, *Everton-Manager (1994-97)*

ERNÄHRUNG & *ESSEN*-ZIELLES

Wir müssen keine kleineren Brötchen kochen, die Bayern backen auch nur mit Wasser.
HELMUT SCHULTE *als Schalke-Trainer (1993)*

„Er will ja nur spielen", das hofft man oft bei Oliver Kahn (hier bei der Raubtierfütterung).

Riedle muß man nur füttern, dann kommt irgendetwas dabei raus.
K. H. RUMMENIGGE *über den Liverpool-Stürmer*

Keine Ahnung, ich hab' nicht nachgeschaut.
STEFFEN BAUMGART, *Spieler bei Hansa Rostock, auf die Frage, ob wegen des drohenden Abstiegs seine Mannschaft die Hosen voll hatte*

Präger schießt ... aber soooo lasch, da müsste man ja eine Stulle hinterher schmeißen, damit der Ball auf dem Weg zum Tor nicht verhungert ...
WILFRIED MOHREN, *gefeuerter MDR-Sportchef*

Wir werden die Spitze mit Messer und Gabel verteidigen.
MARTIN WAGNER, *Meister 1998 mit dem 1. FC Kaiserslautern, WM-Teilnehmer 1994*

Siehe auch → Speisen & Stoffwechsel

EDEL-ROLLER
Ein bewusst oder unfreiwillig völlig harmlos geratener Schuss, der erst durch den daraus resultierenden Torerfolg veredelt wird.

E

ESSGEWOHNHEITEN

„Er ernährt sich fast ausschließlich von Makkaroni, damit er beim Essen ungestört durch die Löcher weiterreden kann …“

MAX MERKEL *über* **CHRISTOPH DAUM**

EISKALTES EIGENTOR

Über Happels berühmtestes Tor kursieren zwei Versionen (beide 1954): Entweder in einem WM-Probespiel gegen eine Tiroler Auswahl (bei 15:0?) oder im bereits bedeutungslosen letzten Ligaspiel des feststehenden Meisters Rapid gegen WAC (bei 4:4!) setzte er den Ball mit dem Zuruf: „Pass auf, Tiger!“ vom 16-er aus unhaltbar ins Kreuzeck des eigenen Keepers Walter Zeman → (Zauber-) Torhüter

EINSAMKEIT

„Wenn von hinten nichts kommt, sind wir die einsamsten Leute auf dem Platz.“

So bekam **RUDI VÖLLER** *vorne seine grauen Haare*

EXISTENZIALISMUS

„Das ist überlebensnotwichtig.“

ROLF TÖPPERWIEN, *deutscher Reporter (1996 in den Schlagzeilen, als er eine Bordellrechnung auf ZDF-Briefpapier reklamierte …)*

Hätten Sie's gewusst?

EIGENTOR-FOLGE

Was widerfuhr dem Kolumbianer Andrès Escobár, nachdem er gegen die USA (WM 1994) ein Eigentor geschossen hatte?

a. Es wurde ihm mit sofortiger Wirkung die Staatsbürgerschaft aberkannt

b. Seine Frau ließ sich scheiden

c. Er wurde in seiner Heimat von einem Fanatiker an einer Tankstelle erschossen

Richtige Antwort: **c.**

ERZIEHUNG

„Andere erziehen ihre Kinder zweisprachig, ich beidfüssig.“

CHRISTOPH DAUM, *niemals halbherzig*

„Spieler sind wie kleine Kinder. Wenn ich meiner Tochter fünfmal etwas sage und sie macht es nicht, kann ich sie auch nicht ins Heim stecken.“

KLAUS AUGENTHALER, *der (und das) gütige „Auge“ (als Trainer bei Leverkusen)*

Hätten Sie's gewusst?

ENDSPIEL-EINSATZ

Welcher (bisher einzige) Österreicher erreichte ein WM-Finale?

a. Schiedsrichter Günter Benkö als Mann an der Linie 1998

b. Ernst Happel als Trainer der Niederlande beim 1:3 gegen Argentinien 1978

c. Tormann Peter Platzer (Admira) mit der „Großdeutschen Mannschaft“ 1938

Richtige Antwort (a. und c. erfunden): **b.**

Vom „Europapokal der Nationen" zur EURO

Erste und zweite EM zogen sich über zwei Jahre hin! Deutschland verzichtete: „Zeitverschwendung". Der lange Weg zum drittgrößten Sport-Event der Welt.

1. Europameisterschaft

Finale: Sowjetunion – Jugoslawien **2:1 (1:1, 0:1) n. V.**

Aus Zorn übers eigene Out: Fans boykottierten Endspiel

Frankreich 1960. Die neue Idee hieß ***Europapokal der Nationen*** (September 1958 bis 10. Juli 1960!), woran Fußball-Großmächte wie *England, Deutschland* oder *Italien* nicht glaubten.
17 Länder nahmen teil, vier davon an der Endrunde (6. bis 10. Juli 1960) in Paris und Marseille. Der gesamte Wettbewerb wurde im ➜ ***K.O.-System*** ausgespielt. ***Österreich*** scheiterte in der Qualifikation an *Frankreich* (2:4, 2:5). Aus Enttäuschung über das Out der *Trikolore* (➜ ***Spitznamen***) im Semifinale (4:5 gegen *Jugoslawien*) und der Niederlage im Spiel um Platz 3 (0:2 gegen die *Tschechoslowakei*) kamen zum „fremden" Finale nur 18.000 Zuschauer. Sie sahen das Siegestor der *Sowjets* in der 114. Minute. Europa bestaunte erstmals Wunderkeeper ➜ **Lew Jaschin**, aber nur Insider, denn die EM-Premiere litt unter medialem Desinteresse.

● **Finale: Sowjetunion – Jugoslawien 2:1 (1:1, 0:1).** Parc des Princes, Paris, 18.000, *Tore:* Metreweli, Ponedjenik; Galic.

2. Europameisterschaft

Finale: Spanien – Sowjetunion **2:1 (1:1)**

Weltstars Amancio & Suarez feierten den einzigen Triumph

Spanien 1964. Noch einmal ***Europapokal der Nationen***, diesmal sogar exakt zwei Jahre lang, aber bereits mit 29 der damals 33 UEFA-Mitglieder. Wer fehlte? *Zypern* stand im Bürgerkrieg und versäumte die rechtzeitige Anmeldung, Finnland zog aus finanziellen Gründen zurück, *Schottlands* Verband befand sich im „Umbruch" – und *Deutschland* hatte kein sportliches Interesse. **Sepp Herberger** nannte den Bewerb eine „reine Zeitverschwendung". Griechenland weigerte sich „mitten drin", in Albanien zu spielen. ***Österreich*** scheiterte in der Qualifikation an *Irland* (0:0, 2:3). Vier Teams spielten die Endrunde in Spanien. Die Gastgeber rund um Weltstars wie **Amancio** und **Suarez** schalteten *Ungarn* nach Verlängerung aus, der Titelverteidiger kam über *Dänemark* ins Finale, das furios begann: 1:0 in der 5. Minute, 1:1 in der 7. Minute. Der einzige große Titel in der Geschichte des spanischen Teams wurde kurz vor Schluss perfekt.

● **Finale: Spanien - Sowjetunion 2:1 (1:1).** Estadio Santiago Bernabéu, Madrid, 34.700, *Tore:* Pereda, Martinez; Chusainow.

3. Europameisterschaft

Finale: Italien – Jugoslawien **2:0 (2:0) Wh. n. 1:1 im 1. Spiel**

Los, Münzwurf und 2. Finale färbten den Himmel azurblau

Italien 1968. Erstmals heißt's ***Europameisterschaft***, erstmals sind alle Großen des Kontinents in acht Qualifikationsgruppen dabei. Die Sieger kommen ins Viertelfinale, unter den Semifinalisten wurde *Italien* als Endrunden-Gastland (5.-10. Juni 1968) gelost. ***Österreich*** schied als Dritter der Gruppe 3 (hinter *Sowjetunion* und *Griechenland*, vor *Finnland*) aus. Einzigartig: Bei Italiens 0:0 nach Verlängerung gegen die Russen entschied der Münzwurf für die ***Azzuri***. Es gab noch kein Elferschießen. Der letztlich unglücklichste Held der EM: **Dragan Dzajic** (➜ ***Dribbelkönige***). Gegen England gelang dem jugoslawischen Zauber-Flügel vier Minuten vor Schluss das geniale Gold-Tor: **Bobby Moore** ausgespielt, den Ball traumhaft über **Gordon Banks** gelupft. Im (1.) Finale gegen Italien schoss der Trickser *und* Knipser (85 Länderspiele, 23 Tore) das 1:0, doch **Domenghini** glich aus. Das Wiederholungsspiel zwei Tage später wurde eine rasche und sichere Beute der mit Stars gespickten Gastgeber (**Zoff, Facchetti, Mazzola, Riva**).

● **Finale (Wiederholungsspiel): Italien - Jugoslawien 2:0 (2:0).** Stadio Olimpico, Rom, 32.886, *Tore:* Riva, Anastasi.

4. Europameisterschaft

Finale: Deutschland – Sowjetunion **3:0 (1:0)**

Deutsche als Dreamteam, ein Österreicher im Finale

EIERGOAL *Haltbares, vermeidbares, oft sogar lächerliches Gegentor, das → Steirergoalies (oder auch Arconadas, → Seite 61) hinnehmen müssen.*

Belgien 1972. *Österreich* scheiterte zwar in der Qualifikation an Titelverteidiger *Italien*, an *Schweden* und an *Irland*, erreichte aber erstmals *EM-Finalreife*: Mit dem legendären oberösterreichischen Referee **Ferdinand Marschall** (1923-2006). Im Blickpunkt des Kontinents freilich: Die – laut **Netzer** – *„stärkste deutsche Nationalmannschaft aller Zeiten“*. Dieses *Dreamteam*, die kongeniale Mischung aus *Bayern* und *Gladbachern*, zauberte *und* zertrümmerte. Auf dem Weg zur Endrunde wurde *England* in Wembley mit 3:1 geradezu vorgeführt. Im ersten „Semi“ in Belgien hatte sich die *Sowjetunion* mit 1:0 gegen *Ungarn* durchgezittert. Die Russen, bisher bei allen EM-Endrunden dabei, fanden mit **Jewgeni Rudakow**, der kurz vor Schluss einen Elfer der Magyaren hielt, einen würdigen **Jaschin**-Nachfolger. Im zweiten Semifinale *„müllerte“* es: Beide Tore *Deutschlands* beim 2:1 gegen Gastgeber *Belgien* gingen aufs Konto **Gerd Müllers**, der vom „eigenen“ **Beckenbauer** und vom „fremden“ **Netzer** gleichermaßen mit Idealvorlagen gefüttert worden war. Auch im Finale erklang das geniale „Triangel-Spiel“ voll Virtuosität: Beim 1:0 kam der Assist (durch **Gerd Müller**, no na!) von Beckenbauer *und* Netzer – einer der schönsten Spielzüge der EM-Geschichte. Nach Seitenwechsel erhöhte just Netzers Wasserträger **Hacki Wimmer** auf 2:0, ehe Gerd Müller persönlich den Triumph krönte.

● **Finale: Deutschland – Sowjetunion 3:0 (1:0).** Heysel-stadion, Brüssel, ***Schiedsrichter:* Marschall (Österreich)**, *Tore:* Gerd Müller (2), Wimmer.

5. Europameisterschaft

Panenkas perfider Penalty machte Sepp Maier *meier*

Jugoslawien 1976. Fünfter Anlauf – wieder nix für *Österreich* (out gegen *Wales* und *Ungarn*). **Elsner** machte als Teamchef **Senekowitsch** Platz. Die Sieger von Belgrad strömten schon bald zu uns – allen voran **Antonin Panenka**, mit dem *Rapid* 1985 ins Europacupfinale der Cupsieger vorstoßen sollte (1:3 gegen *Everton*). Im EM-Semifinale '76 warfen unsere Nachbarn Vize-Weltmeister *Niederlande* raus (3:1 nach Verlängerung). Auch *Deutschland* hatte 120 Minuten Mühe – 4:2 nach 0:2-Rückstand gegen Gastgeber *Jugoslawien*. Bundestrainer **Schön** brachte Kölns Neuling **Dieter Müller** – 2:2 mit der ersten Ballberührung, dann noch das 3:2 und das 4:2 – *nomen est omen*. Im ersten Endspiel-Elferschießen wurde **Uli Hoeness** der tragische und Panenka der magische Held. Der eine pfefferte drüber, der andere lupfte mitten ins Tor, das **Sepp Maier** per Hechtsprung in die Ecke entblößt hatte. Seither verlor Deutschland kein Elferschießen mehr bei großen Turnieren!

Finale: CSSR – BRD **2:2 (2:2, 2:1) 5:3 im Elferschießen.** Belgrad, 30.790, *Tore:* Svehlik, Dobias; D. Müller, Hölzenbein.

6. Europameisterschaft

Alle liebkosten Hrubesch: „Gib Küsschen, Saurier!“

Italien 1980. Selten waren *Österreichs* Hoffnungen (nach der tollen WM '78) so groß und so berechtigt. Doch das Team um **Krankl** und **Prohaska** scheiterte an den laxen *Schotten*, die sich im letzten Spiel daheim den *Belgiern* 1:3 beugten. Zum zweitenmal also eine Endrunde in *Italien*, erstmals ein offizielles Maskottchen (den hölzernen Knaben **Pinocchio**) und erstmals acht statt vier Nationen, die in vierzehn Spielen zum zweitenmal nach 1972 den Sieger *Deutschland* (damals noch *BRD*) ermittelten. Im Eröffnungsspiel gelang dank **Rummenigges** 1:0 die Revanche für 1976. Das 3:2 gegen Niederlande stand im Zeichen des aufgehenden Sterns **Bernd Schuster** und des dreifachen Torschützen **Klaus Allofs**. Der **Schön**-Nachfolger **Derwall** wechselte in der 73. Minute erstmals den 19-jährigen **Matthäus** ein. Im Finale tappten die Deutschen laufend in Belgiens Abseitsfalle, ehe **Horst Hrubesch** (→ *Kopfballungeheuer*) zweimal grüßte. Zur Umarmung rief man ihm gelegentlich zu: „Gib Küsschen, Saurier!“

Finale: BRD – Belgien **2:1 (1:0).** Stadio Olimpico, Rom, 47.860, *Tore:* Hrubesch (2); Vandereycken (Elfer).

7. Europameisterschaft

Finale: Frankreich – Spanien **2:0 (0:0)**

Wertvoller als Gold: Platini

Frankreich 1984. Ab sofort gibt's kein Spiel um Platz 3 mehr, dafür wieder Semifinali der jeweils Gruppenersten und -zweiten. *Frankreich* als Gastgeber automatisch qualifiziert – ***Österreich*** automatisch *nicht* qualifizert ... In einer Gruppe mit *Deutschland* und *Nordirland* blieben nur *Albanien* und die *Türkei* hinter uns. Die Deutschen hatten riesigen ➜ ***Dusel***: Den (2:1-)Muss-Sieg im letzten Spiel gegen Albanien stellte Kölns Innenverteidiger **Strack** erst in der 80. Minute sicher. Bei der Endrunde gab es nur *einen* Favoriten: Rund ums Jahrzehnte-Genie **Michel Platini** liefen **Giresse**, **Tigana** und **Fernandez** zur gallischen Glanzform auf. Bei der ➜ ***WM '82*** noch unglücklich im Halbfinale gescheitert, marschierte *La Grande Nation* zum ersten großen Titel. Im Finale half Spaniens Tormann freilich kräftig mit. Ihm glitt beim 0:2 ein sanfter Freistoß **Platinis** in Zeitlupe „unten durch". Seither heißt ➜ ***Eiertor*** auf spanisch **Arconada**.

Superhirn & Haupt-Treffer: Platini & WM-Legende Fontaine.

● **Finale: Frankreich - Spanien 2:0 (1:0).** Parc des Princes, Paris, 47.368 Zuschauer, *Tore:* Platini, Bellone.

8. Europameisterschaft

Finale: Niederlande – Sowjetunion **2:0 (1:0)**

Van Basten knackt den Kasten

Deutschland 1988. So nah und doch so fern: ***Österreich*** kam aber in der Qualifikation nicht über Platz 3 (hinter *Spanien* und *Rumänien,* grad noch vor *Albanien*) hinaus. Deutschland hatte **Beckenbauer** (ohne Prüfung) übernommen. Im letzten EM-Vorrundenspiel musste fürs Halbfinale ein Remis gegen *Spanien* her: Der Tag **Rudi Völlers** – beide Treffer zum 2:0. Und dann: die *Niederlande*! Das Duell **Van Basten** gegen **Kohler**, der prompt einen Elfer verschuldete und **Marco**, den Mächtigen beim 1:2 (89.!) ganz außer Acht ließ. *Das* Tor des Turniers (wenn nicht der EM-Geschichte) glückte **Van Basten** dann per vollendetem Volley im Finale.

Schoss das schönste Tor der EM-Geschichte: Van Basten.

● **Finale: Niederlande - Sowjetunion 2:0 (1:0).** Olympiastadion München, 72.300 Zuschauer, *Tore:* Gullit, Van Basten.

9. Europameisterschaft

Finale: Dänemark – Deutschland **2:0 (1:0)**

Einspringer als Überflieger!

Schweden 1992. Wesentliche Vorgeschichte zur skandinavischen EM-Premiere: *Jugoslawien* wurde (trotz Qualifikation) wegen des Balkankonflikts *ausgeladen.* Das war *Dänen* ihre große Chance – als Zweite der ***Österreich***-Gruppe, die wir inferior begannen: 0:1 gegen *Färöer* (➜ ***Debakel***). Seither, so die Mär, schickt das Fremdenverkehrsamt der Insulaner alljährlich zu Weihnachten den Ösi-Losern Räucherlachs. Von den kleinen zu den großen Fischen: Nach der *Spuckaffäre* (➜ ***Feindschaft, WM 1990***) blickte man bang auf die „Rache" *Deutschlands* gegen die *Niederlande*. Trotz 1:3 kam die **Vogts**-Elf (dank schottischer Schützenhilfe – 3:0 gegen UdSSR-Nachfolger *GUS*) weiter und schlug unter der großen Regie ihres Kleinsten (**Häßler** ➜ ***Zwergerln***) im Semifinale Gastgeber *Schweden.* Die dänische Urlaubs- und *Big Mac-Truppe*, die sich sorglos mit Hamburgern und Cola dopte, würgte die hochfavorisierten *Oranjes* im Top-Spiel des Turniers runter (**Van Basten** scheiterte im Elfer-Krimi an **Schmeichel**) und vernaschte zum Dessert auch noch Deutschland! Ein Fußball-Märchen Marke **Andersen.**

ManU holte „Champ" Schmeichel

● **Finale: Dänemark - Deutschland 2:0 (1:0).** Nya Ullevi, Göteborg, 37.800 Zuschauer, *Tore:* Jensen, Vilfort.

E

10. Europameisterschaft

Finale: Deutschld. - Tschechien **2:1 (0:0, 1:1) GG**

Goldenes Händchen, Köpfchen und Törchen

EIGENGEWÄCHS
*Aufblühende Talente aus dem Klub-Gärtlein ➜ **Nachwuchs***

ENDEFFEKT
*Zweck und Ziel, letztlich wichtiger und langlebiger als etwa der Knalleffekt ➜ **Phrasen***

England 1996. Gleich *vorneweg*: ***Österreich*** auch diesmal *hinten nach* - nur Vierter der Qualifikationsgruppe 6 (hinter *Portugal*, *Irland* und *Nordirland*, immerhin vor *Lettland* und *Liechtenstein*). Erstmals bei einer Endrunde traten 16 Teams in vier Gruppen an. 30 Jahre nach dem britischen Heim-Triumph (➜ ***WM 1966***) zeigte das Mutterland des Fußballs große Gier auf den ersten EM-Titel. Die traditionell „zurückhaltende" Londoner Boulevardpresse schoss aus allen Rohren: **Paul Gascoigne** erschien auf einer *Front*page gar mit Stahlhelm und dem ewig gestrigen Schlachtruf ***„Achtung! Surrender! For you Fritz ze Euro 96 iz over"*** - aber die deutschen „Fritzen", die vielleicht kein korrektes „th" sprechen, beherrschen dafür das Elferschießen. Im Semifinal-Klassiker ging *England* zwar durch **Shearer** früh in Führung, doch **Klinsmann**-Ersatz **Kuntz** glich bald aus. Wie bei der ➜ ***WM '90*** kam es zum Penalty-Thriller. Alle trafen - bis auf **Gareth Southgate**, der an **Köpke** scheiterte. **Möller** glückte der Finale-Schuss. Aber auch *Tschechien* musste ins *Shootout*, wo **Pedros** mit dem 6. Elfter für *Frankreich* an Keeper **Kouba** zerschellte und **Kadlec** alles klar machte - für die Neuauflage des Endspiels 1976. Just der beste Deutsche, DDR-Beute **Matthias Sammer**, „verschuldete" einen Elfer - doppelte Fehlentscheidung: Kein Foul *und* außerhalb des Strafraums. **Vogts** brachte nach dem 0:1 **Bierhoff** für **Scholl** - welch goldenes Händchen! Denn der lange Knipser dankte es mit goldenem Köpfchen (1:1) und goldenem Törchen (2:1).

● **Finale: Deutschland - Tschechien 2:1 (0:0, 1:1) nach Golden Goal.** Wembley-Stadion, London, 73.611 Zuschauer, *Tore:* Bierhoff (2), Berger.

11. Europameisterschaft

Finale: Frankreich - Italien **2:1 (1:1, 0:0) GG**

Jubel übers Double nach dem Volley in Vollendung

ENGLISCHE WOCHE(N)
Wenn's ganz dick kommt: Zwei bis drei Partien innerhalb weniger Tage (etwa Cup, Meisterschaft, Champions League). Im Mutterland des Fußballs fast ganzjährig gepflogen, heißt das auf der ganzen Welt so - nur in England nicht!

Belgien/Niederlande 2000. Erstmals wurde eine Endrunde auf zwei Länder aufgeteilt. Für ***Österreich*** beispielhaft (als Gastgeber der ***Euro '08*** mit der *Schweiz*), aber 2000 sportlich wertlos: Das 0:9 in *Spanien* (➜ ***Debakel***) machte vom Start weg die Quali zur Qual. Am Ende zwar noch punktgleich mit *Israel*, doch als deutlicher Dritter (durch die verheerende Tordifferenz). Weltmeister *Frankreich* sah sich im Halbfinale beherzten *Portugiesen* gegenüber: **Nuno Gomes** erzielte die Führung, ehe **Henry** der schmeichelhafte Ausgleich glückte. In der Verlängerung wurde **Xavier** zum Pechvogel: Erst ließ er das *Golden Goal* (➜ ***Irrtümer***) aus, dann bekam er vor dem eigenen Tor den Ball an die Hand. Der (zum ***Schiedsrichter des Turniers*** gewählte) Österreicher **Günter Benkö** pfiff Elfer und **Zidane** behielt die Nerven, was man von den Verlierern nicht sagen konnte: Sie bespuckten den Referee aus Oberwart und wurden für Monate von der UEFA gesperrt. Kapitän **Figo** wurde immerhin zum besten Spieler des Turniers gewählt. Frankreichs Finalgegner Italien hatte die Penalty-Pleite gegen Niederlande gewonnen. **Frank de Boer** fand in Tormann **Toldo** zweimal seinen Meister - im Spiel *und* im Elferschießen, **Bosvelt** einmal. **Kluivert** traf den Pfosten, **Stam** die Wolken. Drei verwandelte Elfer reichten der ***Squadra Azzura*** fürs Endspiel, wo sie Sekunden vorm Abpfiff wie der Sieger aussah. Doch **Wiltord** glich aus und **Trézéguets** goldener Traumvolley führte (nach dem WM-Titel '98) zu Frankreichs Jubel übers Double.

Italien (Albertini & Delvecchio) untröstlich: Sieg für Frankreich

● **Finale: Frankreich - Italien 2:1 (1:1, 0:0) nach Golden Goal.** Stadion De Kuyp, Rotterdam, 48.200 Zuschauer, *Tore:* Wiltord, Trezeguet; Delvecchio.

12. Europameisterschaft

Finale: Griechenland – Portugal **1:0 (0:0)**

Rehakles grub fürs Wunder von Lissabon den Libero aus

Portugal 2004. Zum ersten (und einzigen) Mal galt bei einer ***Euro*** das ➜ ***Silver-Goal***. ***Österreich*** sah nicht einmal einen Silberstreif und scheiterte in der Qualifikation an *Tschechien* und *Niederlande*. Das Viertelfinale *Portugal – England* (8:7 nach Elferschießen) ging dann als eine der tollsten Partien in die EM-Geschichte ein. Jungstar **Rooney** brach sich den Fuß, Popstar **Beckham** verschoss seinen zweiten Elfer (gegen *Frankreich* hielt **Barthez**, nun flog der Ball ins ➜ ***Juchee***. Alle hatten nur noch die Gastgeber (rund um Superstar **Figo**) auf der Karte, zumal sich im Semifinale auch Niederlande mit 1:2 beugen musste. Doch die *Griechen* unter ***Rehakles*** **Rehhagel**, der den totgesagten *Libero* reanimierte, krochen dank dem silbernen 1:0 gegen *Tschechien* ins Finale. **Dellas'** Kopftor nach einem Corner wurde prompt – in der Neuauflage des Eröffnungsspiels (2:1) von **Charisteas** klassisch kopiert – ***das Wunder von Lissabon***!

Sein Kopftor war ein griechischer Klassiker: Charisteas

● **Finale: Griechenland – Portugal 1:0 (0:0).** Estadio de la Luz, Lissabon, 62.865 Zuschauer, *Tor:* Charisteas.

Einundzwanzig einbeorderte „Deutsch-Österreicher"

Nach dem ➜ ***Anschluss*** 1938, bei dem Österreich als „Ostmark" dem „Großdeutschen Reich" einverleibt worden war, griff Bundestrainer Herberger mit gemischten Gefühlen nach den brillantesten Botschaftern der „Wiener Schule". So kamen 21 Fußballer zur „höheren Ehre" internationaler Einsätze fürs „Altreich".

	Name	Spiele	Tore	Verein
1.	Willy Hahnemann	23	16	(Admira)
2.	Johann Pesser	12	2	(Rapid)
3.	Willibald Schmaus	10	0	(Vienna)
4.	Franz Binder	9	10	(Rapid)
5.	Karl Decker	8	8	(Vienna)
6.	Franz Hanreiter	7	0	(Admira)
7.	Ludwig Durek	6	2	(FC Wien)
8.	Rudolf Raftl	6	0	(Rapid)
9.	Hans Mock	5	0	(Austria)
10.	Pepi Stroh	4	1	(Austria)
11.	Karl Sesta	3	0	(Austria)
12.	Stefan Skoumal	3	0	(Rapid)
13.	Franz Wagner	3	0	(Rapid)
14.	Peter Platzer	2	0	(Admira)
15.	Franz Riegler	2	0	(Austria)
16.	Wilhelm Fitz	1	0	(Rapid)
17.	Franz Hofer	1	0	(Rapid)
18.	Hans Hofstätter	1	0	(Rapid)
19.	Max Merkel	1	0	(Rapid)
20.	Mathias Kaburek	1	0	(Rapid)
21.	Otto Marischka	1	0	(Admira)

Binder, Raftl, Decker: Vereinnahmte „Wiener Schule"

Zwei der stärksten Österreicher, die zwischen 1938 und 1943 für **Hitler** & **Herberger** aufliefen, trugen die Spitznamen ***„Juderl"*** (**Karl Decker** wegen seiner ausgeprägten Nase) bzw. ***„Zigeuner"*** (**Willy Hahnemann** wegen seines dunklen Teints). Was für ein zynischer Treppenwitz der Geschichte – zu jener finsteren Zeit, als Juden und „Zigeuner" (*Roma* und *Sinti*) zu Abermillionen dem mörderischen Rassenwahn der Nazis zum Opfer fielen. Die „großdeutsche" Einberufung war während des tobenden Weltkriegs mit Vergünstigungen verknüpft: Kein Fronteinsatz und ausreichend Verpflegung im flugs für die Stars gegründeten ***Luftwaffen-Sportverein*** in *Markersdorf (NÖ)*.

F

wie Film, Funk und Fremdsprachen

F wie Film, Funk und Fremdsprachen

Der Anruf beim ORF war *heavy*: „Dass jetzt so viel Englisch g'red't wird im Fernsehen, ist nicht *okay!* Doch bitte nicht zur *Primetime* und bei den *Highlights* vom *Newsflash*! Deutsch hat doch viel mehr *Power* und *Drive*!"

Nach dieser Blutgrätsche gegen Davids sah Ballack Gelb (Euro 2004, Deutschland – Niederlande 1:1)

FEINDSCHAFTEN

„Wir müssen die deutsch-holländische Feindschaft wieder aufleben lassen."

Andreas Brehme, *Trainer des 1. FC Kaiserslautern (nach Fan-Randalen im UEFA-Cup-Viertelfinale 2001 gegen PSV in Eindhoven)* → **Seite 71**

FARBENRAUSCH

Die Stadt ist schwarz voller Menschen in orange.
DIETER KÜRTEN, *ZDF-Sportstudio-Legende, über die „Invasion" niederländischer Fans*

Die Ghanaer erkennen Sie an den gelben Stutzen.
MARCEL REIF *erhellt die Situation vor dem Länderspiel Deutschland – Ghana (6:1, 1993)*

Beinahe alle brasilianischen Fans tragen gelbe Kleidung. Das ist eine einzigartige Farbenvielfalt.
JOHN MOLSON, *BBC-Kommentator*

FRISIERTE GEDANKEN

Was meine Frisur betrifft, da bin ich Realist.
RUDI VÖLLER, *Deutschlands „Tante Käthe"*

Das ist schon so lange her, da muss ich noch Dauerwelle gehabt haben.
MARTIN PIECKENHAGEN, *Rostock-Keeper, auf die Frage, wann er zuletzt zu null spielte*

Seine Frisur sieht aus, als sei sie mit der Trompete gefönt.
MAX MERKEL *über Trainer Werner Lorant*

FRISUREN & FIGUREN

Totti mit kurzgeschnittener WM-FIGUR.
ROBERT SEEGER, ORF *über den plötzlich kahl geschorenen Stürmer-Star der Italiener bei der WM 2006*

FRISUREN ALS TAUFPATEN

Häufigste Grund für ➜ *Spitznamen* im Fußball: das äußere Erscheinungsbild („Der Lange" **Merkel**, „der Blade" **Sesta** und der „G'schropp" **Hanappi**). Das gilt vom Scheitel bis zur Sohle. Stichwort Scheitel: **Fabièn Barthèz** war bei ManU „The Fabulous Fab", bleibt aber für französischen Fans „Le Divin Chauve" (die göttliche Glatze). **Fabrizio Ravanelli** (Lazio, Marseille) bleichte als „Penna Bianca" (weiße Feder) sein Haar. **Ivan de La Peña** verdankt seiner spanischen Glatze den gläubigen Titel „Little Buddha". **Diego Maradona** hieß anfangs, mit wallender Matte, „Pelusa" (Fussel). Der deutsche Bundestrainer **Jupp Derwall** galt als „Häuptling Silberne Feder", Österreichs kahler Teamchef **Karl Stotz** als „Häuptling Zottiger Büffel". **Ernst Fiala** lief wegen seines liebsten Haarwassers unter „Dralle", **Hans Krankl** wurde zum „Grauen", während sich **Herbert Prohaska** „Schneckerl" bald amtsärztlich verlängern lassen sollte.

Hätten Sie's gewusst?

FRISEUR MIT FLÜGELN
Welcher Spieler ließ zur WM 2002 (in Japan und Südkorea) seinen eigenen Friseur einfliegen?

a. Ronaldinho (Brasilien)
b. David Beckham (England)
c. Michael Ballack (Deutschland)

Richtige Antwort: b.

FATALE FOULS

1970: ***Norbert Hof*** *(Österreich) bricht* ***Riva*** *(Italien) das Bein (➜ Telegramm).* *1974:* ***Hoeness*** *(Deutschland) „fällt"* ***Cruyff*** *(Niederlande) im WM-Finale.* *1977:* ***Novak*** *(Admira) tritt* ***Stering*** *(Innsbruck) das Knie durch.* *1979:* ***Siegmann*** *(Bremen) schlitzt* ***Lienen*** *(Gladbach) den Oberschenkel auf.* *1980:* ***Grabowski*** *(Frankfurt) hört nach Grätsche von Matthäus (Gladbach) auf.* *1982:* ***Schuhmacher*** *(Deutschland) rammt im WM-Viertelfinale* ***Battiston*** *(Frankreich) bewusstlos.*

FREMDSPRACHEN UND ...

Was soll der Scheiß, ich kann kein Englisch!
Francesco Totti, *als junger Römer auf die Frage, was er denn vom Ausspruch „Carpe diem“ (lateinisch: Nütze den Tag!) halte.*

Ich spreche nur Englisch und Bayrisch – oder umgekehrt. That's it.
Franz Beckenbauer *über seine geringen Chancen, FIFA-Präsident zu werden.*

Sie wissen, woher das Wort Libero kommt? – Libero? Aus'm Englischen?
Karin Schiller, *Seitenblicke-Reporterin, erfährt völlig Neues von Sturm-Boss* Hannes Kartnig

Tomorrow, hoiba viere!
„Bimbo“ Binder, *mit Rapid auf Südamerika-Tournee in den 50ern, nachdem ihn ein brasilianischer Busfahrer auf Englisch gefragt hatte: „Wann soll ich Euch vom Hotel abholen?“*

Mit der englischen Sprache ist es wie mit meiner Frau – ich liebe sie, habe sie aber nicht immer unter Kontrolle.
Egidius Braun, *DFB-Präsident (1992-2001)*

For me it's scheißegal.
Uli Hoeness, *auf die Frage nach seinem Wunschgegner fürs Champions League-Finale 2001*

I have little problems with the language, my English is not very good. My German is better. And I hope in the next month I can learn English for understand all questions. And I hope, we have a little bit lucky and can win next year Championships.
Lothar Matthäus *bei der Antritts-Pressekonferenz bei den „Metro Stars“ in New York (2000)*

Unser Trainer lernt jetzt Spanisch. Alles, was ich weiß, ist, dass Doppelpass nicht Paso doble heißt.
Dieter Hoeness *als Hertha-Manager über das neue Hobby von Trainer* Jürgen Röber

Ich habe meinem Dolmetscher gesagt, mir nur die angenehmen Sachen zu übersetzen. Das erleichtert die Arbeit für uns alle.
Bora Milutinovic *(als Teamchef von China)*

Ich habe bei der WM in Frankreich keine Probleme mit der Verständigung, ich kann kein Französisch.
Hans Krankl *(1998)*

Guten Abend, meine Damen und Herren und – bonne noir.
Waldemar Hartmann *sieht gut, aber schwarz*

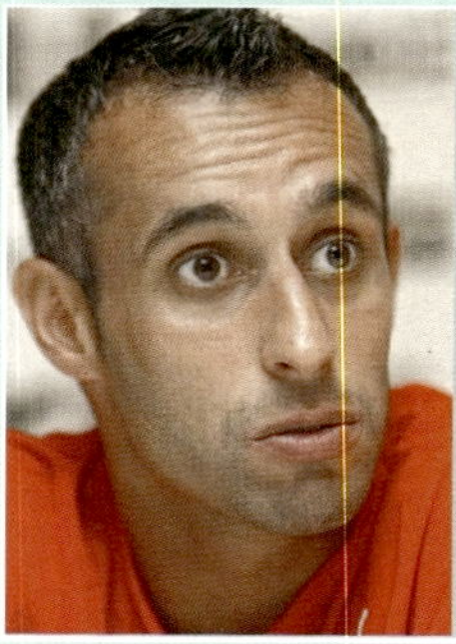

Was mich am besten gefällt, ist, dass er schon ein bisschen Deutsch sprechen kann.
Markus Weissenberger *über einen Chinesen*

Vielleicht liegt das Geheimnis unseres Erfolgs darin, dass mich meine Spieler nicht verstehen.
Bernd Krauss *als Trainer von Real Sociedad*

Chef, mir san in Ristorante!
... erfuhr Pepi Argauer *(1910-2004), legendärer österreichischer Journalist, Trainer und Erfinder des Stadthallen-Fußballturniers, in den frühen 60er Jahren als Sektionsleiter des SC Simmering von einem seiner Spieler, den er während einer Bahnreise nach Italien gebeten hatte, nachzuschauen, wo gerade angehalten wurde.*

FUSSBALL IST WELTSPRACHE
Von ***Fodbold*** *(Dänemark) über* ***Voetbal*** *(Niederlande) bis zu* ***Futball*** *(Ungarn) lässt sich die Sportart ja noch erahnen. Aber:* ***Jalkapallo*** *(Finnland),* ***Podosfairo*** *(Griechenland),* ***Pilka Nozna*** *(Polen) oder* ***Nogometna Lopta*** *(Serbien)? In Tansania, Uganda und Kenia spricht man Kiswahili. Fußball heißt dort* ***Mpira.*** *Doch Vorsicht: Es bedeutet auch Leder und Kondom.*

... FREMDWÖRTER

Da gehe ich mit Ihnen ganz chloroform.
HELMUT SCHÖN, *dt. Bundestrainer (WM 1974)*

Die Duisburger wirkten wie parallelisiert.
ROLF TÖPPERWIEN, *deutscher Reporter*

Der FC Bayern ist das Null-plus-Ultra im deutschen Fußball.
FRIEDHELM FUNKEL *(Bayer Uerdingen)*

Ich hab ihn nur ganz leicht retuschiert.
OLAF THON *(52 Länderspiele, 4 Tore)*

Das wird alles hochsterilisiert.
BRUNO LABBADIA *(Bayern München)*

Tirol hat eine Obduktion auf mich.
PETER PACULT *als Rapidspieler (1984-1986)*

Man hat mir eine Invasion gelegt.
FRITZ WALTER JUN. *(Mannheim, Stuttgart)*

Und jetzt kommt die Sanitär-Abteilung.
BELA RETHY *sieht, wie bei Deutschland-Island Verletzte „saniert" werden*

Wann wurden jemals so viele Spieler mit der Barriere vom Platz getragen?
MICHAEL LUSCH *(Borussia-Dortmund)*

Ich hoffe, dass dieses Spiel nicht mein einziges Debüt bleibt.
SEBASTIAN DEISLER *übers erste von 36 Länderspielen (3 Tore) gegen die Niederlande (2000)*

Das war irre regulär.
HANS KRANKL, *erboster Teamchef, nach dem 3:3 Österreichs in Nordirland (2004)*

Wir haben uns gut aus der Atmosphäre gezogen.
FRANZ HASIL *(21 Länderspiele, 2 Tore)*

Wir müssen siegen - alles andere ist primär.
HANS KRANKL *(als Rapid-Trainer 1989-1992)*

FORZA!
Gar nichts Unanständiges, sondern nur der Schlachtruf italienischer Fans. Wörtlich: Kraft! Bildlich: Gemma!

So hole ich die Spieler aus ihrer Ekstase.
LOTHAR MATTHÄUS

Wir haben die Mannschaft ganz karibisch zusammengestellt.
KLAUS HILPERT, *dt. Trainer (Vfl Bochum) auf die Frage, warum es gerade so gut läuft*

Wir wurden leider nicht für unser Arrangement belohnt.
THOMAS HÄSSLER, *nach seinem ersten Spiel für Austria-Salzburg (0:0 gegen Austria, 2003)*

FLACH SPIELEN, HOCH GEWINNEN!
Aus der Kla-Motten-Kiste der → Taktik. So, als würden Kopftore nicht zählen.

F

Da blieb Völler (3. v. r.), von Klinsmann zurückgehalten, die Spucke weg – Rijkaard (ganz r.) hingegen weniger

FEINDSCHAFT ZWISCHEN HAPPEL UND MERKEL

FRACKSAUSEN *Geht auf altösterreichische Beamte zurück, die bei seltenen Notfällen in der Dienstkleidung dahinsausten, dass die Frackschöße flatterten.* **→ *Nervenflattern.***

Anfang der 50er: *Rapid* in Paris. Ein gutdotiertes Freundschaftsspiel. **Ernst Happel** und **Max Merkel** beginnen, wie so oft, während der Partie heftig zu streiten. Der Konflikt eskaliert. Beide schimpfen, schreien und verlassen das Feld! Ein Eklat droht. Die Rapid-Bank scheitert mit allen Schlichtungsversuchen. Die Rückkehr der angriffslustigen Verteidiger, die einander zeitlebens nicht mehr *grün* wurden, ist der „Eingebung" von **Hans Pesser** (**→** ***Trainer***) zu verdanken: Er hatte die Kabine abgesperrt und den Schlüssel vorsichtshalber eingesteckt.

„Der Merkel kennt dich ja nur, wann er was braucht, i brauch eahm net." (Happel, 1981).

Die deutsch-niederländische Feindschaft

Österreich und Ungarn gelten (im Fußball) als „Erbfeinde". Aber Deutschland und die Niederlande zelebrieren seit dem ➜ WM-Finale '74 ihre erbitterte, oft sogar hasserfüllte Gegnerschaft. Mittlerweile spielt - gottlob - der Humor mit.

Eines steht (unabhängig von den 13:10 Siegen für Deutschland in 37 Partien*) fest: Der Fußball ist, mit all seinen Finessen, in beiden Ländern zu Hause, die Fairness wird hingegen gern am Altar des furiosen Fanatismus geopfert. Das emotionsgeladene Duell ist mittlerweile ein mehr als dreißigjähriger „Krieg" in kurzen Hosen. Seit die Niederländer als Top-Favorit das WM-Finale 1974 verloren (**Beckenbauer** sagte später: „**Cruyff** war der größere Spieler, aber *ich* bin Weltmeister!"), ersetzen die Deutschen vollinhaltlich das gut nachbarliche Feindbild *Belgien*. Die Eckdaten:

Solange Karl-Heinz Rummenigge und ich etwas beim FC Bayern zu sagen haben, wird der bei diesem Verein nicht mal Greenkeeper im neuen Stadion.
ULI HOENESS, *Mister Bayern, über seinen Intimfeind Lothar Matthäus*

● Bei der **WM 1978** gerieten **Hölzenbein** und **Nanninga** aneinander, als der bullige Oranje dem viel kleineren Deutschen in den Magen hieb, worauf dieser, nicht faul, den rüden Riesen in die Nase zwickte.

● Bei der **EM 1980** beschwerte sich **Karl-Heinz Rummenigge** offiziell über die Gangart der Niederländer, deren Ajax-Star **Johnny Rep** dem deutschen Torhüter **Toni Schuhmacher** in den Bauch getreten hatte, als beide bei einer Flanke abgehoben hatten.

● Bei der **EM 1988**, als die Niederlande just in Deutschland „Rache" für 1974 nahmen, im Semifinale mit 2:1 (89. Minute) siegten und auch noch den Titel holten, feierten neun von 15 Millionen Einwohner den Triumph auf der Straße. Dabei wurde der - historisch haltlose - ➜ ***Hohngesang***: *„1940 kamen sie/1988 kamen wir/Holadije, holadio"* zur UNheimlichen Hymne. ***Ronald Koeman*** gab zu, sich mit dem Trikot **Olaf Thons** den Hintern ausgewischt zu haben. **Marco van Basten** sprach vom „wunderbaren Gefühl, die widerwärtigen Deutschen rausgeworfen zu haben".

● Bei der **WM-Qualifikation** für **1990** erklärten beide Fußballverbände das Aufeinandertreffen zum *Fan-Freundschaftsspiel*. Im Stadion verglich man **Matthäus** auf Transparenten mit **Hitler** (am Oktoberfest 1993 rotzte ***Loddar*** prompt einen Niederländer mit dem Satz an: „Du bist wohl vergessen worden vom *Adolf*").

● Im Achtelfinale der **WM 1990** gab's die legendäre Spuckaffäre **Rijkaard-Völler** (➜ *Feuchte Aussprache*). Seither siegt immer öfter leise Ironie über blanken Hass.

● Bei der **WM 2002** fehlte Niederlande, was zur populären deutschen Website ***www.ihrseidnichtdabei.de*** führte. Und in einem Fernseh-Werbespot für die **WM 2006** erzählten einander die Topstars **Michael Ballack** und **Oliver Kahn** mit Augenzwinkern, sie müssten jetzt noch zu den Niederländern ...

*Stand: Herbst 2007

FEINE FEINDE

George Best *zu* ***Paul Gascoigne****: „Dein IQ ist ja niedriger als deine Rückennummer (meist 10)!" Angebliche Antwort: „Was ist ein IQ?" Belegt ist: „Du Abschaum von einem Bastard".* ***Max Merkel*** *verlangte nach Österreichs 1:1 gegen die DDR (1977), dass* ***Friedl Koncilia****, der gepatzt hatte, von der Uni Innsbruck ausgestellt wird, weil „an Menschen mit so wenig Hirn gibt's ja net!"* ***Uli Hoeness*** *zog gegen* ***Matthäus*** *(Zitat l.),* ***Daum*** *(„Selbstdarsteller mit Größenwahn") und sogar gegen die* ***Toten Hosen*** *(„Der Dreck, an dem die Gesellschaft erstickt") vom Leder -* ***Campino*** *hatte ihn mit dem Hasslied „Bayern" und dem Titel „Wurstmann" bis zur Weißglut gereizt.*

F

FEUCHTE AUSSPRACHE

Der, spielerisch wie emotional, unberechenbare Austria-Stratege **Ernst Fiala** (1940-2006) rechtfertigte sich einmal vor dem Strafsenat für einen Spuck-Ausschluss mit: „Ich habe mich nur seitlich geräuspert." **Pepi Hickersberger** spuckte (1978, bei *Wacker-Innsbruck*) seinen Kaugummi aus und schoss ihn aus Zorn über den Spielverlauf volley weg - zu seinem Pech und gänzlich ungewollt („Wenn ich das könnte, wäre ich Kunst-schütze im Zirkus!") genau auf die mit dem FIFA-Wappen verzierte Brust des zehn Meter entfernten Referees **Heinz Fahnler** (Spitzname „Roter Heinzi"), der ihn gnadenlos ➜

Kopf an Kopf mit dem „Lama": Pinto mit Frei.

vom Platz stellte. Im WM-Achtelfinale 1990 spuckte der von Eheproblemen gebeutelte **Frank Rijkaard** (Niederlande) gleich dreimal ins Genick und ins Gesicht **Rudi Völlers** (Deutschland) Bei der EM 2004 wurde **Francesco Totti** (Italien) wegen seiner *über*flüssigen feuchten Aussprache mit **Christian Poulsen** (Dänemark) für drei EM-Spiele gesperrt. Der Schweizer **Alexander Frei** musste sich wegen desselben Delikts (gegen den Engländer **Steven Gerrard**) verantworten, wurde zunächst aus Mangel an Beweisen freigesprochen, aber dank neuer Fernsehbilder überführt und für den Rest der EM gesperrt, weil er sich als „nicht schuldig" bekannt hatte. Ihm blieb der Spitzname „Das Lama".

FEUERWEHRMANN
Ein Trainer, der engagiert wird, wenn eine Mannschaft brennende Sorgen hat, also etwa gegen den Abstieg kämpft.

FLIEGENFÄNGER

Der „Grasshopper" fängt Fliegen: Tormann Fabio Coltorti (2006)

Ein Fliegenfänger ist, „amtlich" ausgedrückt: Ein Torhüter, der die Flugbahn des Balles bei Flanken falsch einschätzt und ihn deswegen verfehlt. Der Begriff ist gar nicht so sehr aus der Luft gegriffen: Insektenjagd ist oft harmlos gegen Flatterbälle und Bananenflanken.

FAHRSTUHLMANNSCHAFT
Permanente Pendler zwischen zwei Ligen, also Auf- und Absteiger. In Österreich auch: Paternoster-Klub genannt.

FAIRNESS

Ganz klar: gesperrt, ohne den Mann spielen zu wollen.
HERIBERT FASSBENDER, *dt. TV-Kommentator*

Er hat deutlich nur den Fuß gespielt.
ROBERT SEEGER, *österr. TV-Kommentator*

TOP TEN GRÜNDE, ***woran Sie merken, dass Sie*** **FUSSBALL-SÜCHTIG** ***sind ...***

10. Sie haben eine *Rückennummer* und *3 Streifen* auf ihrem Business-Anzug
9. Zum Dienstschluss singen Sie allen nach: *„Ihr könnt nach Hause fahr'n"*
8. Sie wollen vom Wein nur noch den *Stoppel* zum Kaffee nur noch *Stollen*
7. Aus dem Urlaub schicken Sie plötzlich *gelb-rote Karten*
6. Sie wollen mit Ihrer Sekretärin alle 90 Minuten *Leiberln tauschen*
5. Ihr grüner Teppich hat plötzlich mehrere *weiße Linien und Kreise*
4. Sie reden Ihren Chef grundsätzlich nur noch mit *„Herr Trainer"* an
3. Mitten im Sex winken Sie heftig und lassen sich *auswechseln*
2. Wenn's im Bett nicht funktioniert, nennen Sie das *„hängende Spitze"*
1. Sie haben Ihre Familie gegen eine *Premiere-Decoder* eingetauscht!

FILM, FUNK, FERNSEHEN

Wer seine Angestellten feuert, weil sie wegen der australischen Spiele zu lange wach geblieben sind und nicht zur Arbeit kamen, ist ein Arsch.

KIM BEAZLEY, *australischer Oppositionspolitiker, zur sozialrechtlichen Komponente der Zeitverschiebung während der WM 2006*

Hauptsache, ein großer Fernseher ist drin.

LUCA TONI, *Stürmer beim FC Bayern, stellt seine Ansprüche bei der Wohnungssuche klar*

Damals hat die halbe Nation hinter dem Fernseher gestanden.

FRANZ BECKENBAUER *übers WM-Finale 1990*

Trainer, spiel ich heute? - Nein, heute geht's wirklich nicht. - Wieso nicht? - Das Fernsehen ist heute dabei!

Dialog zwischen EGON PAJENK *(kein feiner Techniker) und* ERNST HLOZEK *(kein feiner Psychologe) bei Rapid in den 70ern.*

FRAUEN-FUSSBALL

Das Ehepaar vor dem Fernseher. Sie weint: „Du liebst Fußball mehr als mich!" – Er tröstet sie: „Dafür liebe ich dich mehr als Leichtathletik…"

Hinten spielt die deutsche Mannschaft Mann gegen Mann.

BERTI VOGTS *bei der Frauen-WM in den USA*

Ich finde es großartig, dass sich die Frauen immer mehr vermehren in der Bundesliga.

FRANZ BECKENBAUER, *Vermehrungsexperte*

Hätten Sie's gewusst?

FRAUEN-FUSSBALL

In welchem Jahr hob der Deutsche Fußballbund (DFB) das Verbot des Frauenfußballs in Deutschland auf?

a. 1950 b. 1960 c. 1970

Richtige Antwort: c.

FRAU BECKHAM

„Sie stellen mich ins Tor und alle drei Jungs kicken Fußbälle auf mich. David auch. Ich tauche von links nach rechts und das ist vergleichbar mit meinem Fitness-Programm."

VICTORIA BECKHAM, Ex-Spice Girl „Posh" und Ehefrau von **DAVID BECKHAM**, erzählt, wie es in der Familie des Fußballweltstars so zugeht

FRAUEN & FUSSBALL

Einer der größten Fußballer des Jahrhunderts, der gebürtige Wiener Tscheche **Pepi Bican** (1913-2001 → ***Torjäger***), hatte eine Mutter, die das Kicken für zu brutal hielt. In der Anfangszeit Bicans bei *Hertha* tauchte sie wieder einmal als Zuschauerin auf und lief, nachdem ein Gegenspieler ihren ***Pepitschku*** gefoult hatte, aufs Feld, um den Übeltäter mit ihrem Regenschirm zu verprügeln.

Zwei Männer auf dem Weg ins Stadion: „Meine Frau hat mich jetzt vor die Alternative gestellt – entweder SIE oder Fußball." - „Das ist ja schrecklich!" - „Ja, ich werde sie sehr vermissen."

FUSSBALL-WITWEN

*Nicht (nur) die **Hinterbliebene** eines Kickers, sondern die wegen des Fußballs (ob aktiv oder vor dem Fernseher) **Vernachlässigte**.*

FUSSBALLER ALS FRAUEN

*Portugals **Pauleta**, Uruguays (und Spaniens) **Santamaria**, Italiens **Simone** und unsere zwei **Sara** → Brüder. Unschlagbar freilich - und fraulich: **Pierre-Alain Frau** (Paris St-Germain). Als Spitznamen: Klaus **Emma** Emmerich, Bixente **Liza** Lizarazu und Rudi **Tante Käthe** Völler.*

F

FUSSBALLER & FRAUEN

Es stimmt nicht, dass ich in Spanien mit vielen Frauen poussiert habe! Es gibt viele Fotos, wo ich alleine unter Pinien stehe ...
RUDI GUTENDORF, *Fußball-Weltenbummler (Weltrekord-Trainer mit 54 Stationen vom SV Rengsdorf bis zur Nationalelf von Ruanda)*

Herzlichen Glückwunsch an Marco Kurz. Seine Frau ist zum zweiten Mal Vater geworden.
THOMAS HÄSSLER über den Schalke-Kollegen

Eine Frau steht deprimiert in der Parfümerie und sagt zur Verkäuferin: „Geben Sie mir bitte irgendwas, das nach Fussball riecht."

„Es stimmt nicht", sagte George Best einmal, „dass ich mit fünf Miss World was hatte. Es waren nur drei. Die anderen wurden mir ja gar nicht vorgestellt."

Ich hatte noch nie Streit mit meiner Frau. Bis auf das eine Mal, als sie mit auf das Hochzeitsfoto wollte.
MEHMET SCHOLL, das Bayern-Denkmal

Das beste Trainingslager ist eine Frau, die eigene natürlich ...
WILLI LEMKE, verbessert sich grade noch

FASTENTOR

*Bitte, was ist das? Ein Ramadan-Goal? Ein Aschermittwochs-Treffer? Momenterl: Als alle Experten vor dem Fernseher aufspringen, aufstöhnen und sich mit entsetztem Stoßseufzer wieder fallen lassen, weiß der Kleinste in der Runde ganz genau, warum: „War das wieder ein Fastentor?" Völlig korrekt: **Fast 'n Tor!***

FITNESS

Körperlich haben wir kein Problem, physisch müssen wir was tun.
EGON COORDES, *dt. Trainer (auch bei Austria)*

Ich bin körperlich und physisch topfit.
THOMAS HÄSSLER, *deutscher Teamspieler (auch bei Red Bull Salzburg)*

FURCHT VOR DEM FRÄULEIN

Warum sendete das iranische TV die Auslosung der WM-Gruppen 2006 nicht live, sondern zeitversetzt? Wegen des (gewagten) Kleides von Topmodel **Heidi Klum**!

Hätten Sie's gewusst?

FIT FÜRS FINALE ...

Warum war das niederländische Fußball-Genie Johan Cruyff im → WM-Finale 1974 (1:2 gegen Deutschland) so müde?

a. Er hatte irrtümlich statt zur Vitamin-Tablette zum Schlafmittel gegriffen

b. Er war in die „Pool-Affäre" involviert (Planschen mit nackten Mädchen im Quartier) und seine Frau ***Danny*** hatte die ganze Nacht vor dem Finale am Telefon mit ihm gestritten

c. Eine bayerische Blasmusikkapelle hatte vorm Quartier der Niederländer bis weit nach Mitternacht aufgespielt

Richtige Antwort: **b.**

G

wie Gagerlgelb, Gags und Gagen

G

Ob Mitläufer oder Superstar: Im Ernstfall ähneln sie den bösen Buben in der Schule (Bild: Cristiano Ronaldo bettelt Spaniens Schiri Cantalejo an)

DIE GELBE GEFAHR

> ***Wenn man Gelb hat und so reingeht, kann man nur wichtige Termine haben.***
>
> **Johannes B. Kerner,** *deutscher TV-Kommentator*

wie Gagerlgelb, Gags und Gagen

Im Fußball geht's auch um Karten, Scheine und Platten. Gelbe Karten, knisternde Scheine und blankpolierte Platten – der Altmeister des Kabaretts, *Karl Farkas*, nannte die Glatze „Striptease auf höchster Ebene".

GAGERLGELBE GESCHICHTE

● ***Was war vor Gelb und Rot?*** Bis zur *WM 1970 in Mexiko*, ehe es *gelbe* und *rote* Karten gab (seit 1991 gibt es auch noch die *Gelb-Rote*), wurden Sünder vom Schiedsrichter mündlich ermahnt, schriftlich *aufnotiert* (engl.: „booked") und schließlich mit unmissverständlicher Geste des Feldes verwiesen. Momenterl! *Unmissverständlich?*

● ***Warum mussten Gelb & Rot kommen?*** Bei der *WM 1966 in England* kam es im Viertelfinale zwischen *Argentinien* und dem Gastgeber zu rustikalen Szenen: Der deutsche Schiri **Rudolf Kreitlein** stellte bereits nach einer halben Stunde „Gaucho" **Antonio Rattin** vom Platz, der sich allerdings neun Minuten lang (wegen „Verständigungsproblemen") nicht zum Abgang bewegen ließ. Um in Hinkunft Vergleichbares zu unterbinden, kam ein britischer Kollege des Referees *(im Auto?)* auf die Königsidee.

> ***Vergesst Kluivert, Maldini und selbst Beckham – der Superstar heißt: Collina!***
> *„The Sun", das Londoner Massenblatt, vor der Europameisterschaft 2000*

● ***Wer kassierte die erste Gelbe?*** Bei der „Erfindung" der Karten (→ ***Arschkarte***) stand für **Ken Aston** (1915-2001) fraglos die Verkehrsampel Pate. *Gelb* heißt Achtung, *Rot* heißt Stopp! Das aufkeimende Farbfernsehen hatte darauf keinen Einfluss. *Die allererste Gelbe* kassierte der Russe **Jewgeni Lowtschew** (vom deutschen Schiri **Kurt Tschenscher**) beim 0:0 im WM-Eröffnungsspiel 1970 gegen Mexiko, die erste WM-Rote der Chilene **Carlos Caszely** 1974.

GLATZKÖPFE (11 MANN & 1 REFEREE)

Warb in Italien für Shampoo: Luigi Collina.

● **Fabien Barthez**
Frankreichs meistgeküsste Fleischmütze

● **Roberto Carlos**
Brasiliens blanke Denkerstirn bei Real

● **Thierry Henry**
Haarsträubend herrlich bei Arsenal und Barca

● **Ronaldo**
Je mehr Gewicht, desto weniger Haare

● **Jan Koller**
Tschechiens Riese krümmt kein Härchen

● **Carsten Jancker**
Bei Rapid hatte er ja noch etwas Restwolle

● **Bobby Charlton**
Holte den Schmäh-Scheitel von weit her

● **Zinedine Zidane**
Nach gewagten Experimenten millimeterkurz

● **Peter Grosser**
Salzburgs 60er wirkte mit 30 wie ein 60er

● **Uwe Seeler**
köpfelte mit kahlem Hinterhaupt Traumtore

● **Willi Schulz**
Beckenbauers HSV-Konkurrent ließ Federn

> ***Carsten Jancker, ein Mann wie ein Baum, obwohl er wenig Blätter auf dem Klopf hat.***
> *Holger Pfandt, ARD-Reporter, über den besten deutschen Glatzkopf seit Seeler*

GAG *heißt auf Englisch eigentlich „knebeln".* **GAGE** *gab's in Frankreich nur für Soldaten und Künstler*

G

GELD, GESUNDHEIT & GLÜCK

● Über 33 Jahre hin war **Joschi Walter** (1925-1992), ein charmesprühender Lebemann *und* ein taffer Unternehmer, Spitzenfunktionär der *Wiener Austria* – und unter seiner Führung *funktionierte* es auch *spitze*. Berühmt war Walter für spontane und geniale Problemlösungen, sei es beim Geldaufstellen, der klassischen violetten Disziplin oder bei klugen Tranfers und Investitionen. Er konnte aber auch, als früherer Kicker (und als gelerntes → *Schlitzohr*) in die Seelen seiner „Diven" blicken. Einmal, zu Beginn der 80er, schien Star-Stürmer **Walter Schachner** ausgerechnet vorm Derby „bedient". Walter, der Big Boss, rief Walter, den Goalgetter, zu sich – in seine *Peugeot*-Geschäftsstelle. Schoko jammerte über Kniebeschwerden. Joschi sagte nur: „Zeig her amal" und als das Hosenbein gelupft war, legte er ihm flugs einen „Blauen" auf den blauen Fleck, also einen (Schilling-)Tausender, heute rund 70 Euro aufs Knie. Schachner spielte drei Tage später wie der Teufel und schoss zwei Tore zum Sieg über Rapid.

● Mönchengladbach, Mitte der 90er: Stürmer **Marcel Witeczek** wollte ein Jahresgehalt von 1,5 Millionen DM, heute ca. 700.000 Euro, herausholen. Als er das Büro betrat, legte Manager **Rolf Rüssmann** sofort los: „Damit du es gleich weißt, mehr als zwei Mios pro Jahr zahlen wir Dir nicht. Wenn dir das zuwenig ist, dann such dir einen neuen Verein". Witeczek griff „knurrend" zu ...

Walter Schachner: Schmerzfrei mit Bargeld

GEISTES-„RIESEN"

Die fußballerischen Namensvettern von Genies der Weltliteratur, Philosophie, Physik und Politik: Paul ***Schiller*** *(Ö, Schiedsrichter), Kjell* ***Seneca****, Kurt* ***Stendal*** *(beide Dk, Sturm Graz),* ***Socrates*** *(Bra, Florenz), Keith* ***Newton*** *(GB, Everton), Romain* ***Sartre*** *(F, Lyon), Gianfranco* ***Zola*** *(Ita, Neapel),* ***Lincoln*** *(Bra, Schalke).*

JE MEHR GELD ...

Manche Vereine sparen und drehen die Mark zweimal um. Bei Werder Bremen wird sogar jeder Pfennig geröngt.
WILLI LEMKE, *Sparefroh unter den Managern*

In letzter Zeit wurde mehr über die finanzielle Misere gesprochen beim 1. FC Kaiserslautern als über das Geld.
RUDI CERNE, *ARD-Moderator*

Die Wahnsinnspreise zahlen wir sicherlich nicht, aber die mittleren Wahnsinnspreise könnte ich mir schon vorstellen.
ULI HOENESS *(Bayerns Wahnsinn hat Methode)*

Die Stadt wird alles für den VfB Stuttgart tun. Vorausgesetzt, es kostet kein Geld.
MANFRED ROMMEL, *Oberbürgermeister*

In Köln haben sie vier Tage lang abgeschlossen und jede halbe Stunde eine Flasche Sekt entkorkt, als sie den Toni Polster für 1,8 Millionen Mark nach Gladbach verkauft hatten.
HANS MEYER, *ostdeutsche Trainer-Legende*

... DESTO MEHR SORGEN

Ich kann mir keine Äußerung zur Leistung des Schiedsrichters erlauben, sonst müsste ich einen Kredit aufnehmen.
RALF MINGE, *Ex-DDR-Nationalspieler*

Geld schießt keine Tore.
OTTO REHHAGEL, *Europameister 2004*

Ich vermarkte lieber Frauen. Die wissen, was Geld ist und können keine Spielerfrauen heiraten.
NORBERT PFLIPPEN, *Finanzberater*

GELD ALLEIN MACHT ...

Bei uns kann jeder Spieler eine Rolex tragen, Ferrari fahren und Gucci-Unterhosen tragen. Doch wenn er sich auszieht und spielt, muss er Dreck fressen.
Reiner Calmund, *Archetyp des Managers*

Ich hatte noch keinen.
Jesus Gil y Gil, *Präsident von Atletico Madrid, über sein Motiv für den Kauf eines extrem teuren alten Flugzeugträgers*

Ein Drittel mehr? Nee, ich will mindestens ein Viertel.
Horst Szymaniak *(*1934, Meistercupsieger 1964 mit Inter-Mailand) beim Vertragspoker*

Ein Spieler geht dorthin, wo es ihm am sympathischsten ist. Und das ist dort, wo es am meisten Geld gibt.
Ernst Dokupil *(Meister mit Rapid 1996)*

Was ist denn mehr?
Claus-Dieter Wollitz *(Uerdingen) auf die Frage: „Wollen Sie's brutto oder netto?"*

... NICHT *UNGLÜCKLICH*

Zum Glück hatten wir Glück.
Rui Costa, *Portugiese beim AC Mailand*

Die Eintracht ist vom Pech begünstigt.
Karl-Heinz Körbel, *Frankfurter Fatalist*

GRAUE MAUS *Unattraktiver Klub, der kaum messbare Emotionen bei neutralen Beobachtern, ja oft nicht einmal bei den eigenen Fans auslöst, und nur wenig Anlass zu breiterer Berichterstattung bietet. Mystische mausgraue Mannschaften:* ***MSV Duisburg****,* ***Arminia Bielefeld*** *und* ***Admira****.*

Das Nachwuchstalent zum Manager: „Wie hoch ist denn meine Gage?" – „Zunächst 10.000 Euro netto monatlich, später mehr." – „Okay, dann komm' ich später wieder!"

„Das stimmt, ich bekomme kein Geld. Ich darf dafür aber in Grönland Seehunde und Rentiere jagen, darf mit meiner Familie, was ja sonst sehr teuer ist, jederzeit dorthin reisen. Und ich werde mit Fisch bezahlt, hin und wieder kommt ein Laster von der Firma ***Royal Greenland****, liefert Lachs und Hummer und die seltenen Schneekrabben – die erhält sonst nur die dänische Königin."*

Sepp Piontek *(*1940, deutscher Weltenbummler), detailverliebt über die Tatsache, dass er für seinen Teamchef-Job in Grönland in Sachwerten entlohnt wird.*

Interview mit Toni Polster über eine Vertragsverlängerung bei Mönchengladbach (1999). „Unsere finanziellen Vorstellungen liegen zu weit auseinander. Die wollen mir mehr bezahlen als ich verlangte." – Reporter: „Das ist aber jetzt ein Spaß!" – Polster: „Sie Blitzgneißer!"

GELDGIER, DEIN NAME IST BASLER*

- Uli Hoeneß zu Mario Basler: „Einem guten und fleißgen Spieler zahlen wir auh gerne ein hohes Gehalt." Basler: „Hab ich mir doch gleich gedacht, dass da was faul ist."

- Mario Basler wird gefragt: „Wissen Sie eigentlich, dass Sie mehr verdienen als der Bundeskanzler?" Seine Antwort: „Das mag schon sein, aber haben Sie schon mal gesehen, wie DER Fußball spielt?"

- Max Merkel in seiner „Bild"-Kolumne: „Der Basler spielt wie eine Parkuhr. Er steht rum und die Bayern stopfen Geld rein." *(Anm.: Heute ist Basler der Nachfolger Max Merkels als scharfer Massenblatt-Schütze)*

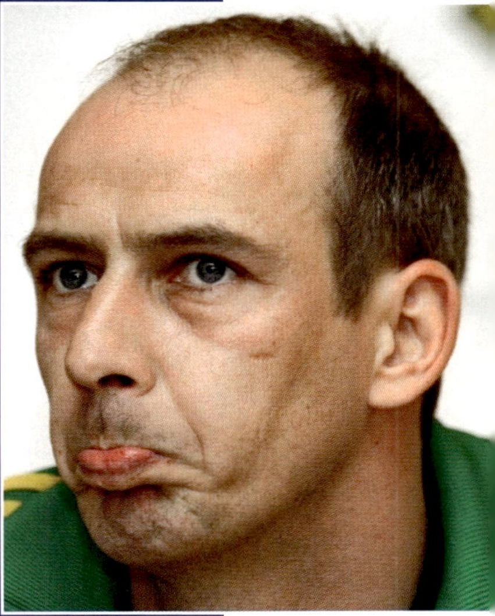

***Mario Basler**
(deutscher Europameister 1996)

G

GEFÄHRLICHE DROHUNG

„Die Hand soll ihm abfaulen und er soll nie wieder Glück haben in seinem Leben!"

Toni Polster *nach Kölns 0:1 bei Schalke (1998) über Oliver Held, der ein Hands auf der Linie begangen hatte, aber dem Schiri erklärte, per Kopf gerettet zu haben.*

Einsatz wie er im Büchel steht: Toni Polster lässt den Namensvetter des Skifahrers Marco Büchel einfädeln (Österreich - Liechtenstein 6:0, zwei Polster-Tore, 1998)

GUTI, PESSER, BEST!

Die Namens-Elf der Superlative: ***Guti*** *(Spa), Bela* ***Guttmann****, Ferenc* ***Bene*** *(beide Ung), Harald* ***Unverdorben*** *(Ö), Thomas* ***Doll****, Heiko* ***Herrlich****, Heiko* ***Lässig*** *(alle D), Omar* ***Bravo*** *(Mex), Hans* ***Pesser*** *(Ö), Klaus* ***Toppmöller*** *(D) und schließlich George* ***Best*** *(Nordirland), der einmal sagte: „****Maradona*** *is good,* ***Pele*** *is better, but George is* ***Best****!"*

GRÜSSE

„Ich grüße meine Mama, meinen Papa und ganz besonders meine Eltern."

Mario Basler, Lothar Matthäus, Toni Polster *(wird allen drei als Originalzitat nachgesagt)*

„Auswärts sind wir zurzeit nur, um Hallo zu sagen."

Nico Kovac *(bei Hertha BSC Berlin)*

GRAMMATIK

„Bedanken möchten wir uns auch bei den Fans, auf denen wir uns immer verlassen konnten."

Andreas Brehme, *Weltmeister 1990*

„Ihr seid nämlich auch die, die den Pokal gehören!"

Uli Borowka *als Pokalsieger auf dem Balkon des Bremer Rathauses zu den Fans*

GOALGETTER

→ *Torjäger*

Hätten Sie's gewusst ?

GELEGENTHEITS-TÄTER

Welcher Spieler kam nur zufällig (wegen der Verletzung eines anderen Stürmers) zum WM-Einsatz, wurde dort aber mit 13 Treffern (bis heute unerreichter) Rekordtorschütze?

a. Gerd **Müller** (Deutschland) 1970
b. Mario **Kempes** (Argentinien) 1978
c. Just **Fontaine** (Frankreich) 1958

Richtige Antwort: **c.**

GEWOHNHEITS-TÄTER

Welcher argentinische Stürmer-Star erzielte bei der WM 1994 in den USA (und zwar beim 4:0 gegen Griechenland) und – ***auf den Tag genau*** *– vier Jahre später bei der WM 1998 in Frankreich (diesmal beim 5:0 gegen Jamaika) jeweils einen →* ***Hattrick?***

a. Gabriel **Battistuta**
b. Claudio **Caniggia**
c. Fernando **Redondo**

Richtige Antwort: **a.**

HANDS HAND GOTTES HOOLIGANS HUNDE HITZESCHLACHT HELDENSAGEN
HATTRICK HANDY HEISSLÄUFER HÄFERL HUNDSKICK HUNDEBISS HANDS
HELDENHUND HANDS HAND GOTTES HOOLIGANS HUNDE HITZESCHLACHT
HELDENSAGEN HATTRICK HANDY HEISSLÄUFER HÄFERL HUNDSKICK
HUNDEBISS HANDS HELDENHUND HANDS HAND GOTTES HOOLIGANS

H

HUNDE HITZES SAGEN HEISSLÄUFER
HÄFERL HUND HAND HANDS HAND
GOTTES HOOL TZESCH GEN HATTRICK
HANDY HEISS HUNDSK ANDS HELDEN-
HUND HANDS OLIGAN CHLACHT HEL-
DENSAGEN HA EISSLÄ NDSKICK HUN-
DEBISS HANDS NDS H IGANS HUNDE
HITZESCHLACH ÄUFER HÄFERL
HUNDSKICK H HAND GOTTES
HOOLIGANS H TRICK HANDY
HEISSLÄUFER HELDEN HUND
HANDS HAND HT HELDENSA-
GEN HATTRICK K HUNDEBISS
HANDS HELDE AND G HUNDE HIT-
ZESCHLACHT TTRICK UFER HÄFERL
HUNDSKICK H HELDE HAND GOTTES
HOOLIGANS H ACHT TTRICK HAN-
DY HEISSLÄUF SKICK HELDENHUND
HANDS HAND NS HUN HT HELDENSA-
GEN HATTRIC UFER K HUNDEBISS
HANDS HELDE AND G HUNDE HIT-

ZESCHLACHT HELDENSAGEN HATTRICK HANDY HEISSLÄUFER HÄFERL
HUNDSKICK HUNDEBISS HANDS HELDENHUND HANDS HAND GOTTES HOO-
LIGANS HUNDE HITZESCHLACHT HELDENSAGEN HATTRICK HANDYHEIS-
SLÄUFER HÄFERL HUNDSKICK HUNDEBISS HANDS HELDENHUND HANDS
HAND GOTTES HOOLIGANS HUNDE HITZESCHLACHT HELDENSAGEN

wie Hands, Hunde und Hitzeschlacht

HATTRICK HANDY HEISSLÄUFER HÄFERL HUNDSKICK HUNDEBISS HANDS
HELDENHUND HANDS HAND GOTTES HOOLIGANS HUNDE HITZESCHLACHT
HELDENSAGEN HATTRICK HANDY HEISSLÄUFER HÄFERL HUNDSKICK

wie Hands, Hunde und Hitzeschlacht

„Elfmeter!“, forderte erregt der TV-Kommentator, „da ging eindeutig *der Ball zur Hand*.“ Es liegt auf der Hand, dass darauf ein anderer sagte: „Fußball ist die Sportart Nr. 1 in Frankreich. *Handball übrigens auch*.“

Probleme m Hooligans habe sich in Europa au sozialpolitiische Gründen von We nach Ost verlage (Bild: Poler

HASS & HOOLIGANS

„*Hass gehört nicht ins Stadion. Solche Gefühle soll man gemeinsam mit seiner Frau daheim im Wohnzimmer ausleben.*“

Berti Vogts, *dt. Ex-Bundestrainer*

HANDY-VERBOT

Wenn das Handy klingelt, kann man aus dem Bus aussteigen - und wir fahren weiter. Der hat ja ein Handy und kann sich ein Taxi rufen.

Werner Lorant *über das strikte Verbot von „Körpertelefonen" bei 1860 München*

HOCHANSTÄNDIG ...

Wir wollten ein Vorbild für alle Fans sein - wir schlagen niemanden mehr.

Berti Vogts, *zum Viertelfinal-Out bei der →* ***WM 1998*** *(0:3 gegen Kroatien)*

„HAND GOTTES"

Es war ein bisschen die Hand Gottes und ein bisschen Maradonas Kopf.

Diego Maradona *auf die Frage, wie das 1:0 gegen England (→* ***WM 1986****) zustande kam*

HOOLIGANS*

Da hat doch jetzt tatsächlich einer eine zusätzliche Flasche aufs Spielfeld geworfen.

Werner Hansch, *dt. Radio-Evergreen*

HELDENSAGEN

Ein Blick ins Stadion Jan Breydel, benannt nach einem Freiheitskämpfer aus dem Mittelfeld.

Robert Seeger, *der TV-Kommentator aus dem ORF-„Mittelalter", über die Heimstätte von* ***Club*** *und* ***Cercle Brügge*** *in Belgien*

HATTRICK

Drei Tore in ununterbrochener Folge innerhalb einer Spielhäfte - dann ist der „Hut-Schmäh" lupenrein. Geht auf *H. H. Stephenson* zurück, der als erster „Bowler" im Cricket drei „Wickets" en suite umwarf (1858) - und dafür einen weißen Hut bekam (→ *Rekorde*).

HÄFERLN & HEISSLÄUFER

Das sind die Jäh- (oder österr.: *Gach-*) Zornigen des Spiels: Sie kochen vor Leidenschaft, laufen über, also heiß - und explodieren wie Druck-Kochtöpfe. Die besten Botschafter dieser „Bösen Buben AG" heißen: *Nobby Stiles* (GB), *Gustl Starek, Dietmar Kühbauer* (beide Ö) oder *Eric Cantona* (F).

Hätten Sie's gewusst?

HITZESCHLACHT MIT SONNENSTICH

Was für die Deutschen bei der → WM 1954 das „Wunder von Bern" war, bleibt für Österreich die „Hitzeschlacht von Lausanne": Ein Helden-Epos. Tormann ***Schmied*** *erlitt beim 7:5 gegen die Schweiz einen Sonnenstich - wie konnte er dennoch weiterspielen?*

a. Masseur ***Ulrich*** spielte hinter dem Tor „Souffleur" und schilderte alle Angriffe
b. Teamchef ***Nausch*** brüllte von der Bank
c. Kapitän ***Ocwirk*** blieb nur noch bei ihm

Richtige Antwort: **a.**

HUNDSGEMEIN!

Dieser Witz ist zwar ein alter Hund, aber immer noch zum Winseln: Unterhalten sich zwei Fans eines krisengeschüttelten Klubs (am besten mit Rapid bzw. Austria erzählen!) – der mit dem Hund sagt: „Jedesmal, wenn wir ein Goal kassieren, macht der Köter einen Salto." - „Ist ja unglaublich! Vorwärts oder rückwärts?" – „Das kommt drauf an, wo ich ihn treffe ..."

HELDENHUND

1966 fand Promenadenmischling ***Pickles*** *den, kurz vor Beginn der WM in England, verschwundenen Siegespokal in einem Gebüsch wieder. Den Lohn, eine Reise zur WM 1970 nach Mexiko, erlebte er aber nicht mehr.*

HUNDSKICK

Prädikat für das miserable Spiel zweier ***Hundstruppen.***

HUNDEBISS

1969 wurde ***Friedel Rausch*** *(Schalke 04) im Revierderby gegen Dortmund von einem übers Feld jagenden Schäferhund gebissen.*

*Das Wort geht angeblich auf eine irische Familie namens **O'Hooligan** zurück, die im 19. Jahrhundert durch Trunksucht und Rauflust London unsicher machte.

„Heimat ist dort, wo man mich spielen lässt"

... sagte einer der Größten, Ferenc Puskás (➜ *Torjäger*). Er setzte sich 1956 aus Ungarn ab – und spielte später für Spanien. Die Top 20 der Mehrfach-Internationalen, meist wider Willen.

Edi Finger jun. „schmalpickt", Ferenc Puskás „pummelig"

Geboren in Favoriten, daheim in der Welt: Bican

Musste für Deutschland ran: Der Bomber „Bimbo"

	Länder (Zeitraum)	Spiele	Tore
1. Ferenc Puskás	Ungarn (1945-1956)	85	84
1927-2006	Spanien (1961-1962)	4	0
2. Matthias Sammer	DDR (1986-1990)	23	6
**1967*	Deutschland (1990-1996)	51	8
3. Andreas Thom	DDR (1984-1990)	51	17
**1965*	Deutschland (1990-1994)	10	2
4. Raimundo Orsi	Argentinien (1923-1936)	13	3
1901-1986	Italien (1929-1935)	35	13
5. Karl Sesta	Österreich (1932-1945)	44	1
1906-1974	Deutschland (1941-1942)	3	0
6. Willy Hahnemann	Österreich (1935-1948)	23	4
1914-1991	Deutschland (1938-1941)	23	16
7. Alfredo Di Stéfano	Argentinien (1947)	6	6
**1926*	Spanien (1957-1961)	31	23
8. José Emilio Santamaría	Uruguay (1952-1957)	20	0
**1929*	Spanien (1958-1962)	16	0
9. Josef Bican	Österreich (1933-1936)	19	14
1913-2001	Tschechoslowakei (1938-1949)	14	12
	Mähren (1939)	1	3
10. Luis F. Monti	Argentinien (1924-1931)	16	5
1901-1983	Italien (1932-1936)	18	1
11. Karl Decker	Deutschland (1942)	8	8
1921-2005	Österreich (1945-1952)	25	19
12. Peter Platzer	Österreich (1931-1937)	31	0
1910-1959	Deutschland (1939)	2	0
13. Franz Binder	Österreich (1933-1947)	19	16
1911-1989	Deutschland (1939-1941)	9	10
14. Ladislav/Laszló/	Tschechoslowakei (1946-1947)	6	4
Ladislao Kubala	Ungarn (1948)	3	0
1927-2002	Spanien (1953-1961)	19	11
15. Enrique Omar Sívori	Argentinien (1956-1957)	19	9
1935-2005	Italien (1961-1962)	9	8
16. Juan Alberto Schiaffino	Uruguay (1946-1954)	21	8
1925-2002	Italien (1954-1958)	4	0
17. Willibald Schmaus	Österreich (1935-1937)	15	0
1912-1979	Deutschland (1938-1942)	10	0
18. Rudolf/ Rodolphe Hiden	Österreich (1928-1933)	20	0
1909-1973	Frankreich (1940)	1	0
19. Franz Wagner	Österreich (1933-1936)	18	0
1911-1975	Deutschland (1938-1942)	3	0
20. Hans Pesser	Österreich (1935-1937)	8	2
1911-1986	Deutschland (1938-1940)	12	2

IRRTÜMER INTERVIEWS INTIMITÄTEN IRREFÜHRENDE NAMEN INTEL-
LIGENZ ICKE IPSWICH IRLAND INFRASTRUKTUR IRRTÜMER INTER-
VIEWS INTIMITÄTEN IRREFÜHRENDE NAMEN INTELLIGENZ ICKE IPS-
WICH IRLAND INFRASTRUKTUR IRRTÜMER INTERVIEWS INTIMITÄTEN
IRREFÜHRENDE NAMEN INTELLIGENZ ICKE IPSWICH IRLAND INFRA-
STRUKTUR IRRTÜMER INT TÄTEN IRREFÜHRENDE NA-
MEN INTELLIGENZ ICKE IP NFRASTRUKTUR IRRTÜMER
INTERVIEWS INTIMITÄTEN NAMEN INTELLIGENZ ICKE
IPSWICH IRLAND INFRAS MER INTERVIEWS INTIMI-
TÄTEN IRREFÜHRENDE NAM ICKE IPSWICH IRLAND IN-
FRASTRUKTUR IRRTÜMER TIMITÄTEN IRREFÜHRENDE
NAMEN INTELLIGENZ ICKE D INFRASTRUKTUR IRRTÜ-
MER INTERVIEWS INTIMIT ENDE NAMEN INTELLIGENZ
ICKE IPSWICH IRLAND INF TÜMER INTERVIEWS INTI-
MITÄTEN IRREFÜHRENDE N NZ ICKE IPSWICH IRLAND
INFRASTRUKTUR IRRTÜME TIMITÄTEN IRREFÜHRENDE
NAMEN INTELLIGENZ ICKE D INFRASTRUKTUR IRRTÜ-
MER INTERVIEWS INTIMIT ENDE NAMEN INTELLIGENZ
ICKE IPSWICH IRLAND INF TÜMER INTERVIEWS INTI-
MITÄTEN IRREFÜHRENDE N NZ ICKE IPSWICH IRLAND
INFRASTRUKTUR IRRTÜME TIMITÄTEN IRREFÜHRENDE
NAMEN INTELLIGENZ ICKE D INFRASTRUKTUR IRRTÜ-
MER INTERVIEWS INTIMIT ENDE NAMEN INTELLIGENZ
ICKE IPSWICH IRLAND INF TÜMER INTERVIEWS INTI-
MITÄTEN IRREFÜHRENDE N NZ ICKE IPSWICH IRLAND
INFRASTRUKTUR IRRTÜME TIMITÄTEN IRREFÜHRENDE
NAMEN INTELLIGENZ ICKE IPSWICH IRLAND INFRASTRUKTUR IRRTÜ-
MER INTERVIEWS INTIMITÄTEN IRREFÜHRENDE NAMEN INTELLIGENZ
ICKE IPSWICH IRLAND INFRASTRUKTUR IRRTÜMER INTERVIEWS INTI-
MITÄTEN IRREFÜHRENDE NAMEN INTELLIGENZ ICKE IPSWICH IRLAND
INFRASTRUKTUR IRRTÜMER INTERVIEWS INTIMITÄTEN IRREFÜHRENDE

I wie Irrtümer, Interviews und Intimitäten

NAMEN INTELLIGENZ ICKE IPSWICH IRLAND INFRASTRUKTUR IRR-
TÜMER INTERVIEWS INTIMITÄTEN IRREFÜHRENDE NAMEN INTELLI-
GENZ ICKE IPSWICH IRLAND INFRASTRUKTUR IRRTÜMER INTERVIEWS

I wie Irrtümer, Interviews und Intimitäten

„Ein *Interview*", sagte Paul McCartney, „ist die beste Gelegenheit, Lügen über sich selbst zu verbreiten." Der Alt-Beatle passt wie das Tüpfelchen zum „I", gilt er doch auch als Top-Experte für *Irrtümer* und *Intimitäten* ...

Wer „sich zerreißt", ist ein Kämpfer. Aber wer anderen die Hose zerreißt, sieht Gelb. (Bild: Cafu, noch bei AS Roma, läuft als Opfer im Freien).

INTIM-ZONE

„*Die Mützen der Spieler müssen mit Quasten versehen sein, die Hosen die Knie bedecken.*"

Kleiderordnung *(in den Fußballregeln von 1864)*

IRRTÜMER & IRRWITZIGKEITEN

Wir haben im richtigen Moment das Falsche gemacht

Ralf Rangnick *(*1958), Trainer unter anderem bei SSV Ulm, VfB Stuttgart und Hannover 96, als Schalke-Coach nach einem 1:2 gegen den Hamburger SV 2005.*

Ich habe zu meiner Mannschaft gesagt: STÜRMEN! Sie haben wohl TÜRMEN verstanden.

Aleksandar Ristic *(*1944), Spieler bei Braunschweig , danach Trainer beim HSV, Düsseldorf und Schalke 04 (➜ **Alkohol**)*

Von mir aus bin ich ein Weichei ... Andere können ja vor dem Spiel die Eier hart kochen.

Andy Möller *(*1967), dt. Spieler bei Frankfurt, Juventus, Dortmund, Schalke 04, Welt- und Europameister (85 Spiele, 29 Tore).*

INTERVIEWS (unwillig und mutwillig)

Ich glaube, er ist DIN A4.

Dragoslav Stepanovic *auf die Frage, wie sein neuer Vertrag in Frankfurt aussehe*

Montag, Dienstag, Mittwoch, Donnerstag...

Dragoslav Stepanovic *auf die Frage, was denn die kommende Woche bringen werde*

Nein, die spielen immer mittwochs, da habe ich keine Zeit.

Paul Steiner, *auf die Frage, ob die deutsche Nationalmannschaft noch ein Thema wäre*

Irgendwelche Fragen noch, bevor ich mich aufhänge?

Bert Papon *(Trainer von Dunfermline) nach einem 0:7 zur Eröffnung der Pressekonferenz*

Haben Sie eine Stunde Zeit?

Leo Beenhakker, *auf die Frage, wie dem deutschen Fußball zu helfen sei*

Günther Jauch *(fabelhaft)*: *Man hat ein den Eindruck, als ob da ein Igel gegen eine Schildkröte kämpft ...*
Franz Beckenbauer *(cool)*: *Nein, ich denke, da spielen zwei Fußballmannschaften gegeneinander.*

Reporter: *Herr Berger, wie haben sie das erste Tor gesehen?*
Jörg Berger *(zweifellos leicht genervt nach dem Ausscheiden seiner Eintracht Frankfurt im DFB-Pokal)*: *Genauso wie sie! Schönen Abend noch!*

Frage an Bernd Krauss: *Was hat sich die Borussia vor dem Spiel gegen den VfB Stuttgart vorgenommen?*
Antwort von Bernd Krauss *(Trainer von Dortmund)*: *Wir wollten unbedingt einen frühen Rückstand vermeiden. Das ist uns auch gut gelungen, der VfB hat in den ersten zweieinhalb Minuten kein Tor gemacht.*

IMMENSE IRRTÜMER

- *Als **Franz Beckenbauer** (*1945) mit 13 (bei „SC 1906“) von 1860 träumte, kassierte er in einem Jugendmatch von einem „jungen Löwen“ eine Ohrfeige – und ging aus Zorn darüber zu den Bayern.*

- *Als der blutjunge **Gerd Müller** (*1945) auf seinen kurzen Beinen erstmals bei den Bayern antanzte, winkte Trainer **Dettmar „Napoleon“ Cramer** (*1925), selbst nur 1,61 m, ab: „Was soll ich mit diesem Kugelstoßer?“*

- *Als der Kroate **Bozo Bakota** (*1950) zu Rapid wollte, hielt ihn Trainer **Walter „Schani“ Skocik** (*1944) für zuwenig torgefährlich. Bei Sturm Graz wurde er Vizemeister 1981 und Schützenkönig 1982.*

I

IDOLE ALS „IDIOME“

*So wie das finnische Laufwunder **Paavo Nurmi** (1897-1973) dank neun olympischer Goldmedaillen auf der Langstrecken in den Sprachgebrauch eingegangen ist (**Bin i der Nurmi?**), wurden auch im Fußball Idole zu Idiomen: **John Robinson** (1870-1931), Torhüter bei Southhampton, pflegte so spektakulär nach den Bällen zu hechten, dass eine tolle Parade lange Zeit als **Robinsonade** bejubelt wurde. Und **Silvio Piola** (1913-1996), der erfolgreichste italienische Mittelstürmer aller Zeiten (274 Tore für Lazio, Weltmeister 1938), beherrschte den **Fallrückzieher** derart virtuos, dass dieses Kunststück noch heute seinen Namen trägt.*

In der Kabine ist es eng. Da kann es passieren, dass ich einen Spieler anstecke. Das wäre schlecht. Bei Journalisten ist es nicht so schlimm. Wenn ich da einen anstecke, kommt der nächste.

Karl-Heinz Wildmoser, *der schwer erkältete Ex-Präsident von 1860 München der sich 2004 dann auch noch vor Gericht „verkühlte“*

Lieber ist mir keiner. Ich würd' am liebsten gegen gar keinen spielen.

Didi Hamann, *deutscher Verteidiger, bei der WM 1998 in Frankreich auf die Frage, wen er sich als Gegner fürs Viertelfinale wünscht*

Heute haben die Spieler doch mehr Pressekontakte als Ballkontakte.

Gerd Niebaum, *Ex-Dortmund-Präsident*

„Hauts eich in Schnee!“

Ernst Happel *zu Reportern, im Sommer*

„Hauts eich in Koks!“

Ernst Happel *zu Reportern, im Winter*

Interviewer: *„Habt ihr den Gegner vielleicht unterschätzt?“*
Bobby Robson (englischer Teamchef): „Das nicht, aber sie spielten besser, als wir dachten...“

INFIGHT IM INTERVIEW

Günther Neukirchner im Interview mit einem jungen „Premiere“-Reporter unmittelbar nach der bitteren 0:4-Derby-Niederlage von Sturm-Graz gegen den GAK 2006:

Reporter: 0:4 im Derby gegen den GAK – Günther Neukirchner, wie froh sind Sie denn, dass der Schiri jetzt abgepfiffen hat?
Neukirchner: Wos sui die Frog jetzan? Für wos is die Froge jetzt, erklärn S' ma des!
Reporter: Man hat Angst haben müssen ...
Neukirchner: Sui i mi jetz g'frein, wemma 4:0 verlier'n oda wos? Bei uns hom a poa die Hosn vui, wia mochn kapitale Eigenfehler – mehr braucht ma net sogn! Owa die Frog' brauchn S' ma aa net stöll'n!
Reporter: Haben Sie nicht Angst gehabt vor einer noch höheren Niederlage? Den Eindruck hatte man jetzt zum Schluss ...
Neukirchner: Des is die nächste depperte Frog!!! Fallt Ihnen nix G'scheiteres ein, jetza?

*Günther Neukirchner (*1971, 400 Bundesligaspiele für Sturm-Graz, 2 x Meister, 3 x Pokalsieger, 14 Länderspiele für Österreich)*

INTELLIGENZ

Wie klug sind Fußballer? Genügt es, mit dem Außenrist nachzudenken? Als gewisses Indiz für berechtigte Zweifel an der Brise „Bries" der Kicker (➜ ***Brieskicker***) erscheint der Umstand, dass die Spieler in einer Freistoßmauer so gut wie nie ihre Köpfe schützen. Familienplanung geht ganz offensichtlich vor der Erhaltung geistiger Gesundheit. Als gepflegtes Argument gegen alte Klischees und Vorurteile siehe aber auch ➜ ***Akademiker***.

Eine der bedrohlichsten Situation im Fußball: Freistöße kommen oft mit 150 km/H

Fußball spielt sich zwischen den Ohren ab. Da war teilweise Brachland, das neu bepflanzt werden mußte.

Rainer Bonhof, *Weltmeister 1974, später Trainer bei Borussia Mönchengladbach*

Wir haben die fehlende Cleverness vermissen lassen.

Lorenz-Günther Köstner, *dt. Spieler (Meister & UEFA-Cup-Sieg 1975 mit Gladbach) und Trainer (Aufstieg mit Unterhaching 1999)*

Eine Minute nach Spielende habe ich noch nicht die Intelligenz, das Spiel zu beurteilen.

Jens Lehmann, *Deutschlands Nationaltorhüter, im Interview bei der WM 2006*

Schulschluss. Der Sohn des berühmten Fußballs kommt nach Hause. Fragt ihn der Vater: „Wie schaut denn dein Zeugnis aus?" Der Bub strahlt ihn an: „Weißt du was: Mein Vertrag ist um ein Jahr verlängert worden!"

Hätten Sie's gewusst?

IRRE WITZIG & IRRWITZIG

Welcher italienische Star, der als nicht besonders schlau gilt, hatte den Humor, ein Buch mit den besten (und bösesten) Witzen über sich selbst auf den Markt zu bringen (und verkaufte irrwitzige eine Million Exemplare)?

a. ***Francesco Totti*** *(*1976), AS Rom*
b. ***Marco Materazzi*** *(*1973), Inter Mailand*
c. ***Fabio Cannavaro*** *(*1973), Real Madrid*

Richtige Antwort: **a.**

In der Schule gab's für mich Höhen und Tiefen. Die Höhen waren der Fußball.

Thomas Hässler, *Weltmeister 1990, 101 Länderspiele und 11 Tore für Deutschland*

„Icke" Hässler (➜ Spitznamen und ➜ ZwergerIn)

INTIMITÄTEN (freiwillig und unfreiwillig)

Tackling ist viel schöner als Sex!
Paul Ince, knochenharter Verteidiger, 1995 erster schwarzer Kapitän Englands

Was er macht ist unglaublich. Ich genieße es von hinten.
Khalid Boulahrouz, HSV-Verteidiger, über den Klubkollegen Rafael van der Vaart

Wir haben genug Potenz für die Bundesliga.
Steffen Baumgart, Rostock-Mittelstürmer

Wenn Fußballer durch Verzicht auf Sex bessere Leistungen bringen würde, hätte die Fußballmannschaft des Vatikans längst den Europa-Pokal gewonnen.
Thomas Koschwitz, deutscher TV-Comedian

Wenn ich in der Nacht vor einem Spiel Sex habe, verliere ich jegliches Gefühl in meinen Füßen.
Fredrik Ljungberg, ein schöner Schwede im Mittelfeld (fußballerisch und als Model)

Rudi Völler wird weiterhin unsere Infrastruktur samt Sekretärin nutzen können.
Reiner Calmund als Manager von Bayer 04 Leverkusen zum endgültigen Wechsel des Stürmer-Stars zum DFB (1996)

In die Siegesfeier des Fussballvereins platzt der Masseur mit der Nachricht: „Unser Mittelstürmer ist soeben Vater von Zwillingen geworden." Der Mannschaftskapitän ruft stolz aus: „Gratuliere! Da ist ihm ja ein schöner Doppelpass gelungen." In diesem Augenblick kommt der Trainer in die Kabine: „Moment! Vergessen wir nicht die exzellente Vorarbeit von unserem Libero!"

Wildfremde Menschen haben auf der Fan-Meile zusammen gefeiert. Was dabei herauskommt, werden wir in neun Monaten erfahren.
Franz Beckenbauer selbst Vater von (ca.) fünf Kindern, zur WM-Euphorie 2006

Im Fußball ist es wie bei der Liebe. Was vorher ist, kann auch sehr schön sein, aber es ist nur Händchen halten. Der Ball muß hinein.
Max Merkel hatte immer einen Ball dabei

Die Holländer sind vorne vom Feinsten bestückt
Oliver Kahn, der Titan im Tor

Das war ein wunderschöner Augenblick als der Bundestrainer sagte: Komm Steffen, zieh deine Sachen aus, jetzt geht´s los!

Steffen Freund *(Europameister 1996) über sein Länderspieldebüt gegen Spanien 1995*

„Ich brauche Spieler, die am Platz die Rute rausholen."

Matthias Sammer *(Europameister 1996), als Trainer des VfB Stuttgart.*

Wir lassen uns beide von unseren Frauen scheiden und ziehen zusammen.

Toni Polster *über das verbesserte Verhältnis zu seinem damaligen Trainer beim 1. FC Köln, Peter Neururer (im Bild links)*

Wenn er von hinten kommt, ist er nicht zu halten!

Gerd Rubenbauer, *schwärmerischer deutscher TV-Kommentator*

In so einem Spiel muss man sein wahres Gesicht zeigen und die Hosen runterlassen.

Alexander Strehmel, *Meister mit dem VfB Stuttgart 1992, vor der entscheidenden Partie*

Wenn wir meinen, die Spieler haben es nötig, dann lassen wir ihre Frauen und Freundinnen hierher holen, um die Jungs wieder hoch zu kriegen.

Willi Lemke, *deutsche Mananger-Ikone*

Die eindeutig zweideutige Bildsprache des Fußballs spiegelt sich auch in stehenden Phrasen wie ***„hart von hinten gedeckt"*** *oder* ***„jemandem die Gurke geben"***. *Weniger gut kommt diesem Zusammenhang die* ***„hängende Spitze"***.

I

TOP 15 FUSSBALLER MIT IRREFÜHRENDEN NAMEN:

Quick-lebendig: Philipp Lahm

Ein Büffel auf der Weide: Die Spitze Stumpf

1. LAHM GEHT GERN LANGE WEGE
Philipp Lahm (*1983) war als offensiver Verteidiger die große WM-Entdeckung 2006. Er fehlte bei keiner Partie auch nur eine Minute. Für *Bayern München*, wo er (erneut nach 2003) unter Vertrag ist, spielte er schon in der Jugend. 2004 wurde er an *Stuttgart* verliehen und ist seither Nationalspieler. Stärken: Tempo, Einsatzfreude und Kondition (➜ ***Spitznamen***).

2. BLIND BEWIES STETS ÜBERSICHT
Danny(*Dirk Franciscus*) **Blind (*1961)** war Verteidiger bei *Ajax Amsterdam* (5 x Meister, 4 x Pokalsieger, 3 x Europacupsieger der Pokalsieger, 1 x UEFA-Cup-Sieger, 1 x Champions League-Sieger, 1 x Weltpopkalsieger). Heute ist er technischer Direktor bei *Sparta Rotterdam*. Größte Stärke: Man ahnt es – ausgerechnet die Übersicht ...

3. STUMPF IST NOCH IMMER SPITZE
Christian Stumpf (*1966) war Spitze bei *VOEST, Rapid* (Meister, Finalist im Europapokal der Cupsieger), *Karlsruhe, LASK, Pasching, Sportklub, Austria-Lustenau* und im österreichischer Nationalteam (zwei Spiele, 1 Tor). Danach wurde „der Büffel" (➜ ***Animalisches***) Co-Trainer beim *LASK*.

4. TRÄG WAR NUR ALLZU „REGE"
Heiner Träg (1893-1976) galt als bester linker „Außenspieler" Deutschlands der 20-er (455 Spiele für *Nürnberg*). Stärke: Rasche Auffassung *(er hatte „Augen an den Füßen")*. Schwäche: Jäher Zorn. Beim Endlos-Endspiel um die dt. Meisterschaft 1922 gegen *HSV* (erst 2:2, dann 1:1, worauf die Hamburger freiwillig verzichteten) flog die fränkische Legende wegen Tätlichkeit in der 100. Minute vom Platz. 1925 räumte der Schiri der Partie *Nürnberg – MTK Budapest* wegen wilder Wortwechsel mit dem Heißläufer selbst *(!)* das Feld. Noch zum eigenen Abschied (Endspiel 1927: 2:0 gegen *Hertha*) verhöhnte Träg Publikum und Referee und wurde deshalb zehn Minuten vor Abpfiff seiner Karriere ausgeschlossen.

5. KEIN FAULER – EIN FLEISSIGER!
Robbie *(Robert Bernard)* **Fowler (*1975)** ist ist beileibe kein „Fauler", wie man seinen Namen korrekt ausspricht. Der Sturmtank *(Liverpool, Leeds, Manchester City, 26 Länderspiele, 7 Tore für England)* veröffentlichte eine Autobiographie, besitzt mit **Steve McManaman** *(Liverpool, Real)* „The Macca and Growler Partnership" und gilt als einer der größten Pferdebesitzer der Insel.

6. VALENCIA KAM SPANISCH VOR
Adolfo *(José Mosquera)* **Valencia (*1968)** war „stolz wie ein Spanier", aber Kolumbianer (WM 1994, 1998, 6 Spiele, 2 Tore). Er kickte in acht Ländern, am erfolgreichsten bei *Bayern* (Meister 1994, 26 Spiele, 11 Tore). Er fuhr als „El Tren" *(Zug)* nach München, wurde aber, weil er so gern und so hoch übers Tor schoss, von **Franz Beckenbauer** umgetauft – auf *Der Entlauber*.

7. HÖFLICH WAR GENTILE SELTEN
Claudio Gentile (*1953) war Außenverteidiger bei *Juventus* (6 x Meister, 2 x Cupsieger, 1 x Europacupsieger) und für *Italien* (71 Spiele, Weltmeister 1982). Dabei wurde er zur ersten Adresse nackter Angst, als er auf dem Weg zum dritten Titel Italiens der Reihe nach die Weltstars (von **Maradona** bis **Zico**) abmontierte. So wirklich *höflich*, was *Gentile* ja auf Italienisch bedeutet, ging er dabei nicht zu Werke.

8. DAS FETTARME „DICKERCHEN"
Rafael Gordillo Vázquez (*1957) spielte als linker Außenverteidiger bzw. im defensiven Mittelfeld bei *Betis Sevilla* (1 x Copa del Rey) und wechselte nach acht Jahren zu *Real Madrid* (5 x in Folge Meister, 1 x Cupsieger und UEFA-Cup-Sieger 1986). Mit dem spanischen Team kam auf drei EM-Endrunden (1980, Finalist 1984 und 1988) sowie zwei WM-Teilnahmen *(1982 und 1986)*. Ganz entgegen dem Rufnamen – aus dem Spanischen übersetzt soviel wie „Dickerchen" – schleppte Gordillo während seiner langen Karriere kein Gramm Fett zuviel an den Rippen mit sich rum.

LAHM, BLIND, STUMPF UND TRÄG

9. „DER DEUTSCHE" URWIENER
Horst Nemec (1939-1984) kam 1957 von *Helfort* zur *Austria* (3 x Meister, 3 x Cupsieger, 3 x Schützenkönig). Sein Teamdebüt: 1960 mit zwei Toren beim 5:2 gegen Norwegen (➜ ***Doppelpack & Debütanten***). Bald zählte er zum Stamm der ➜ ***Decker-Ära***. Größter Tag: Der 24. April 1963, als er beim 3:1 gegen die *Tschechoslowakei* alle drei Tore erzielte (Gesamt: 29 Spiele, 16 Tore). Und dann der Ostersonntag 1965! Bei *Austria - Bayern* erlebten 45.000 verzückte Fans, wie er **Franz Beckenbauer** am 16-er elegant überhob und volley in die Münchner Maschen bombte (3:0). Dem Urwiener Nemec (tschechisch: „Der Deutsche") rief *profil*-Kolumnist **Reinhard Tramontana** (1948-2005) nach: „Da mochten im Strafraum ein paar Schinakeln herumkreuzen - *er* war der Flugzeugträger".

10. EIN BASLER AUS DER PFALZ
Mario Basler (*1968) stammt nicht aus *Basel*, sondern aus dem pfälzischen *Neustadt an der Weinstraße*. Er spielte bei *Bremen* (1 x Pokalsieger, 1 x Schützenkönig), *Bayern* (2 x Meister, 1 x Pokalsieger) und im Nationalteam (30 Spiele, 2 Tore, Europameister 1996). ***Super-Mario*** gilt als Symbol für starke Sprüche, knallharte Gagenverhandlungen (➜ ***Geldgier***) und nächtliche Exzesse: 1999 wurde er nach einer Wirtshausrauferei von Bayern suspendiert.

11. DAS „PÜPPCHEN" LIESS TANZEN
Antonin Panenka (*1948) kam als schlitzohrigster und treffsicherster Elfer- und Freistoßschütze Europas 1981 von *Bohemians Prag* zu *Rapid* (63 Tore, 2 x Meister, 3 x Cupsieger, 1 x Europacupfinalist), wofür er sich, trotz lukrativerer Angebote, wegen der tschechischen Schule in Wien entschied. Für sein Nationalteam (59 Spiele, 17 Tore) glückte ihm der Jahrhundert-Elfer in der „Nacht von Belgrad" (➜ ***Europameisterschaft 1976***). Kurios: Sein Name bedeutet „Püppchen". Wer die verzweifelt hüpfenden Gegner in den Mauern sah, wenn Panenka anlief, weiß: *Er* ließ die Puppen tanzen!

12. EINGEBÜRGERT, NIE EINGESETZT
Sean William Dundee (*1972) ist ein Südafrika-Deutscher (geboren in Durban, nicht in Dundee). Er kam 1992 zu den *Stuttgarter Kickers* und mit *Karlsruhe* ins Pokalfinale 1996. „Dandiii", wie man ihn korrekt ausspricht, wurde als Goalgetter (1996: 16 Tore, 1997: 17 Tore) „über Nacht" eingebürgert, kam aber am Ende des Tages in der Nationalelf nie zum Einsatz (*einmal* saß er auf der Bank. Wegen privater Affären vom KSC gefeuert, klapperte er *Liverpool, VfB Stuttgart* und 2003 auch die *Austria* ab (18 Spiele, kein einziges Tor).

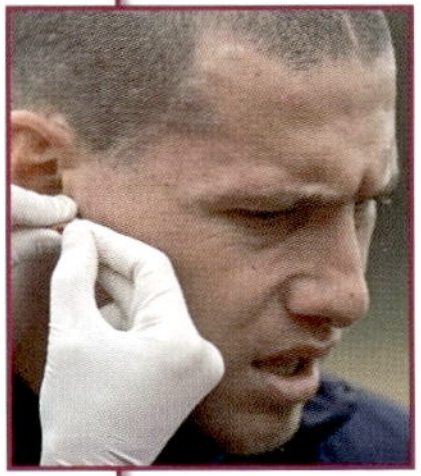

Bestechend: Ein Deutscher aus Südafrika heißt Dundee

13. DER LINKE WAR EIN RECHTER
Thomas Linke (*1969) ist ein deutscher Innenverteidiger mit deutlich stärkeren rechten Fuß. Seine Karriere: UEFA-Cup-Sieg 1997 mit *Schalke*, 5 x Meister, 3 x Pokalsieger, 1 x Champions League- und 1 x Weltpokal-Sieger 2001 mit *Bayern*. Unter **Felix Magath** verlor er seinen Stammplatz und ging zu *Red Bull Salzburg* (Meister 2007). Mit Deutschland (43 Länderspiele, 1 Tor) wurde Linke 2002 Vize-Weltmeister.

Hoch das rechte Bein, Herr Linke!

14. MIT LINZ BEGINNT'S IN LEOBEN
Roland Linz (*1981) ist auch als Stürmer frisch-saftig-steirisch. Über die Jugend von *1860 München* und den Heimatklub *Leoben* kam er zur *Austria* (Double 2003), wohin er nach drei Etappen (*Admira-Mödling, Nizza, Sturm*) zurückkehrte (Double & Schützenkönig 2006), ehe es ihn nach Portugal verschlug (*Boavista, Braga*).

15. ER „FASCHIERTE" SIE ALLE
Karl Sekanina (*1926) war SP-Gewerkschafter und Minister, als er von 1976 bis 1982 zum polterndsten ÖFB-Präsidenten aller Zeiten avancierte. Erfolg: Zwei WM-Teilnahmen (1978, 1982). Sein Name heißt im Tschechischen „das Faschierte". Dabei zog es der gelernte Werkzeugmacher stets vor, aus allen anderen Hackfleisch zu machen.

Power-Mac: „Faschierter" Sekanina

I

Irrtümer aus Gold und Silber

Auch die „gottsöbersten" Granden von FIFA und UEFA irren. Zwei Beispiele, die vor allem eines beweisen: Es ist nicht alles Gold (bzw. Silber), was glänzt. Mitunter ist es bloß Talmi-Glanz und *goldfalsch!*

Dellas für Hellas! Sein Silver Goal öffnete das Tor zum EM-Finale (re: Rehhagel)

INTAKT
... war „ewig" jede Aussicht auf Sieg, Titel, Obenbleiben oder Weiterkommen. Der Begriff ist kaum noch intakt: Heute lebt die → Chance.

INFERIOR
... ist jede Mannschaft ab 0:3. Und bei 0:31? → Weltrekorde

INSIDE
... ist nicht das Gegenteil von Offside → Abseits. Das heißt Onside! Inside ist der Innenstürmer.

Silver Goal

Eine misslungene und missliebige Mixtur aus der Verlängerung und dem ***Golden Goal***: Stand es (bei EM, WM oder internationalen Klubbewerben) nach 90 Minuten unentschieden, gab es zunächst ***eine*** 15-minütige Verlängerung. Wer am Ende dieser „Zusatzzeit" führte, war Sieger. Nur bei Gleichstand folgte eine ***zweite*** Verlängerung von 15 Minuten. Gab's noch immer keinen Sieger, kam's zum Elferschießen. Das seltsame ***Silver Goal*** war erstmals *2003* im *UEFA Cup-Finale FC Porto – Celtic Glasgow* entscheidend: Porto schoss drei Minuten vor Ende der Verlängerung das 3:2. Die Regel galt zum letzten Mal bei der → ***EM 2004*** in Portugal. Der Grieche **Dellas** erzielte das einzige Silver Goal des Turniers im Semifinale gegen *Tschechien* (105+1. Minute). Da die Innovation aber weder bei Spielern noch bei Fans Anklang fand, wurde 2004 entschieden, nach der EM in Portugal zur Situation von *vor 1994* zurückzukehren. Seither werden wieder 2 x 15 Minuten nach- und durchgespielt, ehe im Fall des Falles ein Elferschießen folgt. Das unselige Silver Goal war nur besser als der martialische ***Münzwurf*** bei der → ***EM 1968.***

> ***„Golden Goal ist Scheiße. Man weiß nie, wann man sich ein Bier holen soll."***
> **Harald Schmidt,** *deutscher TV-Entertainer*

Golden Goal

Dafür stand der ***Sudden Death*** (wörtlich: „Plötzlicher Tod") im ***Eishockey*** Pate. Die FIFA nahm ihn ab 1993 ins Regelwerk auf: Schoss eine Mannschaft während der Verlängerung ein Tor, wurde das Spiel ***sofort beendet***. Wer das *Golden Goal* erzielt hatte, war Sieger. Das erste Spiel, das so „grausam" entschieden wurde, fand bereits 1943 statt: Um im deutschen Pokalfinale eine Wiederholung zu verhindern (bei 2:2 nach 90 Minuten zwischen *LSV Hamburg* und *Vienna*), ging's in die Verlängerung, in der **Noack** das 3:2 für die Wiener schoss. Das erste „offizielle" Goldene erzielte der Australier **Carbone** bei der U20-WM 1993 (2:1 gegen Uruguay). Das berühmteste gelang **Oliver Bierhoff** im EM-Finale 1996 gegen *Tschechien.* 2000 gewann Frankreich durch die einzigen beiden Golden Goals Semifinale und Finale. Bei der → ***WM*** fielen 4 Golden Goals. 1998 (Frankreich – Paraguay), und 2002 (Senegal – Schweden, Südkorea – Italien, Türkei – Senegal). Im selben Jahr starb die unbeliebte Regel einen „plötzlichen Tod".

Bierhoffs Golden Goal brachte Deutschland den EM-Titel 1996

J

wie Jubel, Jagdszenen und Jausengegner

J wie Jubel, Jagdszenen und Jausengegner

Da Fußball nichts anderes ist als ein „verfeinertes" urmenschliches Jagdverhalten, finden wir in den entrücktesten Momenten (Tor, Elfer, Sieg) dieselben Gesten wie auf Höhlenzeichnungen ...

Was für Sieg zur Wiedereröffnung des Wr. Stadions (1986)! Österreich - Deutschland 4:1 mit zwei Toren von Polster (ganz vorn). Jürgen Werner (dahinter) zeigt den veralteten „Herschauen! So groß sind wir"-Jubel.

JAUSENGEGNER?

„ ***Es gibt keine leichten Gegner mehr – nicht einmal die Kirchendiener vom Vatikan.***

LEOPOLD STASTNY (*österr. Ex-Teamchef, 1967-1975*) "

DIE TOP TEN JUBEL-ARTEN

1. DER DOPPEL-LAUSCHER

Gegen die Pfiffe der *(oft eigenen)* Fans als Triumph-Geste gern gezeigt: *Was ist jetzt? Ich hör nix! Jubelt gefälligst lauter!*

2. DER DAUMENLUTSCHER

Provokante Verhöhnung gegnerischer Fans. Daumen in den Mund und dran lutschen: *Ihr seid doch nur Säuglinge!*

3. DIE HÖRNER bzw. DER HUMPEN

Wegespreizter Daumen und kleiner Finger bilden Stierhörner oder Krüge: *Aufgespießt!* bzw. *Ich trink auf den Sieg!*

4. DAS STRENGE PSSST!

Sowohl Gegenteil als auch Spielart vom Doppel-Lauscher. Finger auf die Lippen heißt: *Alle Kritiker halten den Mund!*

5. DER DOPPELKNIE-RUTSCHER

Anlauf – auf beide Knie – dahingleiten! Kindliche Freude, aber bei trockenem Rasen auch große Verletzungsgefahr.

6. DER DIVER (Klinsmann)

Mit gestrecktem Körper, Kopf voran, über den Rasen rutschen. Als Erfinder gilt **Jürgen Klinsmann** (Tottenham).

7. DER ECKFAHNEN-TANZ (Milla)

Roger Milla (Kamerun) feierte Tore mit dem „Makossa-Tanz" rund um die Eckfahne, was seither kopiert wird.

8. DIE RAUPE (St. Pauli)

Spieler-Kette auf allen Vieren, Hände jerweils auf den Waden des Vordermanns und los (kreiert von St. Pauli).

9. DER SALTO (Sanchez und Klose)

Vom Real-Mexikaner **Hugo Sanchez** zelebriert, vom Bayern-Knipser **Miro Klose** würdig weiterentwickelt.

10. DAS LASSO (Emmerich)

Lothar Emmerich (Dortmund, 60er) schwang als Cowboy das Seil: *Gefangen!*

1. Hallo, Fans! Ich hör zuwenig!
DANIEL VAN BUYTEN, *Bayern München*

2. Ball bei mir, ihr Daumenlutscher!
LUCIO, *Bayern München*

3. Wir geh'n dann einen heben!
RONALDINHO, *Barcelona*

4. Ruhe, bitte! Kritiker kusch!
KEVIN KURANYI, *Schalke*

JAGDSZENEN
November 2005, Istanbul: Trotz des 4:2 gegen die Schweiz schafft Türkei nicht die WM-Qualifikation (0:2 im Hinspiel). Da jagen Spieler und Funktionäre aus Zorn die Gäste wie die Hasen. Die FIFA verhängt drakonische Geldstrafen und verfügt 6 Heimspiele vor leeren Rängen.

JOKER
Ein Einwechselspieler, der sich bezahlt macht (ein Tor erzielt oder eins vorbereitet). Mit diesem Glücksgriff beweist der Trainer ein ***goldenes Händchen.*** *In England nennt man den Joker übrigens:* ***Super-Sub.***

JUBEL & JAMMER

● **Celestine Babayaro** *(Chelsea)* freute sich über ein Tor zum Debüt 1997 (in einem Vorbereitungsspiel!) dermaßen, dass er einen Salto rückwärts hinlegte und sich dabei ein Bein brach.

● **Thierry Henry** *(damals Arsenal)* jubelte 2000 nach einem Treffer gegen *Chelsea*, indem er sich die Eckfahnen-Stange ins Gesicht schlug und ärztlich versorgt werden musste.

> *Woher soll ich das wissen? Ich schieße so selten ein Tor ...*
> **Christian Beeck**, *Ex-Verteidiger bei Energie-Cottbus), der wegen übertriebenen Torjubels Gelb-Rot erhalten hatte.*

● **Shaun Goater** *(Manchester City)* fiel 1998 beim Jubel über sein Tor gegen *Stoke City* auf den Arm und trug eine Fraktur davon. Damit nicht genug, zog er sich 2003 beim Jubel über ein Tor von **Nicolas Anelka** (in *Birmingham*) eine Knieverletzung zu, weil er in eine Werbebande getreten hatte.

● **Martin Palermo** *(Villareal)* schoss im Cup ein Tor gegen *Levante*, lief zum eigenen Fan-Sektor, worauf durch das Hüpfen der Massen die Tribüne einstürzte und direkt auf ihn fiel. Folge: Schien- und Wadenbeinbruch.

● **Patrick Vieira** *(Arsenal)* scorte 1997 gegen *ManU* und rutschte jubelnd auf beiden Knien (**➜ *Doppelknie-Rutscher, S. 97***) über den Rasen. Er verletzte sich und fehlte fünf Wochen.

● **Hans Krankl** *(Rapid)* „floh" in den 80ern nach Toren stets vor seinem guten Freund **Petar Brucic**, weil ihn der so leidenschaftlich auf die Lippen küsste. Der große Waliser **John Charles** *(Juve)* gratulierte aus genau diesem Grund nur ein einziges Mal dem argentinischen Starstürmer **Omar Sivori**.

Die berühmtesten Schanis und Pepis der Fußballwelt

Die Vornamen von Walzerkönig Strauß und Opern-Genie Verdi grassieren unter den Kickern: Johann und Josef stellen auch folgerichtig die virtuosesten Spieler und brillantesten Trainer der Geschichte.

JOHANN

	Name	Verein
1.	**Johan Cruyff**	(Ajax-Amsterdam)
2.	**Gianni Rivera**	(Inter-Mailand)
3.	**Hans Krankl**	(Rapid)
4.	**Hennes Weisweiler**	(Trainer bei Gladbach)
5.	**Giovanni Trapattoni**	(Trainer bei Juventus)
6.	**Juan**	(AS Roma)
7.	**Hansi Müller**	(VfB Stuttgart)
8.	**Jean Tigana**	(Girondins-Bordeaux)
9.	**Hans Pesser**	(Rapid)
10.	**Ivica Osim**	(Trainer bei Sturm Graz)
11.	**Hans „Buffy" Ettmayer**	(Wacker-Innsbruck)
12.	**Ivica Vastic**	(Sturm Graz)
13.	**John Toshack**	(Liverpool)
14.	**Ian Rush**	(Liverpool)
15.	**„Schani" Skocik**	(Rapid)

JOSEF

	Name	Verein
1.	**Sepp Herberger**	(deutscher Bundestrainer)
2.	**Joseph S. Blatter**	(FIFA-Präsident)
3.	**Jupp Heynckes**	(Mönchengladbach)
4.	**Giuseppe Meazza**	(Inter-Mailand)
5.	**José Mourinho**	(FC Porto)
6.	**Sepp Maier**	(Bayern München)
7.	**Josip Skoblar**	(OFK Belgrad)
8.	**Pepi Uridil**	(Rapid)
9.	**Pepi Bican**	(Rapid)
10.	**Sepp Stering**	(GAK)
11.	**Joe Jordan**	(Manchester United)
12.	**Joschi Kadraba**	(Sparta-Prag)
13.	**Joschi Walter**	(Austria-Präsident)
14.	**Beppo Mauhart**	(Ex-ÖFB-Präsident)
15.	**Pepi Hickersberger**	(Österreichs Teamchef)

JOURNALISMUS & JUXFRAGEN

Oft ein Tanz auf dem Vulkan: Interviews mit Baric (Edi Finger jun. und „Otto Maximale")

> ***Ich danke allen Journalisten für die gute Zusammenarbeit. Sowohl jenen, die Science Fiction über uns geschrieben haben als auch DEM, der wahrheitsgemäß berichtet hat ...***
>
> OLEG BLOCHIN, *ukrainischer Teamchef*

Maximal, *Millionprozent* und *Schaun Sie* – die drei Lieblingswörter von **Otto Baric**. Mit Journalisten hatte er wenig Probleme, solange sie ihm nicht widersprachen. Als er bei einem Ländermatch (als Österreichs Teamchef) auf die Tribüne musste, weil er einen Spieler insultiert hatte, sagte er *ATV*-Society-Reporter **Dominic Heinzl**: „Er hat meine Mutter beleidigt." Darauf Heinzl, treuherzig: „Wie das? Kannte er Ihre Mutter?"

Hätten Sie's gewusst

„JENAER REGEL"

1896 wurde in den „Jenaer Regeln" festgelegt, dass bei Fußballspielen in Deutschland das Spielfeld ...

a. ... frei von Sträuchern sein muss?
b. ... an vier Ecken Bäume haben muss?
c. ... von Wasser umgeben sein muss?

Richtige Antwort: a.

JASCHIN

***Er ist fürs Tor, was Muhammad Ali für den Ring ist: Der Größte! Lew Jaschin** (1930–1990) erfand das Verlassen des Strafraums, sprang höher als Leichtathleten und besaß legendäre Reflexe (150 gehaltene Elfer). Er spielte nur für Dynamo Moskau und starb als Raucher (nach Beinamputation) an Magenkrebs.*

JÄGER UND OPFER

Was ging im ➜ WM-Finale 2006 (Italien – Frankreich) dem Kopfstoß von **Zinedine Zidane** voraus? Als **Marco Materazzi** ihn wieder einmal festhielt, sagte er arrogant: „Wenn du mein Trikot willst, kannst du es nach dem Spiel haben." Darauf der provokante Azzuro: „Deine Schwester, die Nutte, wäre mir aber lieber." Bumm …

KERZE KINDERMUND K.O.-SYSTEM KASPER KOMPLIMENTE KRISE KONKURRENZ KABINENPREDIGT KABINENGESPRÄCH KRA-WUMM KANTERSIEG KILLERINSTINKT KLEIN-KLEIN KANONIER KÖRPERSPRACHE KNIPSER KILLER KERZE KINDERMUND K.O.-SYSTEM KASPER KOMPLIMENTE KRISE KONKURRENZ KABINENPREDIGT KABINENGESPRÄCH KRA-WUMM

K

KRA-WUMM KANTERSIEG KILLERINSTINKT KLEIN-KLEIN KANONIER KÖRPERSPRACHE KNIPSER KILLER KERZE KINDERMUND K.O.-SYSTEM KASPER KOMPLIMENTE KRISE KONKURRENZ KABINENPREDIGT KABINENGESPRÄCH KRA-WUMM KERZE KINDERMUND K.O.-SYSTEM KASPER KOMPLIMENTE KRISE KONKURRENZ KABINENPREDIGT KABINENGESPRÄCH KRA-WUMM

wie Killer, Knipser und Kopfballungeheuer

KANTERSIEG KANONIER KNIPSER KILLER KERZE KINDERMUND K.O.-SYSTEM KASPER KOMPLIMENTE KRISE KONKURRENZ KABINENPREDIGT KERZE KRISE KONKURRENZ KABINENPREDIGT KABINENGESPRÄCH KRA-WUMM

K

Gipfeltreffen in der Premier League: Essien, Riise, Crouch (Chelsea gegen Liverpool)

KOPFBALL & KILLER

„Ich habe eben mehr Körper als alle anderen.“

Carsten Jancker, *deutsches „Kopfball-Ungeheuer Nr. 2“ nach Horst Hrubesch (33 Länderspiele, 10 Tore)*

wie Killer, Knipser und Kopfball-Ungeheuer

Keine Sprache ist so poetisch und zugleich so brachial wie die des Fußballs: Hier zeigen *Killer* „mörderischen" Einsatz und kämpfen – vor allem gegen *Knipser* und *Kopfball-Ungeheuer* – erraten: „bis aufs Messer".

KÖRPERSPRACHE

Ned Zelic, der immer wieder in seinen Fuß hinein horcht.
BERND SCHMELZER, *ARD-Kommentator, über den Australier bei 1860 München*

In Leverkusen schielen heute alle auch mit den Ohren nach Bochum.
OLIVER KOCH, *Spieler bei RW Essen*

Der krempelt die Arme hoch.
REINER CALMUND *über* CARSTEN RAMELOW

Es gibt ja ein paar Teile am Körper, die möchte man ja noch mal verwenden können.
MARCEL REIF, *premiere-Kommentator (Welche Teile eigentlich* ***nicht****?)*

Aber vorher müssen wir uns das Tor von Wolfgang Overath mit rechts auf der Zunge zergehen lassen.
HERIBERT FASSBENDER, *WDR-Sportchef*

Meine Spieler standen heute neben ihren Füßen.
EDUARD GEYER, *Trainer von Energie Cottbus*

Der linke Fuß ist seiner, der rechte nicht.
MARCEL REIF *über* STEPHANE CHAPUISAT

KILLER

„Seither bemühe ich mich, bei jeder leichten Berührung, bei jedem Zusammenstoß, bei jedem Foul im Gegner zuerst den Menschen zu sehen."
TONI SCHUMACHER, *dt. Torhüter (→ WM 1982), Monate nach dem Foul an* PATRICK BATTISTON ...

... unmittelbar nach dem Attentat im „Thriller von Sevilla" hatte er noch gehöhnt und getönt:
„Ich zahl ihm die Jacket-Kronen."

Blutoper Fußball? Am meisten schmerzt hier das Elektrolytgetränk.

KLEIN-KLEIN
Meist mit dem Attribut fruchtlos: ***Kurzpass-Orgien****, die nix Großes einbringen.*

Du hast hier nichts mehr zu sagen, Du Wichser!
JEAN LÖRING *(Fortuna Köln-Boss) entlässt 1999 Trainer* TONI SCHUMACHER *in der Halbzeit der Partie gegen Mannheim (0:2, Endstand 1:5)*

Man darf über ihn jetzt nicht das Knie brechen.
RUDI VÖLLER, *1982 über* TONI SCHUMACHER

KANONIER
Veralteter militärisch-martialischer Ausdruck für den schussgewaltigen → Knipser.

K

> Ich dachte manchmal, ich müsste in den Krieg ziehen, so hart haben wir trainiert.

Mark Viduka, *Australiens Teamkapitän, über die WM-Vorbereitungen 2006 unter Coach Guus Hiddink (NL)*

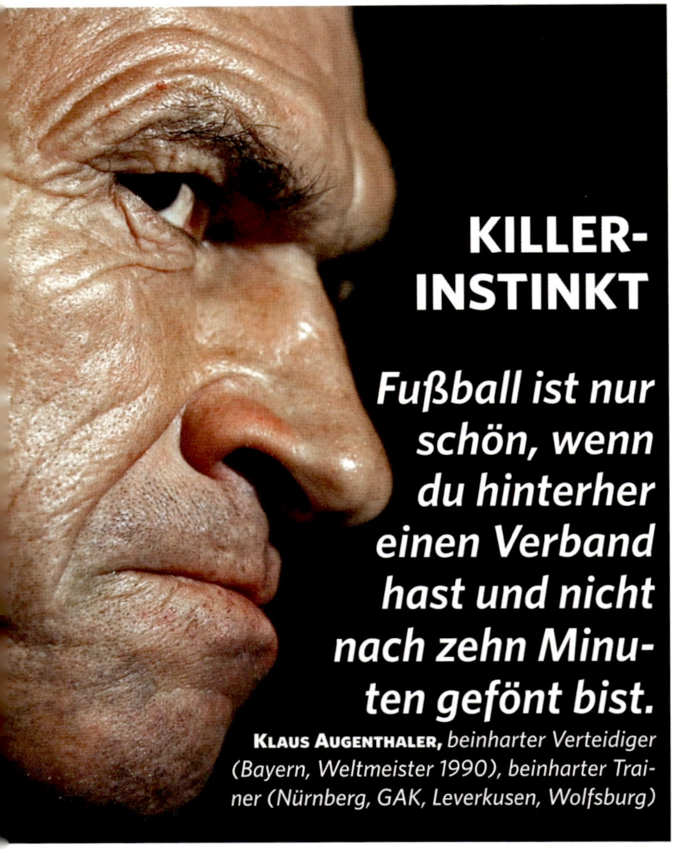

KILLER-INSTINKT

> *Fußball ist nur schön, wenn du hinterher einen Verband hast und nicht nach zehn Minuten gefönt bist.*

Klaus Augenthaler, *beinharter Verteidiger (Bayern, Weltmeister 1990), beinharter Trainer (Nürnberg, GAK, Leverkusen, Wolfsburg)*

KANTERSIEG
Glatter, hoher, ungefährdeter Erfolg. Kommt aus dem Reitsport („Canterbury Gallop", einer Mensch und Pferd schonenden Prüfung ➜ *Niederlagen.*

> Wir haben den Skalp der Amerikaner!

Rude Pravo, *tschechische Tageszeitung, nach dem 3:0 gegen die USA bei der WM 2006*

> Reporter: Wie wollen Sie zurücktreten? – „Lebendig."

Sven-Göran Eriksson, *Englands Teamchef, der prompt nach der WM 2006 gehen musste*

> Und jetzt die Zeitlupe: Da sehen Sie, wie schön Andreas Herzog den Dortmunder Lars Ricken nach allen Regeln der Kunst **entbeint.**

Werner Hansch, *der Fleischermeister unter den Fußball-Reportern*

> Sylvester Stallone und Arnold Schwarzenegger in der Abwehr, Bruce Willis im Mittelfeld und Jean-Claude van Damme im Sturm.

Rainer Bonhof, *Trainer (Mönchengladbach 1998) weiß, wie er die Verletzten ersetzt*

> Fußball ist kein Nonnen-Hockey.

Erhard Ahmann, *Ex-Kapitän der deutschen Amateure über seine rustikale Spielweise*

> Der ist mit allen Abwassern gewaschen.

Norbert Dickel, *Ex-Dortmunder über seinen Teamkollegen Frank Mill*

> Wir haben mit der notwendigen fairen Brutalität gespielt.

Christian Beeck, *Energie Cottbus*

> Wenn man alle außer Kahn in einen Sack steckt und draufhaut, findet man immer die Richtigen.

Franz Beckenbauer *nach Deutschlands 1:0-Sieg im WM-Viertelfinale 2002 gegen USA*

> Bei solch einem Spiel steckt das Messer im Schienbeinschützer.

Wolfgang Wolf, *Trainer von Kaiserslautern*

> Miro wollte doch zu einem der besten fünf Vereine in Europa. Und jetzt ist er in München ...

Torsten Frings *ätzt seinem Bremer Ex-Kollegen Klose hinterher*

KABINENPREDIGT

Er kam in die Kabine und hat der Mannschaft mal so richtig die Leviten geblasen.
Otmar Hitzfeld *über Franz Beckenbauer*

KABINENGESPRÄCHE

In der Kabine gibt's nur zwei Themen: Das eine ist Geld, das andere hat lange Haare.
Edgar Geenen *2005 Manager Nürnberg*

KRA-WUMM!

Eines der kuriosesten Spiele in der Geschichte der deutschen Bundesliga fand am 3. April 1971 zwischen *Borussia Mönchengladbach* und *Werder Bremen* statt. In der 88. Minute fiel der Gladbacher **Herbert Laumen** mit soviel Schwung ins gegnerische Tor, daß der damals noch aus Holz gefertigte Torpfosten auseinander brach und das Spiel mangels Ersatztor abgebrochen werden mußte.

KRISE

Krise gibt es im Krankenhaus auf der Intensivstation oder im Nahen Osten, aber nicht im Fußball.
Oliver Kahn, *nach drei Bayern-Niederlagen in Folge*

Hätten Sie's gewusst?

KONKURRENZ

Welche WM wurde in punkto Publikumsinteresse von einer gleichzeitig stattfindenden Radrundfahrt in den Schatten gestellt?

a. Italien 1934
b. Frankreich 1938
c. Brasilien 1950

Richtige Antwort: **a.**

KOPFBÄLLE UND KOPFBALLUNGEHEUER

Augen zu und durch: Auch ein Ballack hat mal Bammel

Der springt so hoch; wenn der wieder runter kommt, liegt auf seiner Glatze Schnee.
Norbert Nachtweih *über Dieter Hoeneß*

Kopfball war für mich immer so etwas ähnliches wie Handspiel.
Günter Netzer, *1,78 m, Schuhnummer 48*

Seine einzige Schwäche ist die Kopfballstärke.
Oliver Bierhoff *über Ruud van Nistelrooy*

Wieder ein Kopfball! Wieder gefährlich! Wieder weit daneben!
Hans Huber, *ORF-Sportchef*

Kohler köpft alles weg, der würde sogar eine Kiste Bier aus dem Strafraum köpfen.
Jörg Dahlmann, *DSF-Reporter*

TOP TEN KÜNSTLERNAMEN

Pelé *(Edson Arrantes do Nascimento),* ***Zico*** *(Artur Antunes Coimbra),* ***Didi*** *(Valdir Pereira),* ***Vava*** *(Edvaldo Izidio Neto),* ***Santillana*** *(Carlos Alonso Gonzalez),* ***Ronaldinho*** *(Ronaldo de Assis Romeira),* ***Dida*** *(Nelson de Jesus Silva),* ***Lucío*** *(Lucimar da Silva Ferreira,* ***Diego*** *(Ribas da Cunha),* ***Deco*** *(Anderson Luíz de Souza).*

K

KINDERMUND

Der Platzwart sieht nach dem Ende des Fußballspiels einen kleinen Buben über den Zaun davon klettern und brüllt ihm nach: „Kannst Du nicht da rausgehen wo Du reingekommen bist?" Darauf der Bub grundanständig: „Tu ich doch!"

Das Spiel ist aus, und der kleine Fußballstar kommt nach Hause. Fragt ihn seine Mama: „Na, wie war denn as Spiel?" – Der Knirps strahlend: „Super! Ich hab zwei Tore geschossen!" – „Glückwunsch! Und, wie ist das Spiel ausgegangen?" – „1:1!"

KOMPLIMENTE

Spieler vertragen kein Lob. Sie müssen täglich die Peitsche im Nacken fühlen.
MAX MERKEL, der Peitschenknaller

Ich habe Herrn Assauer nie als Kaschmir-Proleten bezeichnet. Ich habe Herrn Assauer Kaschmir-Hooligan genannt.
MICHAEL MEIER, Manager (Dortmund, Köln)

Ich wundere mich, dass Rosicky einen Muskelfaserriss hat. Man glaubt ja kaum, dass der überhaupt Muskeln hat.
FRANZ BECKENBAUER über den Mini-Tschechen

Bei uns stoppen einige den Ball – soweit kann ich nicht einmal schießen.
DIETER KREIN, Präsident von Energie Cottbus

Franz ist wie Marlene Dietrich. Ein alternder Star, den man nach wie vor bewundern muß.
OTTO REHHAGEL, quasi von Diva zu Diva ...

Erich Ribbeck ist vom Fußball so weit weg wie die Erde vom Mars.
WERNER LORANT, Trainer (Unterhaching)

Der Dettmar Cramer hat doch nur den Schwarzen im Senegal beigebracht, wie man Kakteen umdribbelt.
MAX MERKEL, kratzbürstig wie immer

Das da vorn, was aussieht wie eine Klobürste, ist Valderrama.
BELA RETHY, TV-Kommentator, über den wuscheligen Kolumbianer (→ **Frisuren**)

Bei der Fusball-WM habe ich mir Österreich gegen Kamerun angeschaut. Auf der einen Seite Exoten, fremde Kultur, wilde Riten – und auf der anderen Seite Kamerun!
Dieter Nuhr, *dt. Kabarettist, zur WM 1990*

Ronaldinho ist größer als ich. Vier Zentimeter.
Pele, *der Größte*

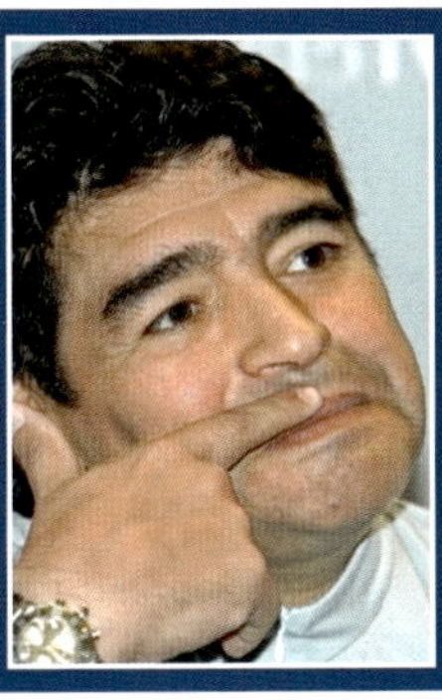

„Diese Spieler haben alle viereckige Füße. Die sind Robocops. Sie brauchen keine Massagen, sondern Motoröl."
Diego Maradona
bei der ➜ WM 1986 über die Norweger

„Mann, Willi, du siehst ja echt aus, als wär' ne Hungersnot ausgebrochen!" – „Und du siehst so aus, als seist du schuld daran."
Dialog der beiden Manager-Legenden **Reiner Calmund** *(125 kg) und* **Willi Lemke** *(75 kg)*

Das Gesicht hat er vom Gesichtsverleih.
Werner Hansch *über Ottmar Hitzfeld*

KAISER ALS „KASPER"
*Bei der ➜ WM 1986 in Mexiko verbrachte **Uli Stein** seine Zeit damit, sich in der Sonne zu aalen und bezeichnete Teamchef **Franz Beckenbauer** als "Suppenkasper". Der Kaiser schickte seinen Ersatz-Keeper ohne jedes Herumkaspern nach Hause.*

K.O.-SYSTEM
*Keine besonders brutale Verteidigungsvariante, sondern schlicht und einfach das **Pokal-Prinzip:** Wer verliert, scheidet aus.*

KERZE
*Misslungener (meist: Abwehr-) Schlag, wobei der Ball senkrecht in die Höhe fliegt, also **heiß** bleibt. Früher wurde eine Kerze gern mit den höhnischen Worten quittiert: „Wer höher schießt, wird Bürgermeister."*

Die Top 15 „Knipser" der Torjäger-Geschichte

Eine endgültige, wasserdichte Rangliste der größten Goalgetter kann es nicht geben, nur eine halbwegs gerechte. Reine Geschmackssache, ob **Just Fontaine** (➜ *WM 1958*) oder **Ronaldo**, **Sandor Kocsis** (75 Tore in 68 Länderspielen!) oder **Uwe Seeler** es nicht eher verdient hätten.

1.	**Bimbo Binder,** Österreich	(1911-1989), Rapid, **1.151 Tore/794 Spiele,** 1.006 in Bewerbsspielen
2.	**Pelé,** Brasilien	(*1940), Santos, Cosmos New York, **1.283 Tore/1.363 Spiele**
3.	**Pepi Bican,** Tschechien/Ö.	(1913-2001), Rapid, Admira, Slavia Prag, **643** Tore in 1. u. 2. Liga
4.	**Artur Friedenreich,** Brasilien	(1892-1969), Sao Paulo, Flamengo, Santos **554 Tore/561 Spiele**
5.	**Romario,** Brasilien	(*1966), **902 Tore** (offiziell anerkannt), 55 in 70 Länderspielen
6.	**Gerd Müller,** Deutschland	(*1945), Bayern, **1.455 Tore/1.204 Spiele,** 68 in 62 Länderspielen
7.	**Gabriel Batistuta,** Arg.	(*1946), Florenz, ca. **500 Tore/800 Spiele,** 56 in 78 Länderspielen
8.	**Pichichi** (Rafael Aranzadi), Spa	(1892-1922), Athletic Bilbao, nicht belegte **250 Tore/350 Spiele.**
9.	**Miroslav Klose,** Deutschland	(*1978), Bremen, Bayern, 2006: 25 Tore, 14 Assists/26 Ligaspiele!
10.	**Ferenc Puskas,** Ungarn	(1980), Honved, Real, **682 Tore/721 Spiele,** 84 in 85 Länderspielen
11.	**Raúl,** Spanien	(*1977), Real, **56 Tore/110 CL-Spiele,** 44 in 102 Länderspielen
12.	**Eusebio,** Portugal	(*1942), Benfica, **383 Tore/365 Ligaspiele,** 41 in 64 Länderspielen
13.	**Hans Krankl,** Österreich	(*1953), Rapid, Liga-Rekord (7 Tore/1 Spiel) Team-Rekord (6/1)
14.	**Toni Polster,** Österreich	(*1964), Austria, Köln, 44 Tore in 95 Länderspielen (Ö-Rekord)
15.	**Bobby Charlton,** England	(*1926), noch immer Rekordschütze im Team (49 Tore, seit 1970)

K

Es brodelte, als Prodl (Sturm) über den grünen Rasen und unter dem roten Bullen Zickler radierte

Kamikaze

Überzogen gefährlicher Spieler, fast im Stil eines „Selbstmord-Piloten" (jap.: Göttlicher Wind)

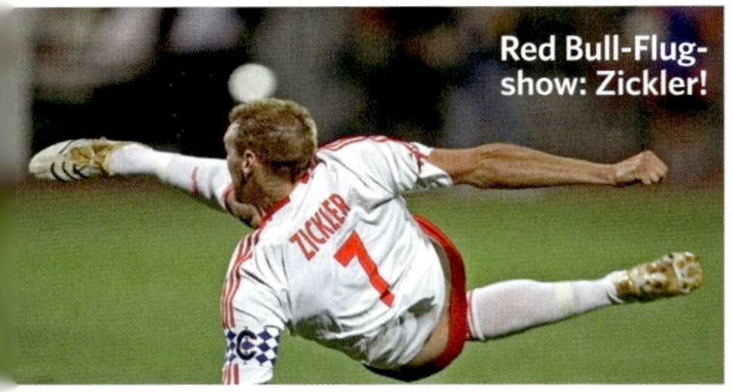

Red Bull-Flugshow: Zickler!

Kunst-Stoss

Formvollendet geglückter (gelegentlich auch sehr glücklicher) Schuss oder Pass in Bedrängnis

KREATIV-ABTEILUNG
Statt der überholten Ausdrücke „Herz und Hirn" oder „Spielgestalter" nennt man geniale Strategen nun auf → **Neudeutsch** *wie die Denkzentrale eines internationalen Konzerns.*

Luftkampf in Linz: Carboni (Red Bull Salzburg) holt Vastic (LASK) vom Himmel

Künstler-Pech

Meisterlicher Misserfolg (Stange/Latte statt Tor wegen „Über-Präzision" bzw. dumme Verletzung).

LATTENPENDLER LEGIONÄRE LIEBESLEBEN LA OLA LÄNDERKUNDE LE-
BENSWANDEL LITERATUR LOGIK LOGISCHE NAMEN LÜBKE LATTENPEND-
LER LEGIONÄRE LIEBESLEBEN LA OLA LÄNDERKUNDE LEBENSWANDEL
LITERATUR LOGIK LOGISCHE NAMEN LÜBKE LATTENPENDLER LEGIONÄRE
LIEBESLEBEN LA OLA LÄNDERKUNDE LEBENSWANDEL LITERATUR LOGIK
LOGISCHE NAMEN LÜ LER LEGIONÄRE LIEBESLEBEN LA
OLA LÄNDERKUNDE LITERATUR LOGIK LOGISCHE NA-
MEN LÜBKE LATTEN ÄRE LIEBESLEBEN LA OLA LÄN-
DERKUNDE LEBENSW LOGIK LOGISCHE NAMEN LÜBKE
LATTENPENDLER LE EBEN LA OLA LÄNDERKUNDE LE-
BENSWANDEL LITER CHE NAMEN LÜBKE LATTENPEND-
LER LEGIONÄRE LIE LÄNDERKUNDE LEBENSWANDEL
LITERATUR LOGIK LO BKE LATTENPENDLER LEGIONÄRE
LIEBESLEBEN LA OLA EBENSWANDEL LITERATUR LOGIK
LOGISCHE NAMEN LÜ LER LEGIONÄRE LIEBESLEBEN LA
OLA LÄNDERKUNDE LITERATUR LOGIK LOGISCHE NA-
MEN LÜBKE LATTEN ÄRE LIEBESLEBEN LA OLA LÄN-
DERKUNDE LEBENSW LOGIK LOGISCHE NAMEN LÜBKE
LATTENPENDLER LE EBEN LA OLA LÄNDERKUNDE LE-
BENSWANDEL LITER CHE NAMEN LÜBKE LATTENPEND-
LER LEGIONÄRE LIE NDE LEBENSWANDEL
LITERATUR LOGIK LO PENDLER LEGIONÄRE
LIEBESLEBEN LA OLA L LITERATUR LOGIK
LOGISCHE NAMEN LÜ RE LIEBESLEBEN LA
OLA LÄNDERKUNDE GIK LOGISCHE NA-
MEN LÜBKE LATTEN BEN LA OLA LÄN-
DERKUNDE LEBENSWANDEL LITERATUR LOGIK LOGISCHE NAMEN LÜB-
KE LATTENPENDLER LEGIONÄRE LIEBESLEBEN LA OLA LÄNDERKUNDE
LEBENSWANDEL LITERATUR LOGIK LOGISCHE NAMEN LÜBKE LATTEN-
PENDLER LEGIONÄRE LIEBESLEBEN LA OLA LÄNDERKUNDE LEBENSWAN-
DEL LITERATUR LOGIK LOGISCHE NAMEN LÜBKE LATTENPENDLER LEGIO

L wie Länderkunde, Liebesleben und Lattenpendler

NÄRE LIEBESLEBEN LA OLA LÄNDERKUNDE LEBENSWANDEL LITERA-
TUR LOGIK LOGISCHE NAMEN LÜBKE LATTENPENDLER LEGIONÄRE LIE-
BESLEBEN LA OLA LÄNDERKUNDE LEBENSWANDEL LITERATUR LOGIK

L wie Länderkunde, Liebesleben und Lattenpendler

Fußballer kommen viel herum in der Welt, aber meist sehen sie nur Flughäfen, Hotels und Stadien. Das erklärt den liebsten Lattenpendler der Länderkunde: „Madrid oder Mailand – Hauptsache Italien!" (S. 112)

LICHTGESTALT

Seit ich mir alles leisten kann, krieg' ich's geschenkt.

Franz Beckenbauer *(Bild: bei der deutschen Bewerbung für die Fußball-WM 2006)*

LEBENSWANDEL

Ich habe viel von meinem Geld für Alkohol, Weiber und schnelle Autos ausgegeben ... Den Rest habe ich einfach verprasst.

George Best, *nordirisches Parade-Opfer*

LÄNDERKUNDE

*Litauen ist **neben** Estland und Lettland die größte der drei Baltenrepubliken.*

Sport1.de *in einem „virtuellen" Reisebericht*

Wenn sich jemand dehnen will, soll er nach Dänemark fahren. Bei mir wird gelaufen.

Eduard Geyer, *Ex-DDR-Nationaltrainer (1989-1990), zeigt's denen Dänen aber!*

Es war, als würde ich im Ausland spielen.

Ian Rush, *walisischer Teamstürmer (76 Spiele, 28 Tore) über seine Zeit bei Juventus Turin*

Warum steht die Türkische Nationalmannschaft bei Spielende nie mit elf Mann auf dem Platz?
- Immer wenn Türken eine Ecke kriegen, machen sie einen Dönerstand auf ...

*Jetzt fahren wir selbstbewusst an die **Ostseeküste**.*

Bayern-Echo, *die Klubzeitung, vor einem Auswärtsspiel in Bremen (an der **Nordsee**)*

Spanien wäre ein schönes Land, wenn nicht soviele Spanier dort leben würden.

Max Merkel, *als Trainer von Atletico Madrid (Er wurde daraufhin trotz Meistertitels und trotz aktueller Tabellenführung entlassen)*

LEISTUNGSDIAGNOSE

Mir ist es egal, ob es ein Brasilianer, Pole, Kroate, Norddeutscher oder Süddeutscher ist. Die Leistung entscheidet, nicht irgendeine Blutgruppe.

Christoph Daum, *selbst mal „positiv"*

Die Franzosen sind ja gute Engländer geworden.

Reinhold Beckmann *(ARD) auf gut Deutsch*

Altin Rrakli, der Mann aus Schwalbanien.

Markus Höhner *(DSF) vermischt bei Elferschindern Geografie und Ornithologie*

Ich bin an der Grenze aufgewachsen. Gegen Österreicher verliert man ungern.

Bastian Schweinsteiger *(Bayern München) vorm Champions League Match gegen Rapid*

Portugal spielt heute mit sechs Ausländern.

Bela Rethy *(), grenzüberschreitend*

Lieblingsland? Amsterdam.

Steve Cherunoldo *US-Teamspieler, auf der Homepage des Verbandes vor der WM 2006*

LAND & LEUTE? LAUTER LEGER!

*Fußballernamen sind **Schall*** und **Rauch**: Weltmeister Andreas **Brehme** ist Hamburger. Stürmer Tom **Finney** ist Engländer. Teamspieler Thomas **Prager** ist Wiener. Ex-Manager Emil **Östreicher** ist Ungar. Matt **Holland** (Man. City) ist Ire. **Jason Scotland** (Dundee) kommt aus Trinidad und Tobago. Gary **Wales** (Kilmarnock) ist Schotte. **Mike England** ist walisischer Teamchef. Aber, hurra: **Stephen Ireland** (Man. City) ist tatsächlich Ire!*

****Anton Schall** (1907-1947, Wunderteam)

LOGISCHE NAMEN (1): AUSRÜSTUNG

Bernd **Stange** *(Ex-DDR-Nationaltrainer), Udo* **Lattek**, *Günther* **Netzer**, *Michael* **Ballack** *(D), Ferdinand* **Feldhofer** *(Ö), Alan* **Ball** *(England).*

„**Die Argentinier waren aggressiver – sie kommen ja auch aus einem Land, in dem das Leben schwerer ist.**

JOHAN CRUYFF, *niederländisches Idol, nach dem 0:0 gegen Argentinien (WM 2006)*

Savic spielte schon bei Rijeka und in Spanien – bei Sporting-Lissabon.

ROBERT SEEGER, *iberisch irritiert*

Die Polen darf man nicht unterschätzen – diese Balkan-Kicker sind unbrechenbar.

HERIBERT FASSBENDER *(ARD) wirkt getürkt*"

Madrid oder Mailand – Hauptsache Italien.

ANDY MÖLLER, *1992 bei Eintracht Frankfurt auf seine Zukunftspläne angesprochen (es wurde Juventus Turin in Spanien ...)*

„**Der FC Bayern ist ein Verein von internationaler Weltbedeutung.**

WALDEMAR HARTMANN, *bayerischer TV-Moderator, tappt in die Globalisierungsfalle*

Das war europäische Weltklasse.

FELIX MAGATH *hüpft gleich hinterher*

Rosenborg und Trondheim sind sehr starke Mannschaften.

CARSTEN JANCKER *(Bayern) auf die Frage nach den schwersten Gegnern in der Champions League-Gruppe*

Und jetzt skandieren die Fans wieder: Türkiye, Türkiye. Was so viel heißt wie Türkei, Türkei.

HERIBERT FASSBENDER, *Mann von Welt*

Ich fliege irgendwo in den Süden - vielleicht nach Kanada oder so.

MEHMET SCHOLL *von Welt*

FC Basel? Ich habe immer gesagt, dass ich niemals nach Österreich wechseln würde.

JÜRGEN WEGMANN *(Schalke, Bayern, Duisburg) schaffte es dann nicht einmal in die Schweiz*"

LOGISCHE NAMEN (2): AUFGABEN

Yannick **Stopyra** *(F), Helmut* **Hupfauf**, *Karl* **Decker**, *Gerdi* **Springer**, *Edi* **Krieger**, *Gerhard* **Sturmberger** *(Ö).*

„**Sie sollen nicht glauben, dass sie Brasilianer sind, nur weil sie aus Brasilien kommen.**

PAUL BREITNER *(Weltmeister 1974) als TV-Experte über Dortmunds Dede und Evanilson*

Die Schweden sind keine Holländer – das hat man ganz genau gesehen.

FRANZ BECKENBAUER, *ein großer Europäer*"

LIEBESLEBEN

Der Mittelstürmer versagt bei seiner jüngsten Eroberung im Bett auf der ganzen Linie. Er murmelt zerknirscht: „Komisch, auf dem Fußballplatz läuft's immer supers." – „Na gut", sagt sie, „dann versuch' ma's morgen halt einmal dort."

Die Ehefrau des Schiedsrichters in der Hochzeitsnacht: „Ich muss Dir was gestehen, ich habe Asthma." – „Und ich dachte schon, Du pfeifst mich aus!"

Beckenbauer ist der einzige bei den Bayern, der auswärts noch trifft.

HARALD SCHMIDT, *TV-Entertainer, über ein weiteres uneheliches Kind des Kaisers*

Ach, ich liebe sportliche Frauen", sagt der Scheich. „Erst kürzlich habe ich eine Damen-Fußball mannschaft geheiratet."

Im Fußball ist es wie bei der Liebe. Was vorher ist, kann auch sehr schön sein, aber es ist nur Händchen halten. Der Ball muß hinein.

MAX MERKEL, *Spitzname „Der Lange", hatte offenbar immer einen Ball dabei*

LA OLA, DER WELTERFOLG

(span.: „die Welle"): *Die* Massenperformance! Die Zuschauer imitieren eine sich im Kreis bewegende Wasserwalze, indem sie die Arme empor schwingen und dazu kurz aufstehen. Der US-Cheerleader ***Krazy George Henderson*** behauptet, *das* am 15. 10. 1981 im *McAfee Coliseum* erstmals den (*American Football*-)Fans erklärt zu haben. Anderen Quellen zufolge hat sein Kollege ***Robb Weller*** die *Audience Wave* am 31. Oktober 1981 im *Husky Stadium* (University of Washington) aus der Taufe gehoben. Auch der Dirigent der Uni-Band, ***Bill Bissell***, beansprucht seinen historischen Anteil am Welterfolg. Die erste echte internationale *La Ola* sah man am 8. 8. 1984 bei den *Olympische Spielen* (bei Brasilien gegen Italien im *Stanford Stadium* von Kalifornien). Durch die WM 1986 in Mexiko überrollte dann diese *Welle der Freude* den gesamten Globus.

DIE TOP ZWANZIG LEGIONÄRE IN ÖSTERREICH

1. **Pepi Bican** (1913-2001), der „Favoritner Tscheche" bei Rapid (1x Schützenkönig, 1x Meister) und Admira (2x Meister) → ***Knipser***.
2. **Antonin Panenka** (*1957), der Tscheche bei Rapid *(1980-85)*, 2x Meister, 3x Cup, 1x EC-Finale.
3. **Hansi Müller** (*1957), der Schwabe beim FC Tirol *(1985-90)*, 2x Meister, 2x Cup.
4. **Tibor Nyilasi** (*1955), der Ungar bei Austria *(1983-88)*, 3x Meister, 1x Cup, 1x Schützenkönig.
5. **Julio César Morales** (*1945), der „Uru", mit Landsmann **Alberto Martinez**, bei Austria *(1972-78)*, 2x Meister, 2x Cup, Europacupfinale 1978.
6. **Lothar Ulsass** (1940-99), der Deutsche beim Sportklub *(1972-77)*.
7. **Zlatko *„Zizo"* Kranjcar** (*1956), der Kroate bei Rapid *(1984-91)*, 2x Meister, 3x Cup, 1x Europacupfinale.
8. **Jörn *Jonny* Bjerregaard** (*1943), der Däne bei Rapid *(1966-72)*, 2x Meister, 3x Cup.
9. **Alexander Zickler** (*1974), der Bayer bei Red Bull Salzburg *(seit 2005)*, 1x Meister, 1x Vizemeister, 1x Schützenkönig.
10. **Petar Brucic** (*1953), der Kroate bei Rapid *(1984-91)*, 2x Meister, 4x Cup, 1x EC-Finale.
11. **Bozo Bakota** (*1950), der Kroate bei Sturm *(1980-86)*, 1x Schützenkönig.
12. **Horst Blankenburg** (*1947), der Deutsche beim Sportklub *(1968-69)*, dann: Ajax-Triumphe.
13. **Arkoc Öczan** (*1939), der Türke im Tor der Austria *(1964-67)*, 1x Cupsieger.
14. **Jan-Age Fjörtoft** (*1967), der Norweger bei Rapid *(1989-93)*, Fußballer des Jahres 1989.
15. **Jocelyn Blanchard** (*1972), der Franzose bei Austria *(seit 2003)*, 1x Meister, 3x Cupsieger.
16. **Oliver Bierhoff** (*1968), der Deutsche bei Salzburg *(1990-91)*, 23 Tore in 32 Spielen.
17. **Mario Kempes** (*1954), der argentinische Weltmeister (1978) bei Vienna *(1986-87)*.
18. **Carsten Jancker** (*1974), der Deutsche bei Rapid *(1984-91)* und Mattersburg *(seit 2007)*.
19. **Peter Grosser** (*1938), der Deutsche bei Austria Salzburg *(1969-76)*, 1x Vizemeister.
20. **Dejan Savicevic** (*1966), der Montenegriner bei Rapid *(1999-2001)*, „Grüner" des Jahres.

Riesig in Österreich: Bierhoff und Jancker.

L

Lattenpendler: Legenden leben länger

Das „Wembley-Tor" war das vorletzte der → ***WM 1966*** in England und es wird das letzte Tor der Fußballgeschichte bleiben, das man diskutiert.

LOGISCHE NAMEN (3): DER KÖRPER
*Leo **Beenhakker** (Trainer, NL), Uwe **Bein**, Stefan **Beinlich**, Bernd **Hölzenbein**, Karl-Heinz **Ferschl**, Carl **Riegel** (alle D), Walter **Knaller** (Ö), Aleksandar **Ristic** (Jug).*

Bobby Moore und Franz Beckenbauer brüten über dem Wembley-Tor im WM-Finale 1966, das die Engländer übrigens „the third goal" nennen.

LOGISCHE NAMEN (4): DIE SCHIRIS
*Heinz **Fahnler**, Taki **Wlachojanis** (gern **Wachlojanis** genannt), Erich **Linemayr**, (allesamt tatsächlich Referees, Ö), während es namentlich Heimo **Pfeifenberger** und Gerald **Strafner** eigentlich noch werden sollten.*

● 30. Juli 1966, Wembley-Stadion von London, WM-Finale *England – Deutschland*, 11. Minute der Verlängerung: Ein Schuß des englischen Stürmer **Geoff Hurst** aus sechs Metern. Der deutsche Torwart **Hans Tilkowski** ist mit den Fingerspitzen noch dran, ehe der Ball von der Unterseite der Querlatte senkrecht auf die Torlinie prallt und zurück ins Spielfeld springt, wo ihn **Wolfgang Weber** aus der Gefahrenzone übers eigene Gehäuse in den Corner köpfelt. Die Engländer jubeln, die Deutschen winken hektisch ab. Chaos und Ratlosigkeit.

● Und was tut der Schiedsrichter, **Gottfried Dienst** aus der Schweiz? „Ich weiß auch heute noch nicht, ob der Ball drin war. Und wenn sie mich nach hundert Jahren ausgraben und ich komme neu auf die Welt, weiß ich es immer noch nicht", sagte der inzwischen verstorbene Postbeamte mit dem Spitznamen ***„Godi"*** 30 Jahre danach. Damals jedenfalls „besprach" er sich mit dem aserbaidschanischen Linienrichter **Tofik Bachramow** – Dienst konnte nicht russisch, Bachramow nur russisch. Er hob die Fahne und wies zur Mittellinie. Tor! 3:2 für England, am Ende dann 4:2.

> ***Meine Herren, ich habe den Ball genau im Tor liegen sehen.***
> HEINRICH LÜBKE, *deutscher Bundespräsident, beim Bankett zu Ehren der Vize-Weltmeister (Helmut Schön verließ daraufhin den Saal)*

● Keiner hatte es in dem Moment *todsicher* gesehen, die 97.000 Zuschauer im Stadion ebenso wenig wie die Millionen an den TV-Geräten. Aber Bachramow am wenigsten. Er schrieb in seinen Memoiren, der Ball wäre „vom Netz" herab auf die Linie gesprungen. Was nur noch vom drolligen deutschen Bundespräsidenten **Heinrich Lübke** übertroffen wurde, der just beim Empfang zu Ehren der Verlierer staatsmännischen Trost spendete: „Ich habe den Ball genau im Tor liegen sehen."

● 100 % irregulär war nur das 4:2. Als es fiel, feierten bereits Dutzende englische Fans den WM-Titel *auf dem Feld ...*

M

wie Manndecker, Machthaber und Maskottchen

M

MACHTHABER(ER)

„Silvio Berlusconi kontrolliert in Italien 90 % des Fernsehens. Das macht bei uns Günter Jauch.“
HARALD SCHMIDT, *Humorist*

23. Mai 2007, Athen: AC Mailand hat den Cup, Berlusconi und Inzaghi geben einander „die Schuld“ dafür

wie Manndecker, Machthaber und Maskottchen

Fußball: eine Weltmacht mit 265 Millionen aktiven *Soldaten* in fast 200 Ländern. Als ➜ ***Religion*** läge er gar, inklusive all der *Gläubigen* in Stadien und vorm TV auf Platz 5*. Da wollen viele mitmischen und mitnaschen.

„Mental gab's zu meiner Zeit gar nichts – nur eine Zahnpasta hieß so ähnlich.
Rudi Assauer, *Ex-Schalke-Schalk*

MACHER & MÖGLICH-MACHER

„Kaiser" Franz mit Prinz Faisal bin Fahad von Saudi-Arabien (l. o.) bei der WM 2006: Gekrönte Häupter unter sich. Und als Weltreisender des Fußballs mit Red Bull-Tycoon „Didi" Mateschitz und Ex-Salzburg-Boss Rudi Quehenberger zur Eröffnung des Hangars 2005.

MACHTHABER, MACHTSPIELE & MACHTWORTE

Die Entscheidung, den Trainer zu entlassen, fiel in der Nacht von Samstag auf Montag.
Rudi Assauer *(als Schalke-Boss) zur Trennung von Frank Neubarth (2003)*

Wenn der Kleine mit der Zigarre frech wird, gibt's von mir Feuer.
Michael Huber, *der „Veltins"-Generalbevollmächtigte, stellt die Schalke-Hackordnung klar*

Der Grund für die Entlassung ist mangelnde Erfolgslosigkeit.
Thomas Gulich, *Grasshoppers Zürich-Präsident über die Trennung von Trainer Alain Geiger*

Unser Koch hat gerade Inter Mailand gekauft.
Gianni Agnelli *(1921-2003), Fiat-Boss und Juventus-Präsident – der „Koch" war übrigens Großküchen-Betreiber* **Guido Pellegrini**

Wenn alle Vereine von Männern geführt würden, die eine Ahnung von Fußball hätten, ginge es dem Spiel besser. Trotzdem ist es so stark, dass es selbst die Dilettanten nicht kaputtmachen können.
Sepp Herberger, *deutscher Weltmeister-Macher 1954 („Das Wunder von Bern")*

DIE MORAL
... innerhalb einer Mannschaft ***stimmt*** *oder sie ist* ***gebrochen****, weil sie* ***untergraben*** *wurde. Über die ➜ Phrase hinaus ging der Literatur-Nobelpreisträger 1957* ***Albert Camus*** *(1913-1960): „Was ich schließlich am sichersten über Moral und Verantwortung weiß, verdanke ich dem Fußball."*

*Bei 607,9 Mio. Zuschauern (WM-Finale 2006) hinter Christentum (2,1 Mrd.), Islam (1,3 Mrd.), Atheismus (1,1 Mrd.) und Hinduismus (0,9 Mrd.)

M

MACHTHABER

Zogen und ziehen die Fäden in Österreichs Fußball: Magnat Stronach, ÖFB-Präsident Stickler

MUSTER-GATTE oder MUSS DER GATTE?

Der bulgarische Fußball-Erstligist **Litex Lowetsch** *ergriff jüngst unorthodoxe Methoden, um den „liederlichen" Lebenswandel seines Jungstars* **Iwelin Popow** *(*1988) zu unterbinden. Der Klub befahl dem großen Stürmer-Talent, spätestens 2008 zu heiraten. „Ich akzeptiere die Anweisung und verspreche, es zu tun", erklärte Popow. „Meine Chefs haben recht, denn sie kennen mein Temperament."*

„

Ich möchte so schnell wie möglich sehr nah an die Mannschaft – wenn auch nicht bis unter die Dusche.

Corny Littmann, *St. Paulis (bekennend) schwuler Präsident kurz nach Amtsantritt*

Mir ist ein Ausländer, der nichts sagt, lieber, als ein Deutscher, der nur Mist redet.

Dieter Krein, *Präsident von Energie Cottbus, auf die Frage, warum die Ausländer auf dem Platz so wenig miteinander kommunizieren*

"

Bayern-Manager Uli Hoeneß fragt seine Sekretärin: „Wo ist mein Bleistift?" – „Hinter Ihrem Ohr!" – Darauf Hoeneß: „Hören Sie, ich hab wirklich keine Zeit zum Suchen – hinter WELCHEM?"

„

Bevor wir für einen Torwart 15 bis 20 Millionen Mark bezahlen, stelle ich mich selbst ins Tor.

Reiner Calmund, *torausfüllender Manager*

Unsere Auswärtsschwäche ist stärker geworden.

Ernst Fricke, *Präsident von Braunschweig*

Wir sind überzeugt davon, dass wir mit diesem Trainer den Nichtabstieg vermeiden.

Dirk Dufner, *Sportdirektor bei 1860 München über die Zukunft von Trainer* **Falko Götz**

"

MONEY-MAKER

„Ja, immer wenn wir ein Länderspiel hatten, musste ich vorher in den streng bewachten Palast kommen und ihm Aufstellung und Taktik mitteilen. Und dann gab's auch Taschengeld von ihm, das sie gerade frisch im Palast unten gedruckt hatten. Die Scheine waren immer noch feucht, klebten zusammen und rochen nach Farbe. Aber ich konnte ohne Probleme damit bezahlen ..."

Sepp Piontek *(*1940), deutscher Weltenbummler, über sein Verhältnis zum Diktator von Haiti, als er dort Teamchef war (1979)*

Hätten Sie's gewusst?

MEGA-IDEE EINES PRÄSIDENTEN

Was erwog der damalige FIFA-Präsident Sir Stanley Rous, als bei der WM 1962 in Chile die Brutalitäten zwischen Europäern und Südamerikanern auf dem Spielfeld überhand nahmen?

a. die Abschaffung der WM
b. zwei Weltmeisterschaften (eine für Südamerikaner, eine für Europäer)
c. erst in einem WM-Finale sollten Europäer und Südamerikaner aufeinander treffen können

Richtige Antwort: b.

> ***Erstes Ziel ist es, die größten Flaschen zu verkaufen. Gibt es noch Pfand dafür, super. Gibt es nichts, auch gut.***
> KARL-HEINZ THIELEN *(Ex-Vizepräsident in Köln)*

> ***Beim ÖFB funktioniert nur eines: die Mittagspause.***
> MAX MERKEL, *unser „Sportdirektor" 1978*

> ***Das, was ich schon die letzten zwanzig Jahre gemacht habe: Mich wichtig machen und deppert reden.***
> TONI POLSTER *auf die Frage, wie er sein Amt als Manager von Mönchengladbach anlegen wird*

MAJESTÄTEN DES RASENS

Neben den tatsächlich geadelten Briten (wie ***Matthews, Wright, Finney, Ramsey, Busby, Bobby Charlton*** und ***Hurst***) gibt es noch zwei „Könige der Herzen" auf der Insel: **Eric *the King* Cantona** (*1966, französisches *Enfant Terrible* bei *ManU*) und ***King* Kenny Dalglish** (*1951, schottischer Torjäger bei *Celtic* und *Liverpool*). Der eiserne Engländer **Paul Ince** (*1967, *ManU, Inter, Liverpool*) ist ***The Governor*** (Gouverneur), der „Uru" **Enzo Francescoli** (*1961, *Marseille, Torino*) ***El Principe*** (Prinz), **Pelé** (*1940, *Santos, Cosmos*) ***O Rei*** (König) und sein brasilianischer Schüler **Adriano** (*1982, *Inter*) ***l'Imperatore*** (Imperator). Über allen thront freilich **Franz Beckenbauer** (*1945, *Bayern, Cosmos, HSV*) als ***Kaiser*** auf Lebenszeit.

Hätten Sie's gewusst?

„EUER MERKWÜRDEN"

Welches Team für die WM 1930 in Uruguay wurde vom fußballverrückten König des Landes persönlich Mann für Mann ausgesucht?

a. Rumänien
b. Bulgarien
c. Niederlande

Richtige Antwort: **a.**

SEINE MAJESTÄT, DER „ASCHYL"

1978, nach der WM in Argentinien. **Ernst Happel**, Trainer des Vize-Weltmeisters, wird mit dem Team von **Königin Juliana der Niederlande** im Palast zu Den Haag empfangen. Als man ihrer harrt, wird der „Aschyl" ungeduldig und wendet sich ans Enkerl **Willem Alexander**: „Na, wann kommt denn endlich dei' Omama? Sag ihr, ich hab's eilig Zeit, ***ich muss nämlich nach Velden ins Casino!***"

MUSIK (1)

Das originelle Bröckerl ***Karl Sesta*** *(Ringer, Stemmer, → Wunderteam) war auch als Sänger ausgezeichnet: Für sein Heurigen-Album erhielt er 1932 in London „Gold".*

Hoheit mit Häferl: Prinz William persönlich bringt den FA-Pokal 2007 ins neue Wembley-Stadion.

SEINE MAJESTÄT, DER „BLADE"

7. Dezember 1932, kurz vorm „Match des Jahrhunderts" *England – Österreich* in Chelseas Stadion Stamford Bridge: Unser → ***Wunderteam*** wird dem späteren **König George VI.** einzeln vorgestellt. Das bullige Original **Karl Sesta** (1906-1974) lässt er via Dolmetsch nach dem erlernten Beruf fragen. **„Der Blade"** sagt: „Bäcker." Majestät nickt freundlich. Der Übersetzer: „Er meint, ein schöner Beruf." Darauf Sesta, staubtrocken: ***„Sagen S' eahm, er hat aa ka schlechte Hack'n."***

MUSIK (2)

Der erste Popstar unter den Kickern war Ur-Rapidler ***Pepi Uridil*** *(1895-1962): „Heute spielt der Uridil, man kann sagen, was man will, so wundervoll trifft keiner mehr ins Goal, jawohl!" war jahrelang ein „Gassenhauer".*

M

Riesenrespekt füreinander: Johann K. im Duett mit Doktor Kurt Ostbahn (1984: „Rostige Flügel"). Krankl: Ein Kicker ohne Kickser!

> *Wir freuen uns auf den argentinischen TANGA.*
> **Burkhard Jung,** *Leipzigs Oberbürgermeister, bei einem WM-Empfang 2006*

> *Dressels Beitrag zum Mozart-Jahr: Ein Foul aus dem Knöchelverzeichnis.*
> **Werner Hansch,** *geboren in „Kalau"*

DIE MEISTER DER MELODIE

Kicker, die aus voller Knie-Kehle Tonträger pressten: ***Polster*** *(Toni, lass es polstern),* ***Radenkovic*** *(Bin i Radi, bin i König),* ***Beckenbauer*** *(Du bist das Glück),* ***Schachner*** *(Fußboi heut und Fußboi morgen),* ***Prohaska*** *(Freund sein) und* ***Krankl*** *(Ohne Ball'n und ohne Netz).*

MUSIKALISCHES ...

... AUS MANCHESTER

ManU-Fans verspotten im Stadt-Derby die krasse Minderheit der ***City***-Fans zur Melodie von ***Living next door to Alice***: ***„27 years just waiting for a chance to win a major trophy, give silverwear a glance, for 27 years we've been living next door to city – CITY, WHO THE FUCK ARE CITY?!"*** *(27 Jahre nur Warten auf die Chance auf einen großen Bewerb, auch nur einen Blick auf einen silbernen Pokal zu erhaschen! 27 Jahre leben wir schon Tür an Tür mit City – City? Wer zum Teufel ist City?)* Der letzte Titel des zweimaligen englischen Meisters (1937, 1968) und viermaligen FA-Cup-Siegers (zuletzt 1969) gelang 1976 (Liga-Cup), wodurch sich der Text nun schon auf (31) **„Thirtyone Years ..."** ausgewachsen hat. Und weiter wächst. Kein Ende in Sicht.

MATHEMATISCHES

Die ersten 90 Minuten sind die schwersten.
Bobby Robson, *engl. Ex-Team-Manager*

Wir hatten ein Dutzend Eckbälle – ich schätze so um die zwölf.
Craig Brown, *Ko-Trainer von Derby County*

Wir waren in dieser Szene in der Unterzahl – zwei gegen zwei.
Frank Rost *(HSV), Ex-DDR-Tormann*

Es gibt nur eine Möglichkeit: Sieg, Unentschieden oder Niederlage! *(... und als Draufgabe)* ***In einem Jahr hab ich mal 15 Monate durchgespielt.***
Franz Beckenbauer, *Fremder der Zahlenwelt*

Wir haben 99 Prozent des Spiels beherrscht. Die restlichen drei, vier Prozent waren schuld, dass wir verloren haben.
RUUD GULLITT *(NL), Europameister 1988*

Bayern hat vier von zwölf Spielen verloren – also ein Viertel.
TOM WESTERHOLT, *deutscher Radio-Reporter*

Letztes Mal drei Treffer: Zwei unten und zwei oben.
RUDI CERNE *(ZDF-Moderator) im „Aktuellen Sportstudio" beim Torwandschießen*

Nowotny – für mich einer von vier Gesetzten. Außer ihm noch Kahn, Bierhoff, Kirsten und Matthäus.
BELA RETHY *(ZDF) lässt alle Fünfe grade sein*

Ich habe zweieinhalb Jahre bei Young Boys Bern, sechs Monate bei Lierse und 53 Minuten bei Duisburg gespielt.
MINI JACOBSEN, *norwegischer Teamstürmer*

Ihr Fünf spielt jetzt vier gegen drei.
FRITZ LANGNER *(1912-98), Osnabrück-Trainer*

Die letzten zwei Heimspiele hat München 60 kein Tor gegen den VfL Bochum erzielt, heute schon zwei. Das ist eine Steigerung um 200 %.
THOMAS HERMANN, *DSF-Kommentator*

Der Jürgen Klinsmann und ich, wir sind ein gutes Trio. *(Pause)* **Ich meinte: ein Quartett.**
FRITZ WALTER JUN., *VfB Stuttgart*

Die Bulgaren spielen mit derselben Mannschaft wie 1994 – nur die Spieler sind vier Jahre älter geworden, zumindest die meisten.
Ein CBS-Kommentator bei der WM 1998

Es muss eine Kehrtwende geben. Und die muss 360 Grad sein.
EDUARD GEYER, *Ex-DDR-Coach, Wende-erprobt*

Es steht im 0:0. Aber es könnte auch umgekehrt lauten.
HERIBERT FASSBENDER, *„ 'n Abend allerseits!"*

Das Tor gehört zu 70 % mir und zu 40 % dem Wilmots.
INGO ANDERBRÜGGE, *Fußballer und American Footballer (also 110-prozentiger Profi)*

Saarbrücken bezwang Freiburg mit 1:1.
KLAUS SCHWARZE, *ARD (Erfinder vom „Tor des Monats") in bezwingender Unentschlossenheit*

GACK minus SACK 3 dividiert durch 2.
Ein NACHRICHTENSPRECHER *(ORF) verliest das Ergebnis des Cupspiels GAK – SAK 3:2*

Wir haben acht Millionen Einwohner, davon sind sechs Millionen Teamchefs. Wenn man die alle fragen würde, hätten wir 3,5 Millionen Aufstellungen.
TONI POLSTER *(re.) hält immerhin auch Mehrfach-Nennungen für möglich ...*

Damit zum Totoschein ...

Spiel 1 – Tipp 1,
Spiel 2 – Tipp 2,
Spiel 3 – Tipp 3.
ULLA WEIGERSTORFER, *Radio Wien*

M

Koncilia: Ein Kugerl unten, eins oben ...

Meister aller Klassen: Österreichs Titel-Hamster

Der „geborene" Austrianer ***Robert Sara*** (*1946, 55 Länderspiele, davon 37x in Folge Kapitän, 3 Tore) ist zugleich auch „Mister Austria" in der Hit-Parade aus Meisterschaften und Cups.

		Verein(e)	Erfolge	Gesamt
1.	**Robert Sara**	Austria	9 Titel/6 Cups	**15**
2.	**Friedl Koncilia**	Innsbruck, Austria	8 Titel/6 Cups	**14**
	Erich Obermayer	Austria	8 Titel/6 Cups	**14**
4.	**Leo Lainer**	Rapid, Tirol, Salzburg	8 Titel/5 Cups	**13**
5.	**Ernst Baumeister**	Austria	8 Titel/4 Cups	**12**
6.	**Walter Zeman**	Rapid	8 Titel/1 Cup	**9**
7.	**Kurt Garger**	Rapid, Tirol, Salzburg	7 Titel/6 Cups	**13**
8.	**Karl Daxbacher**	Austria	7 Titel/4 Cups	**11**
	Herbert Prohaska	Austria	7 Titel/4 Cups	**11**
10.	**Alfred Körner**	Rapid	7 Titel/1 Cup	**8**
	Robert Körner	Rapid	7 Titel/1 Cup	**8**
	Karl Giesser	Rapid	7 Titel/1 Cup	**8**

MANNDECKER
*Zwei Klassiker: „**Beckenbauer** wird von hinten gedeckt" (ARD). Und: „Man muss im Trainingslager mit dem Arsch zur Wand schlafen" (**Scholl**).*

MYTHOS MASKOTTCHEN: VON PINOCCHIO BIS TRIX UND FLIX

Nach einem Aufruf, Namen für die beiden Symbolfiguren der Euro 2008 zu erfinden, entschied man sich in der Schweiz und in Österreich übereinstimmend für Trix und Flix. Gute Wahl. Andi und Willi wäre auch noch gegangen (für die beiden Nationalhelden Andreas Hofer und Wilhelm Tell - der eine sagte ja noch in größter Bedrängnis: „Wie schießt ihr schlecht!" und der andere war pfeilschnell und kopfballstark) ...

EM-MASKOTTCHEN BISHER:
1980 Italien: **Pinocchio** *(Holz-bub)*, **1984** Frankreich: **Peno** *(Hahn)*, **1988** Deutschland: **Berni** *(Hase)*, **1992** Schweden: *namenloser Hase*, **1996** England: **Goliath** *(statt **David** Beckham)*, **2000** Belgien/Niederlande: **Benelucky** *(Teu-ferl)*, **2004:** Portugal: **Kinas** *(Dorfjunge)*.

Von links: Rapid-Maskottchen, Euro-Pärchen und Salzburgs roter Bulle.

NACHWUCHS NEUDEUTSCH NAMEN NICKELIGKEITEN NACHSPIEL NATIONALMANNSCHAFTEN NERVENFLATTERN NACHHILFE NOTBREMSE NUMMERN NAHKAMPF NACHWUCHS NEUDEUTSCH NAMEN NICKELIGKEITEN NACHSPIEL NATIONALMANNSCHAFTEN NERVENFLATTERN NACHHILFE NOTBREMSE NUMMERN NAHKAMPF NACHWUCHS NEUDEUTSCH NAMEN

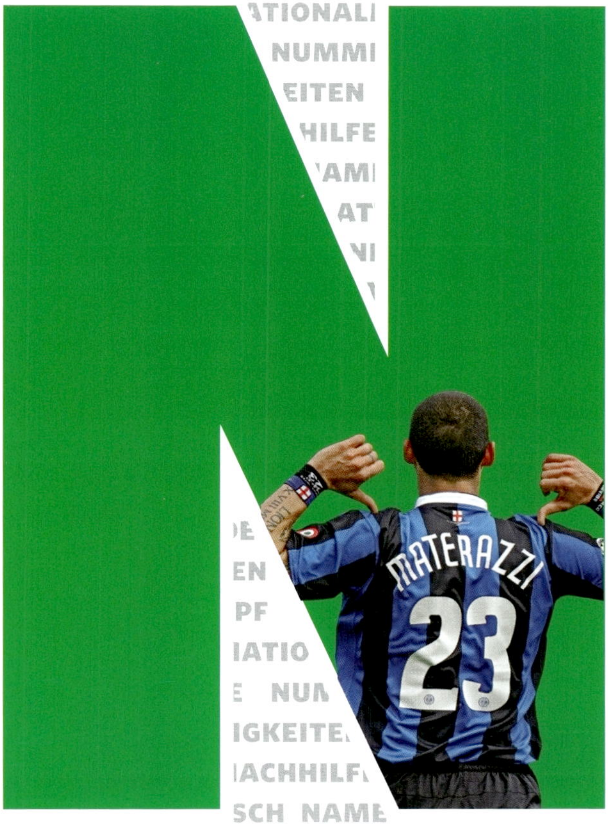

NATIONALMANNSCHAFTEN NERVENFLATTERN NACHHILFE NOTBREMSE NUMMERN NAHKAMPF NACHWUCHS NEUDEUTSCH NAMEN NICKELIGKEITEN NACHSPIEL NATIONALMANNSCHAFTEN NERVENFLATTERN NACHHILFE NOTBREMSE NUMMERN NAHKAMPF NACHWUCHS NEUDEUTSCH NAMEN NICKELIGKEITEN NACHSPIEL NACHHILFE NOTBREMSE NUMMERN

wie Namen, Nummern und Nervenflattern

NAHKAMPF NACHWUCHS NEUDEUTSCH NAMEN NACHSPIEL NACHHILFE NOTBREMSE NUMMERN NAHKAMPF NACHWUCHS NEUDEUTSCH NAMEN NICKELIGKEITEN NACHSPIEL NERVENFLATTERN NACHHILFE

N

NACHWUCHS

„Unsere Abwehrspieler sind noch so jung – wenn die bei der WM ins Bild kommen, schießt bei den meisten Frauen die Milch ein …"

Oliver Welke, *deutscher Komiker, in der RTL-Show „7 Tage – 7 Köpfe"*

Ungefähr so muss der geniale Tscheche Pavel Nedved („der Engel") einmal ausgesehen haben

wie Namen, Nummern und Nervenflattern

Heute trägt jeder Unterhaus-Kicker seinen Namen am Buckel, aber seit wann tragen Fußballer überhaupt Rückennummern? Wem die Frage zu ***nickelig*** ist, der antwortet am besten *unrisikovoll* auf ➜ ***Neudeutsch***.

NEUDEUTSCH

Ja gut, der arbeitet von morgens bis abends. Sowas nennt man im Volksmund, glaube ich, Alcoholic.

Rudi Völler, *deutscher Ex-Bundestrainer, über „Stress-Man"* **Reiner Calmund**

Wir haben den größten Wurst-Käs verhindert.

Reiner Calmund *denkt auch im schlimmsten Fall (**Worst Case**) immer noch ans Essen …*

Das war nicht ganz unrisikovoll.

Karl-Heinz Rummenigge, *Bayern-Legende, auf gefährlichem Sprach-Terrain*

Ich blickte kurz auf und banante den Ball zur Mitte.

Walter Schachner, *Tempobolzer und Torjäger (64 Länderspiele, 23 Tore), als **Schoko**-Banane*

Leopold Stastny (1966-68 Trainer von Wacker-Innsbruck, 1968-75 österreichischer Tamchef) erzählte gern von seinem allerersten Eintreffen in Wien (auf dem Ostbahnhof): „Ich bin ausgestiegen aus dem Zug und vor mir auf dem Bahnsteig hat ein Mann einen Wagen vor sich her geschoben. Der sagte zu mir: HEISSE WÜRSTEL, HEISSE WÜRSTEL. Daraufhin habe ich ihm geantwortet: „Angenehm, HEISSE STASTNY!"

NAMEN

Smith, ein Name, den man sich merken muss.

Ernst Huberty, *„Mister Sportschau" der ARD*

Ich kenne sie vom Sehen, aber sie haben drei, vier Namen. Heißen einmal Hussein, dann Mohammed. Das ist noch ein Problem.

Berti Vogts *über seine Spieler bei der Nationalmannschaft von Kuwait*

Krzynowek – die zufällige Aneinanderreihung von Buchstaben ergibt diesen polnischen Namen.

Norbert Dickel *(früher Köln) im BVB Netradio*

Es gibt so viele Trainer, die kommen und gehen. Irgendwann vergisst du mal die Vornamen.

Rudi Assauer, *auf den Hinweis, er hätte den neuen Schalke-Trainer* **Ralf Rangnick** *bei dessen Präsentation stets* **Rolf** *genannt*

Stuttgarter Fickers.

Andreas Witte, *Jazz-Schlagzeuger, im TV*

Kickenbacher Offers.

Arnim Basche, *ZDF-Moderator*

NICKELIGKEITEN

*… sind kleinere Gemeinheiten (meist vom **Bos-Nickel**, österr.: **-Nigel**), also geringfügige Regelverstöße, die oft gar nicht einmal geahndet werden. Manche sprechen von **Kokolores**, **Kinkerlitzchen** oder einem **Lapperl** (von: Lappalie).*

N

NEUE WORTE
*„Jo-Jo-Fußball" (**Uli Hoeneß** über Verspieltheit), „Mentalflak" und „Kondizi" (**Ernst Happel** über psychische und physische Fitness), „Ding-Dang-Dong" (**Giovanni Trapattoni** über Fußball an sich).*

NAMEN

„Früstük? Wos interessiert mi Früstük? Frühstück hob i daham!"
HANS KRANKL *als Admira-Trainer zum Ausschluss des Salzburg-Spielers Robert Früstük*

Das ist Italiens Teamchef Sacchi. Es heißt ja FORZA Italia – und bald hat er seinen letzten gelassen ...
WOLFGANG LEY *(DSF) bei der WM 1994, als Italien gegen Nigeria mit 0:1 zurücklag*

Trainer.
*So redet **BEATE REHHAGEL** nach eigenen Angaben ihren Mann **OTTO** privat an.*

NEUE NAMEN
*Legende oder Tatsache? In Brasilien tauften fußballverrückte Eltern Ende der 80er ihre beiden Söhne ganz offiziell auf **Overath Breitner da Silva** und **Robert Prosinecki da Silva**.*

Hätten Sie's gewusst ?

NAMENSSPIEL
Welches Teilnehmerland 1998 in Frankreich war das bisher einzige der WM-Geschichte, dessen Mitglieder (22) ausnahmslos Namen mit dem selben Endbuchstaben trugen?

a. Bulgarien (-v)
b. Jugoslawien (-c)
c. Südkorea (-g)

Richtige Antwort: **a.**

NACHSPIEL*

Je länger das Spiel dauert, desto weniger Zeit bleibt.
MARCEL REIF *macht dafür umso mehr Worte*

Englands Spieler gewinnen immer erst auf dem Weg unter die Dusche.
SIR PETER USTINOV, *Weltbürger, zur EM 1992*

Zum Glück sind wir nach dem Spiel besser ins Spiel gekommen.
ANDREAS BREHME *zu einem knappen Sieg*

Das Englische ist hier weitaus präziser: **Extra Time ist die Verlängerung, **Injury Time** die Einrechnung von Verzögerungen und **Stoppage Time** das Ende der „regulären Spielzeit" (wird's danach „irregulär"?)*

Hätten Sie's gewusst ?

*Bei der WM 1930 in Uruguay pfiff der belgische Referee **Langenus** das Vorrundenspiel Argentinien – Chile (3:1) um 6 Minuten zu früh ab. Welches Nachspiel hatte die Sache?*

a. Er holte alle zurück aus der Dusche
b. Er ging für eine Woche ins Gefängnis
c. Er schenkte den Chilenen seine Uhr

Richtige Antwort: **a.**

NACH-WUCHS
Borel, der junge Torwart, 1 Meter 91 ist er alt.

WERNER HANSCH, *Arena*

In Kaiserslautern hab ich gedacht, es wird ein Roter Teufel, jetzt bin ich froh, dass es kein Frankfurter Würstchen wird.
MARCO VAN HOOGDALEM *als werdender Vater*

Fernandes (FC Sion) singt für Sutter (Grasshoppers Zürich) „O, *Sohle* mio"

NAHKAMPF

Militanter Ausdruck für das „Spiel" Mann gegen Mann

DIE TOP 11 NAMEN FÜR NATIONALMANNSCHAFTEN

Wie nennen Brasilianer ihre „Seleçao"? Ronaldinho bekennt Farbe: „Kanarienvögelchen"

1. ***To Piratiko*** (das Piratenschiff, Griechenland)
2. ***Vinotinto*** (Rotwein, Bolivien)
3. ***Furia Roja*** (die rote Furie, Spanien)
4. ***O Canarinhos*** (Kanaris, Brasilien)
5. ***die Nati*** (mit „t", Schweiz)
6. ***Elftal*** (Niederlande)
7. ***Danish Dynamite*** (Dänemark)
8. ***Soca Warriors*** (Trinidad & Tobago)
9. ***Vatreni*** (die Feurigen, Kroatien)
10. ***Palancas Negras*** (die schwarzen Antilopen, Angola)
11. ***The three Lions*** (England)

NERVENFLATTERN

Wir lassen uns nicht nervös machen, und das geben wir auch nicht zu!

Olaf Thon, *coole Schalke-Legende, Weltmeister 1990 (52 Länderspiele, 4 Tore)*

NACHHILFE

*Demichelis spricht sich **DemiTschelis** aus, also mit scharfem **Tsch** wie in **Schule**.*

Jörg Wontorra, *DSF-Moderator*

Lauf mal! Du bewegst dich ja wie ich!

Mario Basler, *pädagogisch wertvoller Jugendcoach bei SC Olching im Training*

Wahnsinn! Da sind ja ein paar noch weniger gelaufen als ich!

Toni Polster, *nach einer „kampflosen" Niederlage mit dem 1. FC Köln*

NEUE NUMMERN

Erstmals Rückennummern, national: 1928 (Sheffield W. - Chelsea), international: 1938 (WM in Frankreich). Die berühmtesten Nummern: 3 Maldini, 5 Beckenbauer, 6 Baresi, 8 Prohaska, 9 Krankl, 10 Pelé, Netzer, Maradona, 13 G. Müller (bei der WM), 14 Cruyff.

O

wie Oberg'scheit, O'grosl und O-Haxen

O wie Oberg'scheit, O'grosl und O-Haxen

Kein Kicker soll's uns krumm nehmen, aber selbst in langen Hosen sind die meisten (und die Größten!) allein schon am „Geläuf" zu erkennen. Das sieht sogar ein *O'grosl* von einem *oberg'scheiten Outwachler*.

OBERG'SCHEIT, OBA G'SCHEIT

Nie hätte einem Spiel ein Tor so gut getan wie heute.

*MARCEL REIF (RTL), als am 1. April 1998 bei **Real - Dortmund** ein Tor umfiel*

*Was ist der Unterschied zwischen einem Bankräuber und einem Fußballer? – Der Bankräuber sagt: „Geld her oder ich schieße!" Der Fußballer hingegen: „Geld her oder **ich schieße nicht!**"*

*Frage: Was macht der Schweizer Nationalcoach **Köbi Kuhn**, nach dem Sensationssieg bei der Euro 2008? – Antwort: **Er schaltet seine Playstation aus und geht ins Bett!***

*Quizmaster: „Wer schoss 1974 bei der Weltmeisterschaft im Endspiel gegen die Niederlande das 2:1 für Deutschland?" Kandidat: „**Gerd Müller.**" – Quizmaster: „Richtig! Wie viele Zuschauer?" – Kandidat: „Fünfundsiebzigtausendzweihundert." – Quizmaster: „Richtig! Wenn sie jetzt auch noch die entscheidende dritte Frage richtig beantworten, gehört das Traum-Auto Ihnen. **Wie hießen die Zuschauer?**"*

O-HAXEN

Die klassischen „Vorreiter" der Cowboy-Beine heißen: **Pierre Littbarski, Paul Breitner** und **Herbert Prohaska**. Tatsächlich kommen „O-Haxen" vom Fußballspielen. Sportwissenschafter **Erik Witvrouw** von der Uni Gent (Belgien) hat 500 jugendliche Viel-Kicker untersucht und herausgefunden: Bis zum 18. Lebensjahr haben die meisten „den Bogen raus". Die Ursache dafür ist eine nicht symmetrische Krafteinwirkung auf die Kniegelenke, da die inneren Beinmuskeln bei Fußballern kräftiger und kürzer sind. Empfohlene Gegenstrategie: ***Von klein auf auch andere Sportarten ausüben.***

„O'GROSL"
*... steht in Österreich für Klub & Kicker ohne Klasse & Kasse: **Abgrasende(r).***

OUTWACHLER
*... steht in Österreich für den früheren Linienrichter und heutigen **Schiedsrichter-Assistenten.***

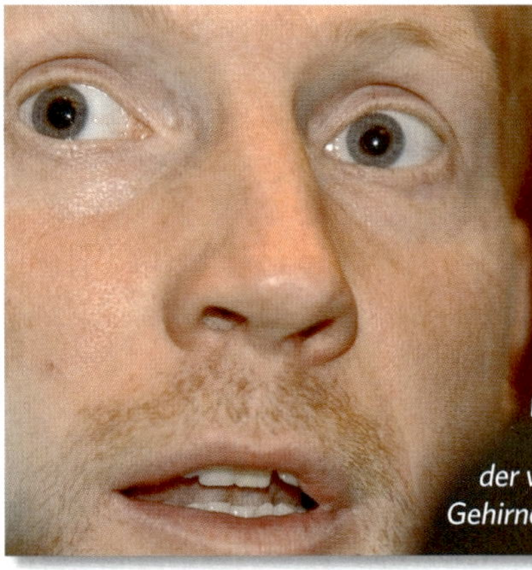

OPTISCHE TÄUSCHUNG

Er hatte plötzlich Sehstörungen. Vielleicht hat er deshalb das Tor getroffen.

MATTHIAS SAMMER, Dortmund, über LARS RICKEN, der verletzt scorte, ehe er mit Gehirnerschütterung ausschied.

OLYMPISCHER „GLEICHSCHRITT" (1948 IN LONDON)

Im Gegensatz zu *Deutschland* war *Österreich* bereits 1948 wieder bei Olympischen Spielen „zugelassen". Unsere Equipe entsandte auch eine Fußballauswahl nach London, in der sogar der prominente Austria-Stürmer **Ernst Stojaspal** aufschien. ***„Stoissi"***, stets zu Späßen und Streichen aufgelegt, wurde (wie allen unseren Teilnehmern) nachdrücklich eingeschärft, beim Einmarsch der Nationen ***nur ja nicht*** in den Gleichschritt zu verfallen, sondern durch fröhliches Durcheinander (*zu Marschmusik!*) der Welt zu demonstrieren, wie eigenständig, undeutsch und entmilitarisiert unser liebenswertes Land doch geworden wäre. Stojaspal übertrieb es freilich. Er tanzte förmlich ins Stadion,

wiegte sich im Solo-Walzer und brach vor der Ehrentribüne aus dem wankenden rotweißroten Häuflein aus, pflanzte sich vor den hohen Herren des IOC auf, zog den Hut bis zum Boden und rief „seinem" blassen Präsidenten zu: ***„Habe die Ehre, Herr von Mautner-Markhof."*** Dann lief er zurück ins Glied. Stojaspal schwor zeitlebens, nüchtern gewesen zu sein.

„OLIMPICO"
*... heißt in Südamerika der direkt verwandelte Eckball. Ursprung: Bei den Olympischen Spielen 1924 in Paris schoss Argentiniens **Cesario Onzari** gegen Uruguay das erste Tor dieser Art, das auch anerkannt wurde.*

Happel erfand sein eigenes „Esperanto‘

HAPPEL, DER „WÖTMASTA“
*Egal, wo er gerade als Erfolgstrainer seine (reich beleg-ten) Brötchen verdiente: Stets blieb das Ottakringer **Café Ritter** seine Tankstelle für den Wiener Schmäh. Dort spielte **Ernst Happel** mit seinen alten Haberern am „Schwarze Katz“ und rauchte dazu nächtelang **Belga**. Von all seinen Stationen nahm der „Wötmasta“ die Melodien der Landessprachen mit und entwickelte daraus sein unverwechselbares „Esperanto“ (→ Neue Worte).*

Die Top 8 Trainer im Ausland

1. Ernst Happel *(1925-92): **1x Vize-Weltmeister*** (Niederlande 1978), ***1x Weltcupsieger*** (Feyenoord Rotterdam 1970), ***2x Europacupsieger der Landesmeister*** (Feyenoord 1970, HSV 1983), ***3x belgischer Meister*** (FC Brügge 1976, 1977, 1978), ***2x belgischer Cupsieger*** (Brügge 1977, Standard-Lüttich 1981), ***2x deutscher Meister*** (HSV 1982, 1983), ***1x deutscher Pokalsieger*** (HSV 1987), ***2x niederländischer Meister*** (Feyenoord 1969, 1971), ***2x niederländische Pokalsieger*** (Feyenoord 1968, 1969). Als Spieler bei Rapid (257 Partien, 30 Tore) war er 6x Meister, 1x Cupsieger und 1x Zentropacup-Sieger (1951). Als Trainer bzw. Sektionsleiter wurde er mit Rapid 1x Meister und 1x Cupsieger, als Trainer des FC Tirol 1x Meister (1990). Er bestritt 51 Länderspiele (5 Tore) und wurde 1954 in der Schweiz WM-Dritter.

2. Karl Rappan *(1905-96): **7x Schweizer Meister*** und ***9x Schweizer Cupsieger*** (Grasshopper-Club Zürich 1935 bis 1948, Servette Genf 1948 bis 1957, Lausanne-Sports 1964 bis 1968), ***77 Länderspiele*** (WM 1938, 1954, 1962) als ***Teamchef*** der Schweiz.

3. Max Merkel *(1918-2006): **2x deutscher Meister*** (1860 München 1966, FC Nürnberg 1968), ***1 x deutscher Pokalsieger*** (1860 München 1964), ***1x spanischer Meister*** (Atletico Madrid 1973) und ***1 x spanischer Pokalsieger*** (Atletico Madrid 1972), ***10 Länderspiele*** (1955-56) als ***Teamchef*** der Niederlande.

4. Richard Kohn *(1888-1963): **1x süddeutscher Meister*** (Bayern München schlug im Endspiel Eintracht Frankfurt 2:0, 1932), ***2x niederländischer Meister*** (Feyenoord Rotterdam 1936, 1938) und ***1x niederländischer Pokalsieger*** (Feyenoord Rotterdam 1935).

5. Edi Frühwirth *(1908-1973 durch Autounfall): **1x deutscher Meister*** (Schalke 04 schlug den HSV im Finale mt 3:0, 1958), ***1x Süddeutscher Meister*** (Karlsruher SC 1960), ***1x deutscher Vizemeister*** (Schalke 1956).

Österreicher galten früh als Entwicklungshelfer im europäischen Fußball, ob als Trainer oder als

Zwei der besten Fußballbotschafter Österrei

6. Willy Kment *(1914-2002): **2x niederländischer Pokalsieger*** (VVV Venlo 1959, Feyenoord Rotterdam 1965), ***1x niederländische Meister*** (Feyenoord 1965).

7. Viktor Hierländer *(1900-1982): **1x polnischer Meister*** (Cracovia Krakau 1930), ***2x ägyptischer Pokalsieger*** (Olympic Alexandria 1933, 1934).

8. Rudi Vytlacil *(1912 in Schwechat -1977 **1x Vize-Weltmeister*** (Tschechoslowakei 1962), ***1 x bulgarischer Meister*** (Lewski Sofia 1965) und ***1 x bulgarischer Cupsieger*** (Sofia 1970). In Österreich zudem langjähriger Rapid-Erfolgstrainer (2x Meister 1967, 1968, 2x Cupsieger 1968, 1969).

‹eistermacher, Europacupsieger und Torschützenkönige

‹rankl steht als Dressman in Nou Camp

Spieler. Herausragende Figuren: Merkel, Happel, Rappan, Krankl, Pezzey, Prohaska, Hasil, Herzog.

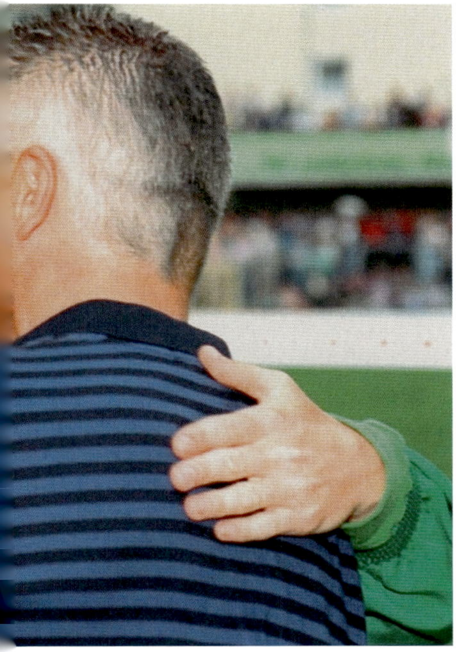

‹er Welt: Herzog (Bremen), Krankl (Barcelona)

Die Top 11 Spieler im Ausland

1. Franz Hasil *(*1944): 1x Weltcupsieger* (Feyenoord Rotterdam 1970), *1x Europacupsieger der Landesmeister* (Feyenoord 1970), *1x niederländischer Meister* (Feyenoord 1971), 21 Länderspiele (2 Tore).

2. Wolfgang Feiersinger *(*1965): 1 x Weltcupsieger* (Borussia Dortmund 1997), *1x Champions League-Sieger* (Dortmund 1997), 46 Länderspiele.

3. Heinz Schilcher *(*1947): 2x Europacupsieger der Landesmeister* (Ajax Amsterdam 1972, 1973), *2x niederländischer Meister* (Ajax 1972, 1973), *1x niederländischer Cupsieger* (Ajax 1972), *1x französischer Meister der zweiten Liga* (RC Strasbourg), 1 Länderspiel.

4. Andi Herzog *(*1968): 1x UEFA-Cup Sieger* (Bayern München 1996), *1x Deutscher Meister* (Werder Bremen 1993), *2x Deutscher Pokalsieger* (Bremen 1994, 1999), Rekord-Nationalspieler mit 103 Länderspielen (26 Tore).

5. Bruno Pezzey *(1955-1994): 1x UEFA-Pokalsieger* (Eintracht Frankfurt - Gladbach 2:3, 1:0, 1980), *1x deutscher Pokalsieger* (Frankfurt - Kaiserslautern 3:1, 1981), *2x deutscher Vizemeister* (Werder Bremen 1985, 1986), 84 Länderspiele (9 Tore).

6. Hans Krankl *(*1953): 1x Europacupsieger der Pokalsieger* (FC Barcelona 1979), *1x spanischer Pokalsieger* (Barcelona 1981), *1x spanischer Torschützenkönig* (29 Tore, 1979), 69 Länderspiele (34 Tore). Der „Goleador" steht als lebensgroße Puppe im Barca-Dress im Museum des Nou Camp-Stadions.

7. Edi Krieger *(*1946): 1x Finalist im Europacup der Landesmeister* (FC Brügge 1978), *1x UEFA-Cup-Finalist* (Brügge 1976), *3x belgischer Meister* (Brügge 1976, 1977, 1978), *1x belgischer Cupsieger* (Brügge 1977), 25 Länderspiele.

8. „Gustl" Starek *(*1945): 2x deutscher Meister* (Nürnberg 1968, Bayern München 1969), *1x deutscher Pokalsieger* (Bayern 1969), 28 Länderspiele (4 Tore).

9. Peter Pumm *(*1943): 1x deutscher Meister* (Bayern München 1969), *2x deutscher Pokalsieger* (Bayern München 1969, 1971), 19 Länderspiele (1 Tor).

10. Kurt Welzl *(*1954): 1x UEFA-Pokal-Finalist* (AZ Alkmaar - Ipswich Town 0:3, 4:2, 1981), *1x niederländischer Meister* (Alkmaar 1981), *1x niederländischer Pokalsieger* (Alkmaar 1981), 22 Länderspiele (10 Tore).

11. Herbert Prohaska *(*1955): 1x italienischer Meister* (AS Roma 1983), *1x italienischer Pokalsieger* (Inter Mailand 1982), 83 Länderspiele (10 Tore).

FRITSCH, DER WEMBLEY-TONI

Nach 123 Meisterschaftsspielen für Rapid (3 Titel, 2 Cupsiege) und 9 Länderspielen (mit den beiden Debüt-Toren beim 3:2 gegen England, die ihn zum „Wembley-Toni" erhoben) ging der schussgewaltige Rechtsaußen ***Toni Fritsch*** *(1945-2005) in die American Football-League (1971 Dallas Cowboys, 1976 Pittsburgh Steelers, 1977 Houston Oilers) und trug zeitlebens den „Superbowl Ring" (1972) als größte Trophäe.*

ÖSTERREICHS SPORTLER DES JAHRES: VIERMAL FUSSBALLER

Bei den 55 Wahlen (jeweils unter den Sportjournalisten des Landes) seit 1949 haben nur vier Fußballer gewonnen: Zwei Rapidler, ein Austrianer, ein „Kölner".

1951
Ernst Ocwirk
(Austria)

1955
Gerhard Hanappi
(Rapid)

1950
Walter Zeman
(Rapid)

1997
Toni Polster
(Anton)

Ohne Familiennamen: Die Top 25 „ewigen Buben"

Wie gefällt Ihnen diese ***Spatzen-Elf****: Der *Konrad* im Tor, der *Matthäus*, der *Ferdinand*, der *Charles* und der *Rainer* in der Abwehr, der *Hermann*, der *Berti* und der *Rudy* im Mittelfeld, der *Willi*, der *Max* und der *Henry* vorn – ***die Vornamens-Hitparade!***

1.	Lothar MATTHÄUS	(Bayern)
2.	Thierry HENRY	(Barcelona)
3.	Otto KONRAD	(Sturm, Sbg.)
4.	Thomas BERTHOLD	(Stuttg., Rom)
5.	Martin MAX	(Schalke, 1860)
6.	Andrzej RUDY	(1. FC Köln)
7.	Tobias WILLI	(Salzbg., MSV)
8.	Nicola BERTI	(Florenz, Inter)
9.	Heinz HERMANN	(Grasshoppers)
10.	Holger HIERONYMUS	(HSV)
11.	Karl RAINER	(Wunderteam)
12.	John CHARLES	(Leeds, Juve)
13.	Florian ALBERT	(Ferencvaros)
14.	Fritz WALTER	(Kaiserslautern)
15.	Rio FERDINAND	(Man U)
16.	Walter GEBHARDT	(Rapid)
17.	Jürgen WERNER	(VOEST Linz)
18.	Wolfgang ROLFF	(HSV, KSC)
19.	„Waschi" FRANK	(Austria)
20.	Arne FRIEDRICH	(Hertha BSC)
21.	Henri MICHEL	(Nantes)
22.	Alexander VENCEL	(Bratislava)
23.	José ALBRECHT	(Argentinien)
24.	Ray CLEMENCE	(Liverpool)
25.	Ivo VIKTOR	(Slavia Prag)

Top of the Pops: Rio Ferdinand (Manchester United, re.) und Thierry Henry (Barca)

*So der Titel des 1949 erschienenen Kinderbuch-Bestsellers für mehrere Generationen von **Karl Bruckner** (1906-1982).

P wie Penalty, Poesie und Pokale

P wie Penalty, Poesie und Pokale

So wie der Rasenmäher zum Platzmeister, gehört die Phrasendreschmaschine zum Platzbesucher – ob als professioneller Beobachter oder als Privat-Gelehrter. Für so viel Poesie müsste es eigene Pokale geben!

Der völlig unerwartet jung verstorbene Bruno Pezzey mit dem UEFA-Pokal 1981 (Eintracht Frankfurt).

POKAL-POESIE

> ***„Ich bin es leid, gegen solche Mannschaften zu verlieren. Was will denn Schalke im UEFA-Cup?"***
>
> **THOMAS BERTHOLD,** *1996 nach einer Niederlage mit Stuttgart (1997 holte Schalke den UEFA-Pokal)*

PREMIERE OHNE PROPAGANDA

Das erste historisch belegte Länderspiel zwischen offiziellen Vertretern zweier nationaler Verbände fand am ***30. November 1872*** in London zwischen *Schottland* und *England* statt. Es endete, perspektivisch nicht rasend ermunternd, mit einem 0:0.

PHRASEN & PLATITÜDEN

Der nachfolgende Eckball brachte nichts ein. – *Liegt nahe, denn sonst hätte man ihn uns gezeigt.*

★

Da wäre mehr drin gewesen. – *Was heißt da „mehr"? Stange, noch knapper? Es zählt doch nur Tor oder Nicht-Tor.*

★

15.000 Zuschauer fanden den Weg ins Stadion. – *Heißt das, ein paar tausend andere haben das Stadion verfehlt oder irren noch immer ratlos umher?*

★

Der Schiedsrichter war immer auf Ballhöhe. – *Diese Behauptung löst sich spätestens dann buchstäblich in Luft auf, wenn der Tormann ausschießt.*

★

Ein toller Spieler: Er kann beidbeinig schießen. – *Jedem, vom Antikicker bis zum Maradona, würde es dabei mit hoher Wahrscheinlichkeit auf die „Gosch'n" hauen.*

★

Der Verteidiger hat seinen Fuß stehen lassen. – *Wie, bitteschön, ist dieser arme Teufel dann weiter gelaufen?*

★

Ein Spiel dauert 90 Minuten. – *Das trifft unter Garantie auf kein einziges Spiel der Fußballgeschichte zu.*

★

Das Derby hat eigene Gesetze. – *Nein, dort gelten exakt die selben Regeln.*

POESIE & PRAXIS

Unser Schiff hat Schlagseite. Es läßt sich nur wieder aufrichten, wenn wir alle auf dieselbe Seite gehen.

WILLI ENTENMANN, *Trainer (Unterhaching)*

Sie können mir nicht absprechen, daß ich ohne Konzept eingekauft hätte.

MICHAEL MEIER, *Manager von Borussia-Dortmund*

Fußball ist wie Schach. Nur ohne Würfel.

LUKAS PODOLSKI, *verspielter Prinz von Bayern*

Wir müssen jetzt mit dem Boden auf den Füßen bleiben.

JÜRGEN RÖBER, *Trainer von Hertha BSC*

Das Unmögliche möglich zu machen, wird ein Ding der Unmöglichkeit.

ANDREAS BREHME, *Weltmeister 1990*

Ich hab mir das sehr genau überlegt und spontan zugesagt.

TONI POLSTER, *der Knipser mit Kalkül*

Das war ein Schritt zurück, aber kein Rückschlag.

RUDI ASSAUER

Ich glaube nicht, dass der Verein mir Steine in den Vertrag legt.

TORSTEN LEGAT *(Bochum, Bremen, Schalke)*

PACKELN

... kann im Fußball dreierlei bedeuten:
1. *(veraltete) Bezeichnung für das* ***Schuhwerk*** *(wo haben Sie Ihre ersten Packeln zerrissen?)*
2. *(noch veraltetere) Bezeichnung für das bei Fußballern so beliebte* ***nackenlange Haar*** *(Mehrzahl).*
3. *(leider gar nicht veraltete) Bezeichnung für* ***Schieben, Absprechen*** *und* ***Manipulieren*** *(neudeutsch: Hoyzern, nach Skandal-Schiri* ***Robert Hoyzer*** *benannt).*

P

PRESSE-FREIHEIT

Erfrischend ehrlich, ***Rudi Völlers*** *Statement: „Es gibt jetzt gerade überall auf anderen Pressekonferenzen Trainer, die denselben Käse erzählen wie ich." Ernüchternd weitsichtig,* ***Uwe Klimaschefskis*** *Statement zur selben Zeit: „Weitere Fragen kann ich nicht beantworten. Ich muß jetzt zu meinen Spielern. Die sind so blind, dass sie den Weg von der Kabine zum Bus nicht finden."*

Man darf den Sand nicht in den Kopf stecken.

Lothar Matthäus, *Vogel-Strauß-Politiker*

Wir dürfen nun nach einem Sieg in Folge nicht wieder den Schlendrian anbrennen lassen.

Valentin Herr, *Trainer (Waldhof-Mannheim)*

Durch Bierhoffs Einwechslung hat sich nichts geändert. Im Gegenteil.

Bela Rethy, *direkt nihilistisch*

Auch ein blinder Affe findet mal eine Banane, aber wir finden momentan nicht einmal ein Korn.

Thomas Zampach, *Eintracht Frankfurt*

Da wird der Fußball mit Füßen getreten.

Franz Böhmert *(Werder-Klubarzt) zur Entscheidung, das Bremer Weserstadion für die WM 2006 zu berücksichtigen*

Der 96er Tarnat zeigt Fußspitzengefühl im Zweikampf mit dem Frankfurter Du-Ri (Sohn des legendären Südkoreaners Bum-Kun Cha)

PROBE-LAUF

Ich will an meinem rechten Fuß feilen.

Michael Tarnat, *Hannover*

Nein, da ist ja inzwischen Schnee über die Sache gewachsen.

Andreas Herzog, *auf die Frage, ob er* **OLLI Kahn,** *der ihm vor Jahren nach einem Gegentor von hinten an die Kehle gesprungen war, noch böse ist*

Noch bleibt alles im Rembrandt'schen Halbdunkel!

Gerd Rubenbauer, *Weserstadion über den teilweisen Fluchtlichtausfall im Stadion von Valenica während des UEFA-Cup Spiels gegen Bayern München*

Die Iren haben im Moment etwas Hochwasser.

Karl-Heinz Riedle, *Ex-Nationalspieler, als Co-Kommentator der Partie Irland gegen Schweiz während einer Drangphase der Heimmannschaft*

Die heimischen Spieler werden von ihren Fans mit einem gähnenden Pfeifkonzert in die Halbzeit verabschiedet.

Ralf Itzel *kommentiert das UEFA-Cup-Spiel FC Basel gegen Racing Straßburg*

Das irische Publikum wird von seinen Fans ausgebuht.

Beni Thurnheer, *Schweizer Schwadroneur*

Aumanns Trikot ist voller Schlamm. Wenn der sich jetzt auf ne Heizung setzt, dann kann er sich mit nem Hammer ausziehen.
WERNER HANSCH, *Saubermann*

Der Grund war nicht die Ursache, sondern der Auslöser.
FRANZ BECKENBAUER *löste damit nur eines aus: Erstaunen*

Das Leben fängt an, wo Fußball aufhört.
GÜNTHER NETZER *lebt vom Fußball*

Alles Denkbare ist machbar.
CHRISTOPH DAUM *hat es vorgelebt*

Ich will jetzt nicht noch zusätzlich Feuer ins Öl gießen.
FRIEDEL RAUSCH, *Pyrotechniker*

Wir werden die Spitze mit Messer und Gabel verteidigen.
MARTIN WAGNER *(1. FC Kaiserlautern)*

Kaiserslautern wird mit Sicherheit nicht ins blinde Messer laufen.
FRANZ BECKENBAUER, *bestechenden Blicks*

PRESSE, FREI HEUT'!
Abgesehen von ***Ernst Happel*** *selig (→* ***Interviews****) gelang es keinem Trainer, Journalisten derart kalt und karg abzuspeisen. Am nächsten kommt ihm vermutlich* ***Klaus Augenthaler*** *(VfL Wolfsburg), der am 10. Mai 2007 vor die Presse trat, vier „zugelassene" Fragen selbst verlas und beantwortete. Gesamtlänge der One-Man-Show: 42 Sekunden.*

Wenn man ihn jetzt ins kalte Wasser schmeißt, könnte er sich die Finger verbrennen.
GERHARD DELLING *(RTL), der (kluge) Ätzer neben dem (altklugen) Schwätzer* NETZER

„Die Abwehr der Argentinier ist wie ein Spinnennetz, das sich plötzlich zuzieht."
REINHOLD BECKMANN *ARD, der offenbar nicht an Naturgesetzen picken bleibt*

Dardai und Simunic mit einem Zweikampfverhalten wie beim Eiskunstlauf.
TIBOR MEINGAST *(ZDF) über Herthas Abwehrspieler bei einem 0:3 gegen Bielefeld*

Hätten Sie's gewusst

POKAL-„FINALE"
Warum musste für die → ***WM 1974*** *ein neuer Siegespokal angefertigt werden?*

a. der alte Pokal war schadhaft geworden
b. der alte Pokal war gestohlen worden
c. den alten ***Jules-Rimet***-Pokal hatte Brasilien 1970 zum drittenmal gewonnen und durfte ihn daher behalten

Richtige Antwort: **c.**

P

PROMINENTE POKAL-PATEN
*Rappan-Cup (Vorläufer des UEFA-Cups), Johan Cruyff-Schaal (NL, Double-Gewinner gegen Vizemeister) Pichichi: Pokal für den span. Schützenkönig (**Krankl** 1979). Trofeo Zamora für den besten span. Tormann des Jahres).*

PATENTREZEPTE

Wer hinten steht, hat das Pech der Glücklosen.
Helmut Schulte, *deutscher Trainer, der das bei St. Pauli, Dresden und Schalke kennenlernte*

Resignation ist der Egoismus der Schwachen.
Jörg Berger, *Trainer-Legende, die wirklich niemals aufgab (von Leipzig bis Rostock, von Köln bis Hannover, von Frankfurt bis Basel, von Aachen bis Gelsenkirchen).*

Dann kam das Elfmeterschießen. Alle hatten die Hosen voll, nur bei mit lief's flüssig.
Paul Breitner, *quasi „nicht durchgefallen"*

PERFEKTE PROGNOSEN

Duell der Giganten im Spiel der Schande: Hrubesch-Pezzey (➔ WM 1982)

„Wenn wir alle schlagen, können wir es schaffen."
Horst Hrubesch *(HSV), bringt's auf den Punkt*

PAPIERFORM
*... ist die erwartete Stärke einer Mannschaft (aufgrund aller Abwägungen). Nicht zu verwechseln mit der Form des „Papierenen" (➔ **Wunderteam**).*

POKALE & PRETIOSEN

Jede Seite hat zwei Medaillen.
Mario Basler *(Bayern), dachte eben immer schon gern an Gold und Silber ➔* ***Geldgier***

Nur gucken, nicht anfassen!
Spruchband *auf einer selbstgebastelten Meisterschale, die BVB-Fans im Revier-Derby den Schalke-Anhängern zeigten*

PENALTY-PIONIERE

Wer einen Elfmeter pariert, holt „das Unmöglichste aus den Ecken heraus" ***(Edi Finger sen.)***

● ***Wer erfand den Elfmeter und warum?***
Der irische Torhüter **William McCrum** *(Milford)* schuf 1891 den „Zwölfer" *(engl.: 12 ➔ Yards)* als Sühne für Tritte (überall auf dem Platz!) – erst gab's keinen Elfer-*Punkt*, sondern eine *Linie* quer übers Feld, von der aus beliebig geschossen wurde.

● ***Wer verschoss die meisten Elfmeter?***
Der argentinische Teamstürmer **Martin Palermo** scheiterte 1999 beim 0:3 gegen Kolumbien *(Copa America) gleich* dreimal!

● ***Wer schoss die kuriosten Elfmeter?***
Erich Hof (1936-95, Sportklub, Austria, 37 Länderspiele, 28 Tore) bückte sich bei einem Elfer (WSC-Vienna), als wollte er sich den Ball herrichten, schoss aber ein. Der Schiri ließ wiederholen, worauf Hof ansatzlos aus dem Stand skorte. Das galt.

● ***Muss ein Elfmeter direkt ins Tor?***
Nein. Auch hier ist **Hof**, später Teamchef, Pionier: In den 60ern tippte er einmal den Ball beim Elfer nur kurz an – von hinten stürmte Sportklub-Legionär **Vlatko Markovic** herbei und schoss ein. In den 80ern zeigte **Johan Cruyff** (Ajax) diese „Frechheit" gar in einer *Doppelpass-Variante*.

● ***Was sind die berühmtesten Elfmeter?***
Die Verschossenen! **Hoeneß** (1976), **Stielike** (1984), **Socrates**, **Platini** (1986), **Maradona** (1990), **Southgate** (1992), **Baggio** (1994) und „alle" Schweizer im WM-Achtelfinale 2006 gegen die Ukraine (**Streller, Barnetta, Cabanas ➔** ***EM, WM***).

PYRAMIDE

Bodnár ist kein Bodennaher im ungarischen Luftkampf über Salzburg: Tözsér (AEK Athen) hat das Nachsehen. Doch trotz des 1:0 schieden die Red Bulls im UEFA-Cup 2007 aus (erstes Spiel 0:3).

P

PRÄZISION

Uns haben teilweise Zentimeter gefehlt, teilweise die Präzision.
RALF RANGNICK, *Trainer (u. a. bei Stuttgart, Hannover und Schalke)*

PHANTOMTOR

Am 32. Spieltag 1994 fiel bei ***Bayern – Nürnberg*** *das Tor, das keines war. Schiedsrichter* ***Osmers*** *gab es auf ein Zeichen seines Linienrichters, obwohl* ***Thomas Helmer*** *daneben geschossen hatte. Endstand: 2:1 für Bayern. Doch das Spiel wurde vom DFB annulliert und neu angesetzt. Nun siegte Bayern 5:0, wurde zum 13. Mal Meister, während Nürnberg abstieg.*

PHILOSOPHISCHES

Man kann nicht die Magie des Fußballspiels in einem Roman vermitteln. Das ist ebenso absurd, wie das Gefühl eines Orgasmus beim Lesen zu transportieren.
PAOLO COELHO, *brasilianischer Bestseller-Autor*

Bei einem Fußballspiel verkompliziert sich alles durch die gegnerische Mannschaft.
JEAN PAUL SARTRE, *französischer Existenzialist und Literatur-Nobelpreisträger 1964*

Wie so oft liegt auch hier die Mitte in der Wahrheit.
RUDI VÖLLER, *deutscher Ex-Bundestrainer*

Es gibt keinen schönsten Sport. Aber Fußball ist die Ausnahme.
WERNER SCHNEYDER, *Autor und Kabarettist*

Der legendäre Klubmanager Bill Shankly (1913-1981, von 1959 bis 1974 bei Liverpool) sagte einmal: „Es gibt Menschen, die halten Fußball für eine Sache auf Leben und Tod. Das ist falsch. Fußball ist viel ernster."

PSYCHOLOGISCHES

Im Sport wird der Erfolg zu 70 % im Kopf entschieden, zu 28 % spielt die körperliche Verfassung eine Rolle und nur zu 2 % die Technik. Dennoch arbeiten 99 % aller Amateursportler zu 100 % an diesen 2 %.
THOMAS ZERLAUTH, *wissenschaftlicher Autor*

Man darf nicht vergessen, das Wesentliche aus den Augen zu verlieren.
JENS NOWOTNY, *deutscher Teamspieler*

Q

wie Querdenker, Quandläuse und Qualtinger

QUEREINSTEIGER QUALIFIKATION QUALTINGER QUACKSALBER QUERDENKER QUANDLÄUSE QUIZ QUA-QUA QUOTIENT QUERPASS QUÄLEREI QUASSELN QUINTESSENZ QUERAUSTEIGER QUEREINSTEIGER QUALTINGER

Q wie Querdenker, Quandläuse* und Qualtinger

Quirlig, quietschvergnügt und quicklebendig – so wünscht sich der Fan seine Kicker. Oft eine Quälerei. Hier erfährt aber auch der Querdenker Neues: A österreichische Quandlaus *markiert* in Frankreich *die Hose*.

Helmut Qualtinger in der Rolle des hässlichen Österreichers „Herr Karl". Kritikerpapst Hans Weigel schrieb: „Er stieg *einem* Typen auf die Zehen – und ein ganzes Land schrie *Au*!"

QUASI EIN GENIE

„A Unentschieden is a Sieg."

Helmut Qualtinger *(1928-1986), als Schauspieler, Kabarettist und Autor das Gewissen des Landes, über Österreichs Nationalteam*

*Natürlich wäre „ G'wandläuse" korrekt(er), aber wie heißt es doch so schön in Österreich: „G'winnen schreibt ma mit Qu!"

QUA QUA: DIE KURIOSESTEN KUNSTWORTE IM FUSSBALL

● **Tiki-Taka**
Kam anlässlich der → ***WM 1978*** auf, als ein spanischer TV-Kommentator über die grandiosen Argentinier jubelte: „Sie spielen *Tiki-Taka*" (= ließen den Ball mit *Einmal berühren* durch die gegnerischen Reihen tanzen. Hat nichts mit dem südamerikanischen See zu tun (*Titicaca!*), sondern mit dem Modespiel der 70er, bei dem zwei Kugerln gegeneinander prallten, wenn's wie am Schnürchen funktionierte (bei uns: „*Klick-Klack*").

● **Ramba-Zamba**
Zu Beginn der 70er prägte die *Bild-Zeitung* diese lautmalerische Mischform aus *Rumba* und *Samba* für das leichtfüßige und inspirierte Spiel der deutschen Nationalelf (→ ***EM 1972***).

● **Zapzarap**
Heißt auf polnisch soviel wie *schneller, kleiner Diebstahl* und galt eine Zeitlang als temporeiche Metapher für den im Fußumdrehen abgeluchsten Ball.

● **Halli-Galli**
Heißt soviel wie *Es geht rund!* und dürfte auf einen Modetanz und einen *Bee Gees*-Hit der 60er zurück gehen.

● **Vokuhila**
Erfinder unbekannt, aber brillant: Die Abkürzung von **Vo**rne **ku**rz, **hi**nten **la**ng für eine (immer noch) grassierende Fußballer-Frisur heißt auf Tschechisch übrigens *Bundesliga!*

Das ***„Ferscherl"***, hier von Zidane (gegen den Schweizer Patrick Müller) zelebriert, heißt in Frankreich ***„Hachures"*** (sprich: *Aschüür*) und bedeutet „Schraffur"

QUASSELN SIE DOCH MAL ÖSTERREICHISCH?

● **Bahnschranken**: So agiert ein langsam zu Boden sinkender Tormann.
● **Federant**: Ängstlicher Spieler.
● **Hadern, Fleck**: scharfer Schuss.
● **Höscherl**: einen hilflosen Gegner im Kreis (und ins Leere) laufen lassen.
● **Tröpfler**: glücklicher Treffer.
● **Reiberl**: ruppiges Tackling, meist mit der Schulter gegen den Oberkörper.
● **Schupferl**: eleganter Heber.
● **Spitz**: Schuss mit der Schuhkappe.
● **Tupferl**: Sachtes Ball-Antippen.
● **Zangeln**: Dribbeln.

QUOTIENT

Eine langlebige, aber letztlich lächerliche Regelung, die sich in Österreich bis in die 70er-Jahre hielt, war (bei Punktegleichheit zweier oder mehrerer Mannschaften) die Erstellung der Tabelle mittels ***Tor-Quotient*** *(Geschossene Tore* ***dividiert*** *durch erhaltene). Da war 10:1 als Torverhältnis besser als 100:11! Heute ist weltweit die* ***Tor-Differenz*** *(Geschossene* ***minus*** *Erhaltene) ausschlaggebend.*

QUERPASS DEUTSCHLAND-SCHWEIZ-ÖSTERREICH

● **Wie heißt eine hohe Niederlage ...**
... in Deutschland?
Klatsche (die auch eine Fliege platt macht).
... in der Schweiz:
Stängeli (von der alten Rechenmaschine: Alle zehn Kugerln auf einer Seite sehen aus wie eine kleine Stange).
... und in Österreich:
Schrauf'n (die sich ins eigene Fleisch bohrt).

Hans Eigenstiller (*1943, Wacker-Innsbruck, 37 Länderspiele) mit dem Symbol für hohe Niederlagen

Q

QUÄLEREI (1)
*Zu den größten Schindern unter den Trainern zählte der Kärntner „Karawanken-Herrera" **Gerdi Springer** (1927- 999, → Quereinsteiger). Einmal ließ er die Rapidler 100 (!) Runden ums Spielfeld laufen. Kapitän **Rudi Flögel** fragte ihn nach Runde 30: „Trainer, dürf ma amoi in die andere Richtung aa rennen? Uns is scho ganz schwindlig."*

QUÄLEREI (2)
*Als **Franz Hasil** (→ Österreichs erfolgreichste Spieler im Ausland) 1968 von Rapid zu Schalke wechselte, schickte ihn Paradiesvogel **Rudi Gutendorf** (Weltrekord: 52 Trainer-Stationen von Botswana bis Trinidad) als erstes in den Boxring, um den „weichen Wiener" hart zu klopfen.*

Deutsch

Krümeltor	**Eiertor**
Gurke	**Beinschuss**
Hackentrick, Absatzkick	**Ferscherl**
Bogenklampe	**Banane**
Fummeln	**Dribbeln**

Italienisch

Gurke	**Tunnel**
Eigentor	**Autogol**
Foul	**Fallo**

Französisch

Tor *(Treffer)*	**But**
Tor *(Gehäuse)*	**Cage,** *Käfig*
Torjäger *(Abstauber)*	**Renard,** *Fuchs*

Französisch gesehen: Didi Kühbauer (Mattersburg) deckt Ferdinand Feldhofers Tiroler Hose

„Marquer à la culotte" *(wörtlich: die Hose decken* enge Manndeckung
„Décrocher la toile d'araignée" *(das Spinnennetz herunterholen)* ins Kreuzeck treffen
„Avaler la feuille de match" *(das Blatt des Spiels verschlucken)* = das Spiel aus der Hand geben
„Le grand pont" *(große Brücke)* den Ball auf der einen Seite am Gegner vorbeilegen und auf der anderen Seite herumlaufen, um ihn zu wieder aufzunehmen
„Mayonnaise" *(Majonäse)* Bezeichnung für einen Spieler, der zuviel dribbelt

Portugal

„Drible da vaca" *(Kuh-Dribbling)* den Ball auf der einen Seite am Gegenspieler vorbeilegen und auf der anderen Seite herumlaufen, um ihn wiederaufzunehmen und weiterzuspielen.

Spanien

„Ir a por uvas" *(zu den Trauben gehen)* verunglückter Abstoß des Torwarts
„Bailar con la mas fea" *(mit der Hässlichsten tanzen)* die stärkste Mannschaft als Gegner zugelost bekommt
„Cocer un gol" *(ein Tor kochen)* ein Tor überlegt und genial herausspielen
„Clavar el aliento en la nuca" *(den Atem auf den Nacken nageln)* Manndeckung

England

„Bycycle Goal" *(Fahrrad-Tor)* Fallrückzieher, Scherenschlag beim Flugball
„Throw" *(Wurf)* Schwalbe
„Nutmeg" *(Muskatnuss)* Beinschuss
„Backheel" *(Fersenrücken)* Hackentrick

QUERPASS ZWISCHEN ALLEN FUSSBALL-SPRACHEN

In Österreich verlangt man beim *Greißler* ein *Semmerl* mit zehn Deka *Extra*.
In Deutschland verlangt man im *Tante Emma-Laden* eine *Stulle* oder *Schrippe* mit hundert Gramm *Pariser*.
Abgesehen davon, dass man ein *Semmerl mit Pariser* (bei uns fast nur fürs Kondom gebräuchlich) *wirklich wollen muss*, beweist die kleine Einkaufs-Story aufs Neue, dass ein altes Wort des großen **Karl Kraus** (1874-1936) seine Gültigkeit über all die Jahrzehnte hin behalten hat: „Deutschland und Österreich trennt die gemeinsame Sprache".

Viel derber noch (im Ohr des Österreichers jedenfalls) klingt die Gegenüberstellung der beiden Bgriffe fürs Flirten: Denn was wir „braten" nennen, heißt in Deutschland „anmachen". Diese rückbezügliche Peinlichkeit unterstellen wir höchstens einem Tormann, der grob daneben griff.
Jede Sprache hat ihr eigenes Fußball-Vokabelheft. Vieles liegt auf der Hand oder folgt einander auf dem Fuße. Wie etwa „das trockene bzw. tote Blatt" (*„Folha seca"* in Brasilien und Portugal, *„La Feuille morte"* in Frankreich): Der Ball, der sich, unhaltbar, über den Torhüter hinweg in die Maschen senkt.

- In Brasilien gilt der geniale **Didi** (1928-2001, Weltmeister 1958 und 1962) als Pionier des Kunstschusses.
- In Frankreich perfektionierte **Michel Platini** (*1955, Europameister 1984, 3x Europas Fußballer des Jahres, heute UEFA-Präsident) diesen *Senker für Denker* – vor allem bei Freistößen.
- In Dänemark bemüht man sogar die Bibel: ***„Moses"*** heißt dort einer, der sich zwischen zwei Verteidigern hindurch in den Strafraum dribbelt (also die Wellen des Meeres teilt).
- In Kenia verpasst ein Spieler dem anderen eine Priesterrobe (***„Kuvalisha kanzu"***), wenn er den Ball über ihn drüber lupft und danach wieder aufnimmt.
- In Spanien nennt man ein torloses Remis (wegen der beiden Nullen) ***„un partido con gafas"*** (Spiel mit Brille). Und wenn sich ein Team nur destruktiv hinten reinstellt, sagt man ***„Poner un autobus"*** (ein Autobus vorm Tor).

QUERDENKER

Wenn wir so weitermachen, können wir da wieder anknüpfen, wo wir eigentlich hinwollen.

Pierre Littbarski, *dt. Ex-Internationaler*

Es gibt Leute, die denken so, und es gibt Leute, die denken so. Das ist immer so, wenn viele Leute zusammenkommen.

Toni Polster, *österreichischer Philosoph*

QUACKSALBER

Ich habe nur immer meine Finger in Wunden gelegt, die sonst unter den Tisch gekehrt worden wären.

Paul Breitner, *Arzt am Scheideweg*

QUIZ

Mit welcher französischen Mannschaft wurde Thierry Henry Welt- und Europameister? A: Griechenland oder B: Frankreich?

Jörg Wontorra, *deutscher Moderator*

QUALITÄT

Die Breite an der Spitze ist dichter geworden.

Berti Vogts, *dt. Ex-Bundestrainer*

QUANTITÄT

Wieder nur 500 Zuschauer im Kölner Südstadion. Rufen Sie mich an, ich sage Ihnen die Namen durch.

Werner Hansch, *Radioreporter*

QUANTITÄT & QUALITÄT

Das Problem des deutschen Fußballs ist der Mangel an Quantität der Qualität.

Uli Stielike, *dt. Ex-Internationaler*

QUALMENDE QINTESSENZ

Ich habe gerade „Sofies Welt" gelesen, diesen dicken philosophischen Schinken. Sokrates, Aristoteles, Platon und diese Leute haben sich vor zweitausend Jahren Gedanken gemacht, da sind wir noch auf den Bäumen gesessen und haben uns vor den Wildschweinen gefürchtet. Seither haben sich nur ganz wenige weiterentwickelt.

Franz Beckenbauer, *Bildungsbürger*

QUÄLEREI (3)

*Wie macht man seine Kicker am Matchtag bewegungsunfähig? Der polnische Trainer **Antoni Brzeczanczyk** (1919-87) ließ seine Rapidlern 1977 zwei Stunden vor Anpfiff dicke Steaks verschlingen: „Viel Eiweiß, gibt viel Kraft!" Logische Folge: **Krankl** & Co. wanden sich bald unter Magenkrämpfen.*

QUÄLEREI (4)

*Als gnadenlos härtester Trainer der dt. Bundesliga gilt **Felix Magath** (*1953, Bayern, Wolfsburg), genannt „Quälix". Auf die Frage (nach einem Sieg), ob er seinen Spielern nun freigebe, sagte er: „Ja, bis morgen früh um acht."*

Q

Vorbildliche Quandlaus: Fuß beim gegnerischen Kopf, linke Faust auf der Schulter, rechte Hand (noch nicht, aber sicher gleich) am Leiberl.

QUANDLÄUSE

„Er liebt es, die Leute direkt hinter sich zu spüren."

Kevin Keegan *(England) rühmt* **Mark Hughes**

QUALIFIKATION

Hätten Sie's gewusst?

Warum zog Indien die WM-Teilnahme 1950 in Brasilien zurück?

a. Verbot, barfuß zu spielen
b. Elefanten-Einreise-Verbot
c. Turban-Verbot beim Match

Richtige Antwort: **b.**

Hätten Sie's gewusst?

Warum zog Frankreich die WM-Teilnahme 1950 zurück?

a. zu lange Wege in Brasilien
b. kein Zutri tt für Spielerfrauen
c. kein eigener Koch zugelassen

Richtige Antwort: **a.**

Hätten Sie's gewusst?

Warum boykottierten alle Afrikaner die WM-Qualifikation 1966?

a. Wegen Englands Kolonialzeit
b. Spieltermine bei Mittagshitze
c. Die FIFA erlaubte nur einen WM-Teilnehmer aus Afrika

Richtige Antwort: **c.**

QUANTENSPRUNG
Zählt zu den am meisten gedroschenen, irrigen → Phrasen: Der Quantensprung ist nämlich nur der **kleinste** *mögliche Zustandsübergang (jedenfalls in der Physik) und nicht der* **größte**.

Die Top Ten Quereinsteiger & Queraussteiger

Als Hans Orsolics als Bub beim SV Donau kickte (mit Robert Sara und Willy Kreuz), eilte er einmal einem Gegner, der ihn gefoult hatte, über den ganzen Platz nach und streckte ihn mit einem Schlag nieder: *„Da hob i ma dacht, kannst jo glei Boxer wern."*

1. Hans-Peter Briegel	Mächtiger dt. Verteidiger (*1955), kam als **Zehnkämpfer**
2. Thomas Muster	Star-Steirer (*1967), wurde statt Stürmer **Nr. 1 im Tennis**
3. Bastian Schweinsteiger	Bayer (*1984), trainierte als Bub für Erfolge als **Skifahrer**
4. Toni Fritsch	Wr. Flankengott (*1972), wurde top im **American Football**
5. Karl Sesta	Wr. Wunderteam-Back (†1974), war **Stemmer u. Ringer**
6. Hans Orsolics	Kaisermühlner (*1947), flog vom Platz zum **Boxchampion**
7. Heino *(Heinz-Georg Kramm)*	Dt. Sänger (*1938), als Knabe Fortuna-Düsseldf.-**Keeper**
8. Julio Iglesias	Span. Sänger (*1943), war als Junior Real-Madrid-**Keeper**
9. Rod Stewart	Brit. Sänger (*1945), als Junior beim FC Brenton **Stürmer**
10. Karol Wojtyla *(Joh. Paul II.)*	Hl. Vater (†2005), war als *Lolek* FC Wadowice-**Tormann**

RAUTE RASEN REPORTER RAUCHER RASENSCHACH REKORDE REISEZIEL REISEVERBOT RIGOROSES REISEUNLUST RELIGIÖSES RAUTE RASEN REPORTER RAUCHER RASENSCHACH REKORDE REISEZIEL REISEVERBOT RIGOROSES REISEUNLUST RELIGIÖSES RAUTE RASEN REPORTER RAUCHER RASENSCHACH REKORDE REISEZIEL REISEVERBOT RIGOROSES REISEUNLUST

R wie Reporter, Reisen und Rasen

R wie Reporter, Reisen und Rasen

„Ein Sportjournalist", sagte Robert Lembke (1913-1989), „ist ein Mann, der Ihnen am Freitag erzählt, wer am Samstag gewinnt, und am Sonntag erklärt, warum er verloren hat." Fußball ist Glaubenssache ...

Wir wurden erhört! Mailands gottbegnadeter Brasilianer Kaká trägt sein „Credo" auf der Brust

REPORTER

DIE RAUTE
... ist die Bezeichnung für eine moderne Mittelfeld-Formation: Aufstellung von vier Spielern in der geometrischen Form des Rhombus.

Zwei Minuten gespielt, noch immer hohes Tempo.

HOLGER OBERMANN, *deutscher TV-Kommentator (Legendär auch seine fassungslosen Worte, als er eine ganze* ***Wiederholung*** *kommentierte, ohne es zu merken: „Und wieder ein Konter - wieder* CHA BUM *- was macht er? - Wieder drüber!!"*

Auch in dieser Szene beweist der Schalker seine Schusskraft, nutzt die gesamte Höhe des Platzes.

BELA RETHY *kommentiert eine Szene von* BÖHME

Die Rudi-Rufe hat es vorher nur für Uwe Seeler gegeben.

GERD RUBENBAUER *über* UWE-RUDI VÖLLER

> *Es war so leise im Stadion, dass man die berühmte Stecknadel im Heu suchen konnte.*
> EUROSPORT-KOMMENTAR

> *Ich drücke Ihnen alles Gute.*
> ROLF TÖPPERRWIEN *mit dem Daumen am Puls*

DER RASENDE REPORTER* EDI FINGER (1924-1989)

Populärster Sportreporter Österreichs. In tausenden Radio-Übertragungen trug der massive „Archetyp" des Vollblut-Reporters sein Herz auf der Zunge. Unsterblich wurde er am 21. Juni 1978 (WM-Spiel Österreich – Deutschland in Cordóba meldete:

- *(Anpfiff):* **Also Burschen, reißts euch z'samm, ich wage es gar nicht auszusprechen, was in mir vorgeht. Da kommen die Deutschen, da krieg ich immer eine Ganslhaut, wenn die kommen ...**
- *0:1 (Rummenigge, 19.):* **Leider ka Glück! Das deutsche Tor mit Brettern vernagelt.**
- *1:1 (Eigentor Vogts, 59. Minute):* **Jetz' komma wieder, Flanke herein – Tor! Toor! Tooor! Toooor! 1:1! Im Gewirr der Beine ist Vogts das Leder hineingerutscht. Wir wurden erhört, das Eigentor ist gefallen.**
- *2:1 (Krankl, 66. Minute):* **Jetzt lassen ma den Ball laufen, Sara-Burli streichelt das Balli. Schöne Möglichkeit, Krankl, Schuss – Tor! Toor! Toooor! Toooooor - uhuh! Also ich kann nicht mehr! Der Krankl hat den Balln volley g'nummen, übern Kopf, genau in die Kreuzecke, schöner kamma's gar net machen, da, da, da fehlen mir die Worte, da müsste ich ein Dichter sein.**
- *2:2 (Hölzenbein, 68.):* **Da kommt die Flanke in unseren Strafraum, Kopfball, Tor! 2:2 für die Deutschen.**
- *3:2 (Krankl, 88. Minute):* **Jetzt kann Sara sich noch einen aussichtslos scheinenden Ball hereinholen, Pass nach links, es gibt Beifall für ihn, da kommt Krankl, vorbei an seinem Nebenbewacher, ist im Strafraum, Schuss, Tor! Toor! Tooor! Toooor! Tooooor!**

„I wer' narrisch!"

Krankl schießt ein, 3:2 für Österreich! Wir fallen uns um den Hals, der Kollege Riepl, der Diplomingenieur Posch, wir busseln uns ab, und warten's no a bisserl, dann könn' ma uns vielleicht a Vierterl genehmigen.

*Den Begriff prägte der Prager Zeitungsjournalist Egon Erwin Kisch (1885-1948)

RASEN-SCHACH

... galt lange als abwertender Begriff für den **„Schablonen-Fußball"** *(vor allem aus dem früheren Ostblock). Heute spielen viele Trainer neben ihrem Job das „Spiel der Könige", etwa* **Pepi Hickersberger** *oder* **Felix Magath***: „Weil es aufgrund der Figuren auch ein Mannschaftssport ist."*

S wie Spitznamen, Schiedsrichter und Stinkefinger

Schiedsrichter sind Luft – aber ohne Luft kann niemand leben. Auch, wenn Fußballern oft die Luft (und die Spucke) wegbleibt, was alles ge- und verpfiffen wird. Gepfiffen wird jedenfalls auf den *Autofahrer-Gruß*.

EM 2004: Galasek (Tschechien) und Ballack (Deutschland) als Fluglehrer des norwegischen Schiedsrichters Terje Hauge.

SCHWARZE MAGIE

„*Mann, wir Schwatten müssen doch zusammenhalten!*

Anthony Baffoe, *dunkelhäutiger Ghanese, nach gelber Karte zum Schiedsrichter*“

SCHIEDSRICHTER

Fußball ist schneller geworden. Um richtig zu pfeifen, braucht man heute statt Schiedsrichter eher Radarschirme.
MIROSLAV BLAZEVIC, *kroatischer Trainer*

Also, das einzige, was hier läuft, ist der Schweiß von Schiedsrichter Thomson.
GERD RUBENBAUER *(Inspiration & Transpiration)*

Wir haben nicht das Recht, jede Entscheidung des Schiedsrichters zu kommentieren. Der lacht sich ja auch nicht tot, wenn wir einen Fehlpaß spielen.
EWALD LIENEN, *dt. Trainer (Panionios Athe)*

Ich habe zum ersten Mal gegen eine Mannschaft mit schwarzen Trikots gespielt. Das ist ja schlimm, man denkt, da laufen lauter Schiedsrichter herum.
INGO ANDERBRÜGGE, *Schalke 04*

Der gute Schiedsrichter ist mehr als eine Pfeife.
STUTTGARTER ZEITUNG

Dem Schiedsrichter zu widersprechen, das ist, wie wenn man in der Kirche aufsteht und eine Diskussion verlangt.
DIETER HILDEBRANDT, *deutscher Kabarettist*

Auch die Schiedsrichter-Assistenten an der Linie haben heute ganz ordentlich gepfiffen.
WILFRIED MOHREN, *dt. TV-Reporter*

SCHAU, SCHAU (1)
Dialog zwischen ***Günter Jauch*** *und* ***Franz Beckenbauer*** *während der Übertragung des Champions-League-Halbfinales* ***Dortmund-Manchester (1997). Jauch: „Die Szene habe ich aber ganz anders gesehen!" – „Deshalb trage ICH ja auch eine Brille!"***

Wenn der Mann in Schwarz pfeift, kann der Schiedsrichter auch nichts mehr machen.
ANDREAS BREHME, *deutscher Weltmeister 1990*

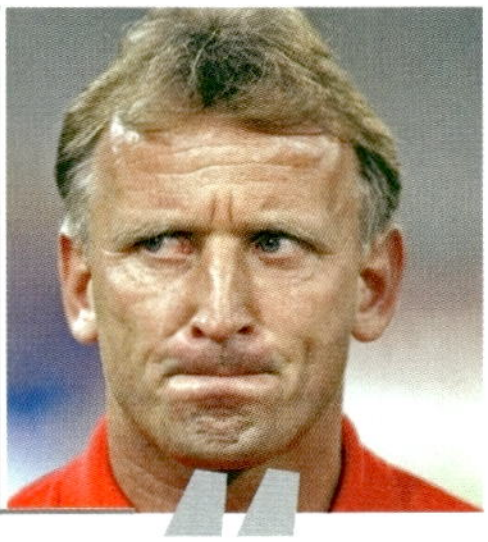

SPEISEN & STOFFWECHSEL

● Kulinar(r)ische Kündigung
Nur ein Jahr nach der deutschen Meisterschaft mit *Schalke 04* (1958) musste der österreichischen Trainers **Edi Frühwirth** gehen. **Ernst Kuzorra** hatte nach Platz 2 (1959) geknurrt: ***„Wir haben lang genug Wiener Schnitzel gefressen."***

● Brust oder Keule?
Bei seinem Wechsel von *Frankfurt* nach *Stuttgart* (1995) wurde **Torsten Legat** gefragt, ob er denn *Spätzle* schätze. Antwort: ***„Im Allgemeinen mag ich Geflügel."***

● Das war hart, Mann!
Was sagte Reporter **Waldi Hartmann** zu Englands Euphorie nach dem 5:1 gegen Deutschland (2001): ***„Demnächst glauben die auch noch, sie können kochen."***

„SCHANDE VON GIJON"

● WM 1982 in Spanien, Gruppe 2
Um weiterzukommen, musste *Deutschland* im letzten Spiel gegen *Österreich* gewinnen, Österreich durfte nicht hoch verlieren. Was ***daher*** am *25. Juni 1982* in Gijon über den Rasen ging, war unwürdig.

● Weißes Taschentücher-Meer
Nach dem 1:0 durch **Hrubesch** (11.) rollte der Ball nur noch öde hin und her. Die erbosten Zuschauer schwenkten weiße Taschentücher: So werden in Spanien feige Stierkämpfer öffentlich verhöhnt.

● Die Opfer: Algerien & Schachner
Algerien musste (trotz des 2:1 gegen die Deutschen) heimfahren. Von den „Ösis" wusste angeblich nur **Walter Schachner** nichts von der Absprache und stürmte …

SCHAU, SCHAU (2)
„Ich habe nichts gesehen, der ***Schiedsrichter*** *hat nichts gesehen. Aber* ***das kleine grüne Männchen an der Linie****, das hat mit der Fahne gewedelt. Der, der am weitesten weg-stand, hat es am besten gesehen."* **(Klaus Augenthaler)**

S

SCHÜTZENFEST

Am 5. 11. 2002 verlor **Olympique L'Emyrne** *gegen* **AS Adema** *(1. Liga auf Madagaskar)* **0:149**. *Nach dem umstrittenen 0:1 schossen sich die Gastgeber alle weiteren Tore selber.*

SCHIEDSRICHTER ALS ...

Ein schwarz gekleideter Mann klopft an die Himmelstür. Petrus öffnet und fragt: „Warst Du jemals ungerecht?" – „Ich war Schiedsrichter", gesteht der Mann, „einmal bei einem Spiel Italien gegen England, habe ich England einen Elfmeter zugesprochen. Das war falsch." – „Wie lange ist das her?" – ***„Etwa 30 Sekunden!"***

Fragt ein Zuschauer nach Schlusspfiff den Schiedsrichter: „Wie geht's denn Ihrem Hund?" – „Ich hab gar keinen!" ***– „Sie Armer, so blind und ohne jede Hilfe!"*** *(siehe auch: Hunde)*

... SCHERZFIGUREN UND ...

Ein Spieler läuft nach dem Ende der Partie mit dem Schiedsrichter Richtung Kabine und sagt ihm: „Alle Leute sind begeistert: War das ein tolles Spiel heute! ***Schade nur, dass SIE es nicht gesehen haben..."***

Wie groß ist der perfekte Schiedsrichter? – 25 Zentimeter! ***Immer auf Ballhöhe.***

Während des Unterliga-Spiels fliegt plötzlich eine Flasche aufs Spielfeld. Schreit der Schiedrichter ins Publikum: „Was soll das?!" - Ruft ein Zuschauer zurück: ***„Dass Sie nicht so allein sind!"***

SCHUSS-KRAFT

„Was für ein Brett von Yildirim! Doch Schober wehrt das Geschiss ab."

SPORT1.DE *(im Liveticker von Offenbach – Rostock)*

SCHÜTZE FEST!

Weltmeister ***Rainer Bonhof*** *(1974) war wegen seiner extrem scharfen Freistöße (gut 130 km/H) ein Begriff. „Entweder fällt ein Tor oder ein Mann fällt aus der Mauer", schrieb ein Journalist 1978.*

SCHAUER-SPIEL: CHILE – UDSSR 1973

Eines der absurdesten Spiele der Fußballgeschichte fand am 21. 11. 1973 in Santiago statt: *Chile – UdSSR*. Die Russen boykottierten wegen des **Pinochet**-Putsches (gegen den frei gewählten Demokraten **Salvador Allende**) das Rückspiel in der WM-Qualifikation für 1974 (nach einem 0:0 in Moskau). Aber: „Gespielt" wurde trotzdem. In der Nacht vor dem Spiel erfuhr Chiles Nationalteam, dass die Russen erst gar nicht angereist waren – aus Protest gegen den Austragungsort: Das Nationalstadion war von den neuen Machthabern in eine Art Konzentrationslager umgewandelt worden, lautete die Begründung. In der Tat erfuhr man später von Folterungen und Morden, die dort stattgefunden hatten. Der Spieltag: Nur Soldaten, kein Gegner. Gespenstisch. Der österreichische Referée **Erich Linemayr** *musste* anpfeifen. **Reinoso** und **Crisosto** schoben den Ball zu Kapitän **Valdéz**, der sicher zum 1:0 „verwandelte". Schlusspfiff und Chile war qualifiziert ...

... ALS SCHANDMÄULER!

„Haben Sie drei Sekunden Zeit?“ fragt ein Zuschauer den Schiedsrichter nach Spielschluß. Dieser nickt zustimmend. „Dann erzählen Sie mal alles, was Sie über Fußball wissen!“

> **Schiedsrichter kommt für mich nicht in Frage – eher irgendwas, das mit *Fußball* zu tun hat.**
>
> LOTHAR MATTHÄUS, *nach einer 21-jährigen Karriere, zu seinen Zukunftsplänen ...*

SCHIRI MIT SCHWIPSERL

Am 8. 11. 1975 pfiff **Wolf-Dieter Ahlenfelder** (*1944, 183 Spiele bis 1988) in der Bundesliga-Partie zwischen *Werder Bremen* und *Eintracht Braunschweig* bereits nach 35 Minuten zur Halbzeit. Der Grund: Der Unparteiische aus Oberhausen hatte – nach eigenen Angaben – zum Mittagessen ***„ein Bier und ein Aquavit“*** getrunken, denn: ***„Wir sind Männer und trinken keine Fanta“***, wie er später zu seiner drolligen Verteidigung vorbrachte. Seither gilt die Kombination in Fußballerkreisen als ***Ahlenfelder Herrengedeck***. Legendär auch sein Konter auf **Paul Breitner** (der ihn mit den Worten ***„Du pfeifst wie 'n Arsch“*** angeblafft hatte): ***„Und du spielst wie ein Arsch.“***

STINKEFINGER*

> ***Er hat angezeigt, dass er in einer Minute ausgewechselt werden will.***
>
> CHRISTOPH DAUM *versucht, einen Stinkefinger von* ULF KIRSTEN *schön zu reden*

SCHLACHTGESÄNGE

> ***Hup, Holland, Hup – das hat den Vorteil, dass man es auch bei Schluckauf weitersingen kann.***
>
> GERD DELLING, *zur neuen deutsch-niederländischen „Freundschaft“*

SCHOTTEN

„Endlich hat der FC McKickwide – auf gut österreichisch: der „FC Haudaneben“ – wieder mal ein Match in der untersten schottischen Liga gewonnen. McSpar, der langjährige Trainer, kommt in die Kabine und strahlt: „Super, Boys! Dafür habt Ihr Euch eine Erfrischung verdient! Charly, mach das Fenster auf!“

*„Stell Dir vor“, erzählt ein Schotte seinem Kumpel, „gestern ist unser Fußballclub aufgelöst worden! Dabei besteht er schon seit fast 30 Jahren.“ – „Gab's Ärger?“, will der andere wissen. – **„Eigentlich nicht. Wir haben nur unseren Ball verloren ...“***

*Großes Spiel in einem kleinen schottischen Dorf. Zur Seitenwahl wirft der Schiedsrichter eine Münze in die Luft. Die Folge? **2000 Verletzte ...***

UEFA-Cup-Quali 2007 (Ried-Baku): Schiri Perez (Spanien) schaut aufs Geld.

Hätten Sie's gewusst?

SCHOTTEN-WITZ?
Welches Land kam mit nur 13 entsandten Akteuren bisher bei einer Fußball-WM mit dem geringsten Personal aus?

a. Ungarn 1938
b. Schottland 1954
c. Österreich 1958

Richtige Antwort: **b.**

SKORPION-KICK

*... gilt als Erfindung des kolumbianischen Tor-Clowns **Higuita** (unterm Ball durch und ihn mit beiden geschlossenen Fersen vollieren.*

STEIRERGOAL

*... steht für ein leicht haltbares, peinliches Tor und geht, historisch gesehen unhaltbar und daher ebenso peinlich, auf einen der besten Torhüter aller Zeiten zurück – auf den gebürtigen Grazer → **Wunderteam**-Keeper **Rudolf Hiden** (1909-1973), der mit 18 vom GAK zum WAC nach Wien gewechselt war und just im ersten Spiel ein dummes Tor kassierte, ätzte sein prominenter Vordermann **Karl Sesta**: „So a Goi kann nur a Steirer kriagn!“*

* Der ausgestreckte „unverschämte Mittelfinger“ (lat.: digitus impudicus) gilt als obszöne und aggressive phallische Verachtungs-Geste.

Spitznamen sind „Adelsprädikate“

Emilio Butragueno, deutlich: der Geier

Effe, Tiger, Faust und Stinkefinger

Der Goldjunge: Diego Maradona

„Schneckerl“ mit (einstiger) Pracht

● **Bockelmann-Neumayer-Nidl-Petz?** Was fast wie die Mittelfeld-Reihe eines deutschen Kreisligisten klingt, ist das größte Angriffs-Trio aus der populären Musikszene Österreichs: Es handelt sich nämlich um die tatsächlichen Namen von **Udo Jürgens**, **Peter Alexander** und **Freddy Quinn**. Man sieht: „Künstlernamen“ (viel treffender auf Französisch: ***„Nôm de Guerre“***, also Kriegsnamen) haben häufig ihren Ursprung in sperrigen oder unaussprechlichen standesamtlichen Geburtsfehlern. **Walter Matuschkanskajasy** nannte sich begreiflicherweise **Walter Matthau** und **Edson Arrantes do Nascimento** freundete sich wohl aus ähnlichen Gründen rasch mit **Pelé** an (→ ***Künstlernamen***). Hier geht's aber um die Adelsprädikate des artistischen Alltags: Um die Spitznamen.

● **Fernando Hierro** *(Real Madrid)*: unermüdlich unter Volldampf – also **La Locomotera** *(die Lokomotive)*.

● **Diego Maradona** *(Neapel, Barcelona)*: die „Hand Gottes“ hatte in den Füßen noch mehr Gefühl. Der WM-Titel 1986 machte ihn zu **El Pibe de Oro** *(Goldjunge)*.

● **Ernst Happel** *(Rapid)*: **Aschyl** – diesen Namen (und sonst nichts) verstanden seine grünweißen Kameraden in einem türkischen Kino, als Rapid in den 50ern durch den Vorderen Orient tingelte. Der Typ auf der Leinwand, der so hieß (rein akustisch), sah dem „Wötmasta“ mit seinen großen traurigen Augen verblüffend ähnlich. Wötmasta hieß Happel übrigens lang bevor er Vizeweltmeister wurde.

● **Franz Binder** *(Rapid)*: **Bimbo** – ein spiegelgleiches filmreifes Schicksal wie Happel! Beim wohl größten Torjäger Österreichs aller Zeiten stand ein baumlanger Schwarzer Pate, der in einem ägyptischen Streifen über die Leinwand huschte.

● **Herbert Prohaska** *(Austria, AS Roma, Inter)*: **Schneckerl** – denn selbst mit der Brennschere (die zu versengter Kopfhaut geführt hatte) hatte er seinen Afro-Look nicht und nicht gebändigt.

Fast alle Tiernamen der Welt finden sich „natürlich“ im Fußball wieder (→ ***Animalisches***). Man erkennt den

Das zauberhaft harmonierende deutsche Erfolgs-Duo bei der WM 2006, Klinsmann und Löw, hieß bald Siegfried and Roy

Hätten Sie's gewusst ?

1. „Los Colchoneros“ (Matratzenmacher)
2. „The Magpies“ (die Elstern)
3. „Los Galacticos“ (die Außerirdischen)
4. „FC Hollywood“
5. „The Hornets“ (die Hornissen)
6. „El Submarino Amarillo“ (Das gelbe Unterseeboot)
7. „Los Millionarios“ (die Millionäre)
8. „The Hammers“ (die Hämmer)
9. „Troillungan“ (die Troll-Kinder)
10. „The Black Cats“ (die schwarzen Katzen)
11. „L'Ohem“ (die O's und M's)
12. „The Saints“ (die Heiligen)
13. „Les Grenats“ (die Granaten)
14. „The Gunners“ (die Kanoniere)
15. „Die Botaniker“

- nur wer Spitze ist, macht sich einen!

„Geier" **Butragueno** und den „Floh" **Messi**, aber wie kamen **Happel** zu „Aschyl" und **Cafú** zum „Haken"?

Wir nannten ihn Flipper, weil ihm der Ball immer so weit wegsprang.

Lothar Matthäus *über Ex-Bayern-Kollege* **Jürgen Klinsmann**

Die Top 15 Spitznamen von Vereinen

1. Atletico Madrid (rot-weiß wie Bett-Zeu
2. Newcastle United (Punkte- und Siegdie
3. Real Madrid (mit Figo, Beckham, Zidan
4. Bayern München (wegen der Eitelkeiten
5. FC Watford (gelb-schwarze Großinsekte
6. Villareal CF (seit jeher ganz in Gelb)
7. River Plate (die Reichsten in Buenos Aire
8. West Ham (einst Team einer Stahlfabri
9. Rosenborg Trondheim (norweg. Mythos
10. FC Sunderland (Dressen wie Referees)
11. Olympique Marseille (wegen der Initiale
12. FC Southampton (Start als Kirchenklub
13. Servette Genf („Servette" ist ein Stadtte
14. Arsenal (Werkself einer Waffenfabrik)
15. Admira (entstand auf NL-Gastspiel in de 30ern beim Besuch eines Gewächshaus)

● **Marcos Evangelista de Moraes** *(AS Roma, Milan):* Schon **Cafú** ist ein Künstlername des einzigen Spielers, der in drei WM-Finalspielen stand. Aber da der Brasilianer in seiner Heimatstadt Sao Paulo ein Abschleppunternehmen betreibt, nennt man ihn dort **„Haken"**.

● **Antonin Panenka** *(Bohemians Prag, Rapid):* Der schlaue **„Tonda"** (ein Zaubergeselle aus einem alten tschechischen Kinderbuch) oder schlicht und begreiflich **„Vous"**, der (Schnurr-)Bart.

● **Alfred Ludwig** *(Generalsekretär des Österreichischen Fußballbundes):* **„Gigi"** (sprich: Dschidschi). Der gelernte Lehrer jobbte nebenbei als Sportreporter bei der „Krone" und eilte am 31. 10. 1970 nach dem Länderspiel Österreich – Italien (1:2) zum Weltstar **Luigi „Gigi" Riva** ins AKH, wo der Ärmste nach einem Beinbruch gelandet war (Verursacher **Norbert Hof** sandte ihm ein Telegramm mit einem einzigen Wort: ***Scusi*** – Tut leid!). Seit damals hat Ludwig seinen Azzuri-Spitznamen.

● **Philipp Lahm** *(Bayern):* **„Paolo"** (von Jürgen Klinsmann verpasst, in Anlehnung an Lahms Idol **Paolo Maldini**) und **„Wireless Lahm"** *(verballhornt: „Wireless LAN",* was er Mehmet Scholl verdankt).

● **Lukas Aurednik** *(1918-1997, Rapid, Austria):* **„Zauberer"** (wegen des Trickreichtums) und **Harry** (wegen der Schnelligkeit). Englische Fans riefen ihm einmal zu: ***„Hurry"*** (auf Wienerisch etwa: ***„Zah an, Oida!"***), was an ihm als Harry blieb.

● **Spitznamen-Wordrap zum Schluss:** Tiger **Effenberg** (mit Stinkefinger an der Pranke?), Motzi **Sammer** (wegen Widerspruchsfreude), Hacki **Wimmer**, Katsche **Schwarzenbeck** (wegen der Knochengeräusche?), Icke **Häßler** (wegen Berliner Egoismus – Icke heißt dort „Ich"), Schoko **Schachner** (wegen Ernährungsvorlieben), Heintje **Möller** (wegen der Kraft, Gefühle zum Ausdruck zu bringen), Rasenmäher **Buchwald** (wegen seines Tackling-Stils) sowie Siegfried & Roy **Klinsmann & Löw** (wegen aufs Haar gleichender Magie) ...

Machte Ludwig zum „Gigi": Riva

Ludwig besuchte Riva im Spital

Hierro dampfte als Lokomotive

Schachner aß gern „Schoko"

GAK – Ried (2007): Der Grazer Hassler bekniet Schiri Grobelnik.

„SCHLEIMEREI“

„Klinsmann ist ein Schleimer, Lehmann ist ein Rotzlöffel.“

Sepp Maier *(kurz vor der WM 2006 geschasster Tormann-Trainer der Deutschen Nationalmannschaft)*

T

wie Trinker, Trainer und Torhüter

T wie Trinker, Trainer und Torhüter

Wie passt das alles zusammen? Weiß kein Mensch, aber es hilft! Torhüter und ein Trainer sind ja die einzigen erklärten Individualisten im Mannschaftssport Fußball. Solotänzer, Einzelgänger und Außenseiter.

Die Bayern feiern! „Maß"-voller Jubel über den Titel 2006: Valerien Ismael und Oliver Kahn)

TRINK-SPRUCH

„*Immer wenn ich breit bin, werde ich ganz spitz.*"

Wolfram Wuttke *(Lauterer Laune-Bär, dem* **Günther Netzer** *einmal charakterliche Defizite attestierte)*

TRAINER & TRÄNEN

Der Trainer ist ein Mensch, der sein Brot im Schweiße des Angesichts anderer Menschen verdient.
MARTIN LAUER, Olympiasieger (110 m Hürden)

In Offenbach brauchst Du eher einen Wohnwagen als eine Wohnung, so schnell bist Du wieder weg.
RAINER BONHOF, Weltmeister 1974

Es ist für mich nicht so, dass ich ins Tal der Tränen ausbreche.
VOLKER FINKE, Sprachforscher (Wolfsburg)

Das Grundgesetz sagt: Die Würde des Menschen ist unantastbar. Nur für Trainer gilt das nicht.
ULI MASLO, Trainer (St. Pauli, Düsseldorf)

Nach der erneuten Niederlage macht der Trainer mit seiner Elf einen Rundgang durch das Stadion: „So, Burschen", sagt er, „wo die Fotografen sind, wisst Ihr ja. Den Standort der Fernseh-Kameras kennt Ihr auch – und jetzt zeige ich Euch noch rasch, wo die Tore stehen!"

Wir kommunizieren über Transpiration. Die Spieler sehen mich schwitzen und sind bereit, das Gleiche zu tun.
GUUS HIDDINK als Nationaltrainer Südkoreas

Es gibt keinen Trainer, der aus Scheiße Butter machen kann.
HANS MEYER, Agrar-Ökonom (Nürnberg)

Der Trainer nach einer verheerenden Niederlage: „Ich habe vor dem Spiel gesagt, ‚Spielt, wie Ihr noch nie gespielt habt' und nicht ‚Spielt, WIE WENN ihr noch nie gespielt habt'!"

Mit 50 bist Du als Fußballtrainer reif für die Klapsmühle. Wenn Du genug Geld verdient hast, kannst Du wenigstens erster Klasse liegen.
OTTO REHHAGEL (Kult-Trainer) ist bereits 70 ...

Die Aufstellung weiß ich noch nicht, nur eines ist sicher, wir spielen nicht mit zwölf Mann.
ERICH RIBBECK, Ex-Bundestrainer

Einige müssen ihre Bauchmuskeln trainieren, obwohl sie nicht mal wissen, was das ist. Die meinen sie am nächsten Tag, sie haben was mit dem Blinddarm.
WILLI REIMANN, Trainer von Braunschweig

Wir sind insgesamt so gefestigt, daß jeder die Meinung des Trainers akzeptiert.
DIETER EILTS, 2x Meister mit Bremen

Hätten Sie's gewusst?

TRAINER MIT TICK
*Wodurch fiel Spaniens Teamchef **Camacho** während der WM-Spiele 2002 weltweit auf?*

a. Riesige Schweißflecken am Hemd
b. Permanentes Popcorn-Mampfen
c. Handy-Gespräche während der Spiele

Richtige Antwort: **a.**

DER THRILLER VON SEVILLA
*... bleibt auf ewig der perfekte Titel fürs Viertelfinale **Deutschland – Frankreich** bei der → **WM 1982** in Spanien. 1:0, 1:1, 1:2, 1:3, 2:3, 3:3 – und dann im Elferschießen 8:7 für Deutschland. Zusätzlich: **Schuhmachers** schwere Körperverletzung an **Battiston** (→ Killer). Ein Jahrhundertspiel.*

T

TOP TEN TEMPO-BOLZER

Um die 11 sec. auf 100 Meter: ***Oleg Blochin*** *(Kiew),* ***Gerhard Rodax*** *(Admira),* ***Franz Oberacher*** *(Innsbruck),* ***Rudi Jellinek*** *(Rapid),* ***Walter Schachner*** *(Torino),* ***David Odonkor*** *(Sevilla)* ***Francisco Gento*** *(Real),* ***Ernst Melchior*** *(Austria),* ***Karl-Heinz Rummenigge*** *(Sevilla),* ***Pepi Bican*** *(Rapid).*

Wenn sie begriffen haben, dass zum Fußball auch Arbeit gehört, ist es zu spät. Dann werden sie Trainer.

Luis Aragones, *spanischer Teamchef*

Wir können sowas nicht trainieren, nur üben.

Michael Ballack *(übt Trainieren bei Chelsea)*

Die Situation ist bedrohlich, aber nicht bedenklich.

Friedhelm Funkel, *zuletzt Trainer bei Eintracht-Frankfurt (zweite Liga)*

Unser Training war so geheim, dass wir manchmal selbst nicht zuschauen durften.

Bernd Hözenbein, *40 Länderspiele, 5 Tore*

Klubmanager zum Spieler: *„Sie sind so selbstbewusst. Mit Ihrer breiten Brust sind sie genau der Richtige für unser Team." - „Ist es nicht wichtig, dass ich auch hervorragend spiele?" - „Nein Hauptsache, die Werbefläche ist groß genug!"*

Am Montag nehme ich mir vor, zehn Spieler auszuwechseln. Am Dienstag sind es sieben oder acht, am Donnerstag noch vier Spieler. Wenn es Samstag wird, stelle ich fest, dass ich wieder dieselben elf Scheißkerle einsetzen muss wie in der Vorwoche.

John Toshack, *walisische Stürmer-Legende, als Trainer von Real Madrid (1989-90)*

Präsident zum Trainer: *„Wie war der Neue beim Probetraining?" - „Ein Sonntagsschuss nach dem anderen." - „Und warum haben Sie ihn weggeschickt?" – „Wir spielen doch immer samstags!"*

Trainer zum Mittelstürmer: *„Du spielst heute gegen Herbert Haudruff." – „Das ist ja schrecklich. Der tritt ja gegen alles, was sich bewegt!"* **Darauf der Trainer:** *„Na, dann besteht für dich ohnehin keinerlei Gefahr!"*

TOP TEN TRAINER *IN* ÖSTERREICH

1.	Hans Pesser	7 Titel	3 Cups	10
	Rapid (4/1), Sportklub (2), Admira 2/2)			
2.	Otto Baric	6 Titel	3 Cups	9
	Rapid (3/3), Innsbruck (1) Salzburg (2)			
3.	Karl Schlechta	4 Titel	2 Cups	6
	Austria (3/2), LASK (1)			
	Branko Elsner	4 Titel	2 Cups	6
	Innsbruck (4/2)			
	Herm. Stessl	4 Titel	2 Cups	6
	Austria (4/2)			
6.	Robert Körner	3 Titel	3 Cups	6
	Rapid (3/3)			
	Wudi Müller	3 Titel	3 Cups	6
	Austria (3/3)			
8.	Ernst Happel	3 Titel	1 Cup	4
	Rapid (1), FC Tirol (2/1)			
9.	Kurt Jara	3 Titel		3
	FC Tirol (3)			
10.	Ivica Osim	2 Titel	3 Cups	5
	Sturm-Graz (2/3)			

Wenn das Experiment in die Hosen geht, muss es der Trainer auslöffeln.

Christian Keglevits, *Ex-Rapidler*

TOP TEN VEREINE IN ÖSTERREICH

Rapid *(31 Titel, 14 Cups, 3 Supercups)*	48
Austria *(23 Titel, 26 Cups, 6 Supercups)*	55
Wacker/FC Tirol *(10 Titel, 6 Cups)*	16
Admira *(8 Titel, 5 Cups, 1 Supercup)*	14
Vienna *(6 Titel, 3 Cups)*	9
Salzburg/Red Bull *(4 Titel, 3 Supercups)*	7
Wr. Sportklub *(3 Titel, 1 Cup)*	4
Sturm Graz *(2 Titel, 3 Cups, 3 Supercups)*	8
GAK *(1 Titel, 4 Cups, 2 Supercups)*	7
WAC *(1 Titel, 3 Cups)*	4

Trapattoni: Wut und Wahrheit des Weltbürgers

Obwohl er einst, als großer blonder Jüngling in der Abwehr des AC Mailand den Spitznamen „Il Tedesco" (der Deutsche) trug, tat sich Giovanni Trapattoni nie ganz leicht mit der Sprache ... Zwei Brand-Fälle aus München und aus Salzburg.

MÜNCHEN, 10. MÄRZ 1998 (BAYERN - SCHALKE 0:1)

„Es gibt im Moment in diese Mannschaft, oh, einige Spieler vergessen ihren Profi, was sie sind. Ich lese nicht sehr viele Zeitungen, aber ich habe gehört viele Situationen. Wir haben nicht offensiv gespielt. Es gibt keine deutsche Mannschaft spielt offensiv und die Namen offensiv wie Bayern. Letzte Spiel hatten wir in Platz drei Spitzen: ***Elber****,* ***Jancker*** *und dann* ***Zickler****. Wir mussen nicht vergessen Zickler. Zickler ist eine Spitzen mehr,* ***Mehmet*** *mehr* ***Basler****. Ist klar diese Wörter, ist möglich verstehen, was ich hab' gesagt? Danke. Offensiv, offensiv ist wie machen in Platz. „Ich habe erklärt mit diese zwei Spieler: Nach Dortmund brauchen vielleicht Halbzeit Pause. Ich habe auch andere Mannschaften gesehen in Europa nach diese Mittwoch. Ich habe gesehen auch zwei Tage die Training. Ein Trainer ist nicht ein Idiot! Ein Trainer sehen was passieren in Platz. In diese Spiel es waren zwei, drei oder vier Spieler, die waren schwach wie eine Flasche leer! Haben Sie gesehen Mittwoch, welche Mannschaft hat gespielt Mittwoch? Hat gespielt Mehmet, oder gespielt Basler, oder gespielt* ***Trapattoni****? Diese Spieler beklagen mehr als sie spielen! Wissen Sie, warum die Italien-Mannschaften kaufen nicht diese Spieler? Weil wir haben gesehen viele Male solche Spiel. Haben gesagt, sind nicht Spieler für die italienische Meisters. Struuunz!* ***Strunz*** *ist zwei Jahre hier, hat gespielt zehn Spiele, ist immer verletzt. Was erlauben Strunz?! Letzte Jahre Meister geworden mit* ***Hamann****, eh...,* ***Nerlinger****. Diese Spieler waren Spieler und waren Meister geworden. Ist immer verletzt! Hat gespielt 25 Spiele in diese Mannschaft, in diese Verein. Muss respektieren die andere Kollegen! Haben viele Kollegen, stellen sie die Kollegen in Frage! Haben keine Mut an Worten, aber ich weiß, was denken über diese Spieler. Mussen zeigen jetzt, ich will, Samstag, diese Spieler mussen zeigen mich, eh..., seine Fans, mussen alleine die Spiel gewinnen. Muß allein die Spiel gewinnen! Ich bin müde jetzt Vater diese Spieler, eh ..., verteidige immer diese Spieler. Ich habe immer die Schulde ... über diese Spieler. Einer ist Mario, einer, ein anderer ist Mehmet. Strunz dagegen, egal, hat nur gespielt 25 Prozent diese Spiel!*

„Ich habe fertig!"

SALZBURG, 6. APRIL 2007 (RED BULLS - MATTERSBURG 2:3)

„Qua-Qua-Quatsch! Die sind nicht Mensch. Kritiker über Spiel, über Ergebnis ja, aber nicht über Training. Über Training nein! Die Leute immer hinter Rücken, immer so, die letzte Jahre waren so. Ich habe die Welt, die Spieler, trainieren überall. Wir haben geläuft bis 90. Minute. Ich verstehe die Leute. Bezahlen. Pfeif. Kein Problema. Lassen pfeif. Is richtig. Haben verloren. Bla-Bla-Bla. Ich bin Profi über Physiologie 30 Jahre, 21 Erfolg. Es gibt nur eine Ball. Wenn der Gegner hat, muss man fragen: Warum? Ja, warum? Und was musse man tun? Ihn sich wiederholen!"

Wie ticken Torhüter wirklich?

„Es gab einen Vater, der hatte zwei Kinder, das eine war Tormann, das and're war g'sünder", soll Ex-Teamchef Leopold Stastny einmal gereimt haben. In der Tat: Zwischen den Pfosten stehen oft gern ebensolche ...

1.

Ich wollte auch zur Pressekonferenz, aber Lehmann hat keinen reingelassen.

OLIVER POCHER, *deutscher Kabarettist zur WM 2006*

Der Pfosten ist ein Freund des Torwarts, auf den er sich nicht verlassen kann.

GÜNTHER NETZER *über Pfosten unter den Freunden*

Netzers Kommentare sind wie sein Haarschnitt – langweilig.

STEFAN EFFENBERG *(35 Länderspiele, 5 Tore), der „Oliver Kahn" unter den Feldspielern*

Ein Torhüter muss Ruhe ausstrahlen. Er muss aber aufpassen, dass er dabei nicht einschläft.

SEPP MAIER, *Altvorderer unter den Aufgeweckten*

Wir müssen einen Torwart verpflichten, weil mit dem jetzigen nichts zu gewinnen ist.

OLIVER KAHN *(zur Frage, auf welcher Position man sich in der kommenden Saison verstärken müsse)*

Wir brüllen beide so laut, dass wir uns übers Spielfeld unterhalten könnten.

OLIVER KAHN *über seinen dänischen Berufskollegen* PETER SCHMEICHEL

2.

3.

Mario Basler feiert Kindstaufe in der Münchner Frauenkirche. Alle seine einstigen Klubkollegen sind da, Politiker, Presse, Film, Funk und Fernsehen. Das macht den Pfarrer nervös. Als er das Baby gerade übers Becken halten will, rutscht es ihm aus den Händen. Die Taufgäste halten entsetzt die Luft an, als es wie in Zeitlupe fällt. Doch da hechtet Oliver Kahn aus der ersten Reihe nach vorn und fängt das Kind wenige Zentimeter vor dem Boden mit einer tollen Parade tatsächlich noch auf! Die ganze Kirche bricht sofort in begeisterten Applaus aus. Olli grinst soverän – „päppelt" zweimal auf und schießt dann in hohem Bogen aus ...

Ich war das erste Mal Kapitän, da muss man einfach ein Tor machen.
OLIVER KAHN *(Eigentor beim 7:1 gegen Israel, 2001)*

Heute hätte ich meine Sporttasche ins Tor stellen können, dann hätten wir zwei Stück weniger gekriegt.
OLIVER KAHN *(nach dem 1:5 Deutschlands gegen England in Berlin, 2001)*

Ich dachte, der Torwart darf im Strafraum die Hände benutzen.
OLIVER KAHN *(nachdem er in Rostock mit beiden Fäusten ein Tor erzielt hatte und dafür Rot sah)*

Der Kahn gehört in den Käfig und weg.
ROBERT WIESCHEMANN, *pädagogisch wertvoller Aufsichtsratsvorsitzender von Kaiserslautern*

Der Trainer hat doch gesagt, wir sollen uns am Gegner festbeißen.
OLIVER KAHN *(nach seinem Biss in die Wange von* HEIKO HERRLICH

1. Jens Lehmann (*1969, D): Stieß *Kahn* in der Nationalelf aus dem Boot, *Essen, Schalke, AC Mailand, Dortmund, Arsenal.*
2. Marc Ziegler (*1976, D): Pokalsieg mit *Stuttgart*, 2x Meister mit *Tirol*, 1x Dritter mit *Austria* (Bild) jetzt bei *Dortmund.*
3. Timo Ochs (*1981, D), *Hannover, Osnabrück, 1860 München* („Löwe des Jahres" 2005), seit 2006 bei *Red Bull Salzburg.*
4. Dino Zoff (*1942, Ita): EM '68, WM' 82, 1.143 Minuten ohne Gegentor im Team (72-74), *Mantua, Neapel, Juventus.*
5. Pepe Reina (*1982, Spa): Sohn d. span. Teamkeepers *Miguel Reina*, selbst 6 Länderspiele, *Barcelona, Villareal, Liverpool.*
6. Oliver Kahn (*1969), nach 85 Länderspielen out, zum Spiel um Platz 3 (WM 2006) reaktiviert, *Karlsruhe, Bayern.*

DER ÄLTESTE BERUF DER WELT?
Es gibt dafür zwei gut versteckte Hinweise im ältesten Buch der Welt, der Bibel. Eine ungesicherte *(aus dem alten Testament)*, anläßlich der Sintflut: „Der Herr sprach zu Noah, geh du in den Kasten, ich stürme." Und eine gesicherte *(aus dem neuen Testament)*: „Jesus trat ins Tor, die Jünger standen abseits."

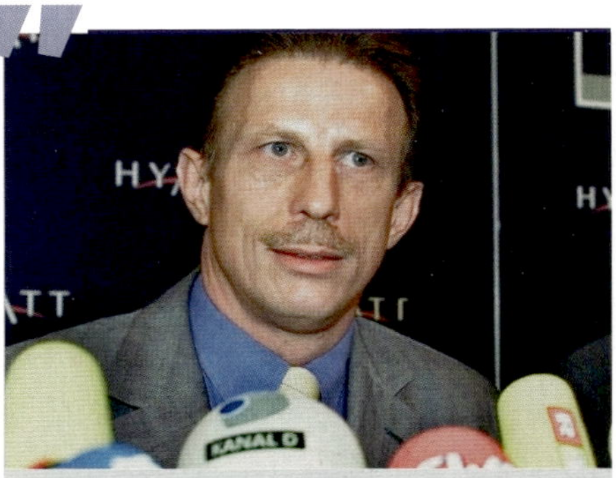

Das Gegentor fiel zum psychologisch ungünstigsten Zeitpunkt. Aber man muß an dieser Stelle auch einmal die Frage stellen, ob es Gegentore gibt, die zu einem psychologisch günstigen Zeitpunkt fallen.

CHRISTOPH DAUM, *Chef-Psychologe*

Galt als „Dio Walter" (Mein Gott, Walter): Walter Zenga (*1960). Bei der WM 1990 blieb er 517 Minuten ohne Gegentor, Italien wurde Dritter

TORE UND TORHEITEN

Im Großen und Ganzen war es ein Spiel, das, wenn es anders läuft, auch anders hätte ausgehen können.

EIKE IMME, *dt. Ex-Nationaltorhüter*

Das Tor ist ein Problem, das jede Mannschaft hat.

NEVIO SCALA, *italienischer Trainer (der auch einmal sagte: „Mein Italien ist Dortmund")*

Wenn der Ball am Torwart vorbei geht, ist es meist ein Tor.

MARIO BASLER, *messerscharfer Beobachter*

Wenn man keine Tore macht, ist's ganz schwer, ein Spiel zu gewinnen.

REINHOLD FANZ, *dt. Trainer (Hannover 96)*

Die Leichteren sind meist die Schwierigeren.

MIKE HANKE, *Nationalstürmer (Wolfsburg)*

TORGEFÄHRLICHKEIT

Es ist uns gelungen, unsere Torgefährlichkeit im Vergleich zum letzten Jahr auszumerzen.

FRANK PAGELSDORF, *dt. Trainer (Rostock)*

Die schönsten Tore sind diejenigen, bei denen der Ball schön flach oben rein geht.
Mehmet Scholl, *Bayern München*

Im ersten Moment war ich nicht nur glücklich, ein Tor geschossen zu haben, sondern auch, dass der Ball reinging.
Mario Basler *kann's nicht fassen*

Man muss versuchen, den Gegner durch permanentes Toreschießen zu zermürben.
Dietmar Demuth, *dt. Trainer (nachdem sein Klub St.Pauli in zwei Spielen 11 Tore erzielte)*

So serviert ein Oberkellner das Essen.
Gerd Rubenbauer *über eine missglückte Faustabwehr von* **David Seaman** *(EM 2000)*

Die Torhüter spinnen alle. Ich kannte mal einen, der schrieb einen Brief deshalb langsam, weil er wusste, dass seine Mutter nur langsam lesen konnte.
Tschik Cajkovski, *Ex-Bayern-Trainer*

Der erste, dem blutige Ellbögen egal war: Fabièn Barthèz, Pionier kurzer Ärmel und langer Finger

TOP 5 WORTE FÜRS TORE SCHIESSEN

1. **Einnetzen,** weil man das Bauschen und Rauschen der Maschen mithört ...

2. **Versenken,** weil es so geheimnisvoll klingt, als wäre der Ball ein Schatz ...

3. **Scoren,** weil es nach trockener britischer Berufsauffassung klingt ...

4. **Knipsen,** weil es knallhart bundesdeutsch nach Schaffnerzange klingt ...

5. **Im Gehäuse unterbringen,** weil es herrlich Beamten-Österreichisch klingt ...

Werner Schneyder (im Brust-Ton der Überzeugung): „Fest steht, dass ein Tormann in allen von uns steckt, denn bevor der Mensch läuft, springt oder wirft, tappt er nach den Bällen.

Ottmar Hitzfeld, wenn Kahn aufs Feld läuft: „Keine Angst der will nur spielen!“

Olli Kahn wird geehrt und bekommt vor dem Spiel Blumen. Beschwört ihn der Schiedsrichter: „Brav, Olli, nicht gleich ganz aufessen.“

TORMANN-TRAUMA

Nach der Schock-Niederlage im WM-Finale 1950 (1:2 gegen Uruguay in Rio) wurde Brasiliens Keeper ***Moacir Barbosa*** *zum Sündenbock. Noch 1993 ließ man ihn nicht ins Camp der Selecao, weil er Pech bringen könnte: „Die Höchststrafe in Brasilien sind 30 Jahre. Ich büße 50 Jahre für etwas, was ich nicht verschuldet habe.“*

So ein Spiel habe ich zuletzt vor zehn Jahren in der Schule erlebt. Da haben wir 2:9 verloren. Die anderen waren fünf Jahre älter.
Petr Cech *(nach dem 0:2 Tschechiens gegen Ghana bei der WM 2006)*

T

Echte Trinker und falsche Namen

„Bei solchen Anlässen kein Bier? Das ist ja eine Katastrophe!", hat Rolf Rüßmann einst so trocken festgestellt, als er den Klassenerhalt *(Stuttgarter Kickers)* schaffte.

TOPPMÖLLERS TRINKER-TOUR
Klaus Toppmöller *(*1951), Rekordschütze bei Kaiserslautern (108 Tore), sagte einmal: „Wenn ich nur so ein Wadenbeißer wie* ***Berti Vogts*** *geworden wäre, hätte ich mit 18 meine Fußballschuhe verbrannt." Nun, vor Jahren „verbrannte" er dafür seinen Ferrari an einen Baum, lief durch den Wald davon und meldete später der Polizei, er hätte sich unter Schock verirrt. Später gestand er doch noch, über den Durst getrunken zu haben.*

● Neben **Branko Zebec** (Bild re.), dem Alt-Meister („Alt" ist ja auch eine deutsche Biersorte) vom „harten Flügel der Leber-Party", wurde auch der Bielefelder **Ernst Middendorp** in den 90ern *alkoholauffällig*. Er landete mit seinem Auto irrtümlich auf den Straßenbahnschienen, sprang heraus, mimte den eingedösten Beifahrer, kam damit aber bei der Polizei nicht durch.

> ***Die großen Trainer haben schließlich alle gesoffen: Weisweiler, Happel, Zebec. Und ich gehöre ja auch zu den Großen.***
> UDO LATTEK, *Erfolgstrainer (Lieblingsgetränk: „Wodka Feige, aber bitte ohne Feige!")*

● Schalke-Manager **Rudi Assauer** war nach dem gewonnenen Pokal 2002 so „siegestrunken", dass er nicht nur das Gleichgewicht verlor, sondern auch das goldene Häferl aus den Händen. Schaden: 32.000 Euro. Assauer übernahm die Rechnung anstandslos selbst.

● Eines Nachts in den 80ern klingelte bei Werder-Manager **Willi Lemke** das Telefon. Am Apparat: **Norbert Meier** und **Jonny Otten**. Die beiden Spieler hatten in einem Bordell allerlei konsumiert, konnten nun aber die Rechnung nicht bezahlen. Lemke versprach zu, sie sofort „auszulösen", freilich unter einer Bedingung: Beide müssten neue Verträge akzeptieren, die dem Verein viel Geld sparten. Lemke kam, zahlte, und noch im Puff leisten beide Sünder die teuerste Unterschrift ihres Lebens ...

Genoss den Titel 2002 in vollen Zügen: Osim

● In Gladbach erzählt man sich über den jungen **Lothar Matthäus**, er habe einst seine erste schmucke Limousine im Straßengraben „eingeparkt" und sei geflüchtet. Ausgenüchtert soll er bei der Polizei zu Protokoll gegeben haben: „Ich *musste* flüchten, weil ich Angst hatte, dass mein Auto explodiert."

Bei Bayern scheint Hopfen und Malz verloren.

Thorben Marx wurde mal von der Polizei angehalten. Herthas Fußballer war zu schnell unterwegs und nicht angeschnallt, den Polizisten fielen auch die schwer geröteten Augen sowie der Schweiß auf der Stirn auf. Marx: „Ich habe gerade ein Pfeffersteak gegessen."

> ***„Ich habe viel mit Mario Basler gemeinsam. Wir sind beide Fußballer, wir trinken beide gerne mal einen, ich allerdings erst nach der Arbeit."***
>
> **Felix Magath** *(heißt Quälix, nicht Spülix)*

DIE TOP TWENTY TRINKER-NAMEN

1. Friedl Rausch (*1940), Trainer bei Frankfurt (UEFA-Pokal 1980), LASK und FC Luzern (Schweizer Meister 1989).

2. Oliver Bierhoff (*1968), Salzburg, Udinese, AC Mailand (1x Meister), 70 Länderspiele, 37 Tore.

3. Jürgen Sparwasser (*1948), Magdeburg (Cupsieger-Pokal '74), 53 Länderspiele, 15 Tore. Schoss das 1:0 der DDR gegen Deutschland (➜ ***WM 1974***).

4. Rudolf Weinhofer (*1962), Rapid (4x Meister, 4x Cupsieger), 4 Länderspiele. Berühmt durch den „Flaschenköpfler" von Glasgow (➜ ***Skandale***).

5. Daniel Bierofka (*1979), Stuttgart (1x Meister), 3 Länderspiele, 1 Tor.

6. Franz Viertl (*1960), Austria, Enkel von **Rudolf Viertl** ((➜ ***Wunderteam***).

7. Heinz Spundflasche (1919-1972), HSV (127 Spiele, 35 Tore).

8. Heinz Schilcher (*1947), GAK, Sturm, Ajax (2x Europacupsieger der Meister), 1 Länderspiel (➜ ***Legionäre***).

9. Walter Seitl (1941-1982), Rapid (3x Meister), 6 Länderspiele, 2 Tore.

10. Winfried Wottka (*1948), Hannover 96 (Platz 10, 1968).

11. Marcus Feinbier (*1969), Leverkusen (UEFA-Pokal 1988), Nürnberg.

12. Robert Ballaman (*1926), Bienne (1x Meister), Grasshoppers (2x Meister), 50 Länderspiele, 18 Tore.

13. Joachim Standfest (*1980), GAK (1x Meister), 16 Länderspiele, 1 Tor).

14. Patrick Suffo (*1978), Sheffield U., mit Kamerun Afrika-Meister 2002.

15. Wim Suurbier (*1945), Ajax (3 x Meistercup), 60 Länderspiele, 3 Tore.

16. Karl Rumbold (1893-1964), Vienna, FC Genua, 1 Länderspiel (1913).

17. Edi Frühwirth (1908-1973), 3x österreichischer Teamchef.

18. Franz Resch (*1969), Rapid, Motherwell, Darlington, 2 Länderspiele.

19. Franz Hansl (1897-1965), Austria, 4 Länderspiele, 3 Tore.

20. Karl Gießer (*1928), Rapid (7x Meister), 4 Länderspiele.

1. „Zwei Meter Neuschnee am Dach": Friedl *Rausch*, ein idealer Name für einen Hüttenwirt.

5. Überprfung der eigenen Atemluft? Daniel *Bierofka*, auf polnisch: Daniel, „das kleine Blonde"

13. Wenn schon mal ein Schlückchen zuviel, dann heißt es, im Match *Standfest* (Joachim) bleiben.

TAKTIK (1)
Zu den genialen Pionieren zählt zweifellos ***Ernst Happel****: Er erfand (lang vor* ***Beckenbauer****) schon in den 50ern bei Rapid* ***für sich*** *den* ***Libero*** *und später für seine Klubs das* ***Pressing****: „Zerschlagen, was noch gar nicht entstand und sich dann selbst entwickeln."*

TAKTIK (2)
Der legendäre Arsenal-Trainer ***Herbert Chapman*** *(1878-1934) erfand bereits in den späten 20ern (!) das* ***WM-System****: 3-2-5, wobei in der Draufsicht die Angreifer ein „W", die Verteidiger ein „M" bilden.*

TAKTIK (3)
Der englische Kult-Coach ***Sir Alf Ramsey*** *(1920-1999) holte den Titel 1966 dank 4-3-3, was als* ***WW (Wingless Wonder****, flügelloses Wunder) im Flankenparadies großen Mut erforderte.*

Ernst Happel, Großmeister der Taktik und des Schweigens (vor dem siegreichen Europacup-Finale HSV–Juve 1983).

UNTERGRIFFE UNGUSTL UNFALL-VERSICHERUNG UNTERGETAUCHT UN-
BEDANKT UNGEWISSHEIT URLAUB UHRZEIT URGESCHICHTE UNTER-
GRIFFE UNGUSTL UNFALL-VERSICHERUNG UNTERGETAUCHT URVIECH
UNBEDANKT UNGEWISSHEIT URLAUB UHRZEIT URGESCHICHTE UN-
TERGRIFFE UNGUSTL UNFALL-VERSICHERUNG UNTERGETAUCHT UR-

U

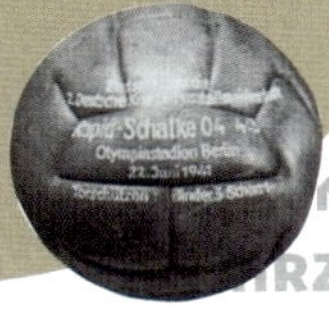

UNTERGRIFFE UNGUSTL UNFALL-VERSICHERUNG UNTERGETAUCHT UR-
VIECH UNBEDANKT UNGEWISSHEIT URLAUB UHRZEIT URGESCHICHTE
UNTERGRIFFE UNGUSTL UNFALL-VERSICHERUNG UNTERGETAUCHT UR-
VIECH UNBEDANKT UNGEWISSHEIT URLAUB UHRZEIT URGESCHICH-
TE UNTERGRIFFE UNGUSTL UNFALL-VERSICHERUNG UNTERGETAUCHT

wie Ungustl, Undank und Urgeschichte

URVIECH UNBEDANKT UNGEWISSHEIT URLAUB UHRZEIT URGESCHICHTE
UNTERGRIFFE UNGUSTL UNFALL-VERSICHERUNG UNTERGETAUCHT UR-
VIECH UNBEDANKT UNGEWISSHEIT URLAUB UHRZEIT URGESCHICHTE

U wie Ungustl, Undank und Urgeschichte

Wie sieht der unbedankte Ungustl seit Urzeiten aus? Werfen Sie einen Blick auf den genialen Franzosen Eric Cantona, dann wissen Sie's! Kung Fu-Tritt gegen Fans und kein WM-Ticket trotz tollem Talent.

UNTERGRIFFE

„Lieber Ottmar Hitzfeld! Keine Angst vor dem Job beim FC Bayern. Diese drei Monate gehen auch vorbei.“

Ottfried Fischer *(bulliger Kabarettist und Serientäter)*

Schweiz - Frankreich, 2005 (WM-Qualifikation): Fußball ist kein körperloses Spiel, wie Eidgenosse Ludovic Magnin (l.) und sein Leidensgenosse Anthony Reveillere *eindringlich* beweisen.

UNGUSTL

Der Österreicher neigt seit jeher dazu, den „Dingen des Lebens" Vornamen zu verpassen: ***Marie*** ist das Geld der ***Hansl*** ist der Rest im Bierglas, der ***Pepi*** das Toupet, der ***Joschi*** ein Steireranzug und der ***Wastl*** ein fettleibiger Mann. Aber am Ende ist alles für den ***Hugo*** (also: vergebens), wenn man ein ***Ungustl*** ist. Ein Unsympathler. Einer, der gern mit nur einem Finger grüßt ...

● ***Die berühmtesten „Stinkefinger":*** **David Beckhams** üble Geste bei der → ***EM 2000*** blieb ohne Folgen. Er zeigte ihn den pfeifenden englischen Fans nach dem 2:3 gegen Portugal.

● **Stefan Effenberg** zeigte ihn bei der → ***WM 1994*** während des 3:2 gegen Südkorea den deutschen Fans, als er in der 75. Minute ausgewechselt wurde. Effe wurde sofort heimgeschickt und beendete seine Teamkarriere.

● **Fabio Capello** zeigt ihn im Jänner 2007 den Real-Fans, die ihn während des Spiels gegen Saragossa (1:0 für Madrid) übel beschimpft hatten. Capello wurde prompt im Sommer durch **Bernd Schuster** ersetzt.

● **Thorsten Legats** Karriere wurde mehrfach von Entgleisungen abseits des Platzes überschattet. In der Silvesternacht 1996/97 schlug er in Bochum einen Mann krankenhausreif, in der Saison 99/00 kündigte ihm der VfB fristlos nach einem rassistischen Ausfall gegen seinen Mitspieler **Pablo Thiam**. Eine elende Leistung begründete Legat einmal mit dem plötzlichen Tod seines Vaters. Spontan kondolierte die Vereinsführung der Familie mit einem Trauerstrauß, den Papa Le-gat übrigens persönlich in Empfang nahm.

● **August Starek** schrie einst als GAK-Trainer ins Feld: „Wanns net kicken könnts, dann hauts wenigstens eini!" *Er* konnte kicken, aber auch ausrasten. Zweimal, sagen die Chroniken, zog er seine Hose runter und präsentierte damit – wie ein Kritiker anmerkte – ***„sein wahres Gesicht"*** ...

King oder Kotzbrocken? Eric Cantona, ein Mann für alle Fälle – leider auch für die schlimmsten.

UNVERWECHSELBARES URVIECH ...
*Am 25. Jänner 1995 trat **Eric Cantona** beim Spiel ManU – Crystal Palace im Kung Fu-Stil auf einen Zuschauer ein, der ihn zuvor rassistisch beleidigt hatte. King Eric (*1966 in Marseille) entging damals nur knapp einer zweiwöchigen Gefängnisstrafe (→ Killer).*

UNFALL-VERSICHERUNG
Bringt der Trainer seinem Mittelstürmer schonend bei: *„Du spielst heute gegen Herbert Haudruff." – Stöhnt der filigrane Angreifer: „Das ist ja schrecklich. Der tritt ja gegen alles, was sich bewegt!"*
Darauf der Trainer: *„Na, dann besteht für dich ohnehin keinerlei Gefahr!"*

Hätten Sie's gewusst?

UNTERGETAUCHT
Welcher große österreichische Star wurde von Rapid bei Freunden in Kitzbühel versteckt, um die Austria von ihm fern zu halten?

a. Günther Kaltenbrunner
b. Jörn Bjerregaard
c. Gerhard Hanappi

Richtige Antwort: c.

U

UNBEDANKT

Nie bei einer WM!

BERND SCHUSTER
Gaby wollte 1 Mille für die WM

ERIC CANTONA
Streit mit Teamchef Jacquet

GEORGE WEAH
Ein Liberianer macht noch keine WM

UNGEWISSHEIT
Karl Farkas *hat einmal gesagt: „Wenn in Wien a Opernpremiere is – da kann das schönste Ländermatch sein, der Wiener geht zum Heurigen!" Andererseits ist manchen Menschen - sogar sehr kultivierten - Rapid gegen Austria lieber als Othello. Weil bei Othello wissen sie schon, wie's ausgeht.*

● ***Nie bei einer Weltmeisterschaft.*** Ein Schicksal, das die großen „Urväter" des Fußballs rein aus Gründen des Jahrgangs teilen: Ein **Artur Friedenreich** (1892-1969) etwa, der bei der ersten WM 1930 halt schon 38 war. Der Brasilianer galt als Erfinder des Effet-Schusses (➜ ***Bogenlampe***). Oder ein **„Pepi" Uridil** (1895-1962), dem ersten ganz großen Torjäger (bei Rapid und in der Nationalmannschaft), der gemeinsam mit **Rigo Kuthan** (1891-1958, 167 Tore in 246 Spielen) zu den gefährlichsten Angreifern des Kontinents zählte.
Darüber hinaus haben's auch die Enkel der Pioniere oft durch Pech oder eigenes Unvermögen nicht geschafft:
● ***George Best,*** der alkoholkranke Nordire („Sterbt nicht so wie ich", hinterließ er kurz vor seinem Tod 2005 als Vermächtnis), dessen Landsleute es trotz ihm nie zu einer erfolgreichen Qualifikation brachten, oder ***Allan Simonsen,*** der Däne, den ein Beinbruch aus der Bahn warf, just als er Fuß auf WM-Boden setzte (1982). Auch der dreifache „Fußballer des Jahres in Afrika", der erste Afrikaner als „Welt- und Europa-Fußballer des Jahres", der Liberianer **George Weah** (*1966, Monaco, St-Germain, AC Mailand, Chelsea) litt unter dem internen Niveauunterschied: Liberia kam nie auch nur in die Nähe einer WM-Chance.

> ***„George Best war der schnellste, intelligenteste und zerstörerischste Spieler, den es je gegeben hat. Es gab nie einen Mutigeren als ihn.***
> **Rodney Marsh,** *enger Freund des früh verstorbenen nordirischen Genies*

● Und **Eric Cantona**, den 26.000 Fans aus 170 Ländern 2005 zum „besten Premier League-Spieler aller Zeiten" kürten? Wickel mit Teamchef Aimé Jacquet verhinderten die Teilnahme an der so erfolgreichen WM 1998. Nicht anders erging es ...
● **Bernd Schuster** (*1959), der großen Entdeckung der EM 1980 in Italien. Er ließ stets seine Frau **Gaby** für ihn verhandeln, was damals noch nicht so gut angenommen wurde wie es heute (➜ ***Xanthippe***) längst selbstverständlich ist. Für die WM-Teilnahme 1986 forderte sie vom DFB „eine Million Mark bar".

URLAUB

> ***Das, was Toni macht, könnte man als bezahlten Urlaub bezeichnen. Er macht Urlaub und bezahlt dafür.***
> **Thomas Schaaf** *über sein Bremer Problemkind* **Ailton**, *der häufig unentschuldigt fehlte*

UHR-ZEIT

> ***Die biologische Uhr tickt und geht auch an mir nicht vorbei.***
> **Lothar Matthäus**, *Zeitgeist-Riese*

> ***Wir blicken auf die Uhr, es steht 1:1.***
> **Edi Finger** *erkannte die Zeichen der Zeit*

URKOMISCHE URGESCHICHTE

● Schon im zweiten Jahrtausend v. Chr. wurde in **China** ein fußballähnliches Spiel mit dem Namen ***Ts'uh-küh*** ausgetragen (möglicherweise vom Tsuh-***Küh-Bauer***?), aber die Regeln von damals sind - zum Glück - nicht überliefert. Es heißt, man habe mit den Totenköpfen besiegter Feinde gekickt. Die ***Zhou-Dynastie*** verbreitete den Sport zur militärischen Ertüchtigung und versuchte zugleich (scheinheilig), die dabei unvermeidlichen Gewalt-Exzesse zu unterbinden. Der Ball war aus Lederstücken zusammengenäht und mit Federn und Tierhaaren ausgestopft. Neueste Forschungen ergaben, dass bis ca. 600 nach Christus ***„Zu Qiu"*** sogar Nationalsport gewesen ist und es damals schon eine ***Profiliga*** gegeben haben könnte. Kaum 100 Jahre später geriet das Spiel völlig in Vergessenheit.

● Auch bei den **Mayas** und **Azteken** Mittelamerikas gab es ein kultisches Ballspiel, das mit Fußball verglichen werden kann. Eine Version davon wird (in manchen entlegenen Gegenden bis heute) ***Ulama*** genannt.

● Aus dem antiken **Griechenland** sind Abbildungen von Ballspielen auf Reliefs und Vasen erhalten, etwa aus Sparta, wo ja die stählerne Körperertüchtigung einen traditionell hohen Stellenwert genoss.

● Im 17. Jahrhundert wurde auch in **Florenz** eine Spiel-Art Fußball gepflogen.

● Im Mittelalter wurde in **England** Fußball gespielt, indem zwei Dörfer versuchten, einen Ball in das gegnerische Stadttor zu befördern oder (➔ ***Derby***) an feindliche Mühlsteine heranzutreiben. Dabei war jedes Mittel recht, weshalb es zu übelsten Verletzungen und zu permanent ausgesprochenen Verboten durch Kirche und Krone kam.

● Auch wenn **England** als das ***Mutterland des Fußballs*** gilt, gab's auch schon in **Frankreich** und **Italien** etliche mit dem ***„Treibball"*** verwandte Kampfspiele. Seit dem 15. Jahrhundert wird in Florenz der ***„Calcio Storico"*** praktiziert, bei dem es ruppig zuging.

● Zur gleichen Zeit, da das Fußballspiel als Freizeitbeschäftigung der Landbevölkerung zurückging, wurde an englischen Privatschulen und Universitäten (etwa am Rugby College oder an der Cheltenham School)

Der erste Rapid-Kanonier: Pepi Uridil (rechts)

Fußball zur „Leibesertüchtigung" immer populärer. Allerdings waren die Regeln alles andere als einheitlich, was lange verhinderte, dass Fußballmannschaften verschiedener Universitäten gegeneinander antreten konnten. 1846 verfassten Studenten der Universitt Cambridge die ersten Fuballregeln (➔ ***Vurschriften***).

● Nach **Österreich** rollte die Kugel durch die britischen Gärtner des **Barons Rothschild** Ende des 19. Jahrhunderts.

U

UNGUSTL?

„Wanns net kicken könnts, dann hauts wenigstens eini!"

Gustl Starek (als GAK-Trainer 1997 zu seinen Spielern)

VORHERSAGEN VORSÄTZE VERLETZUNGEN VURSCHRIFTEN VEREINSNA-
MEN VERLIERER VERGLEICHE VERSPRECHER VOLLEY VORSTOPPER VER-
GESSENE KLUBS VORHERSAGEN VORSÄTZE VERLETZUNGEN VURSCHRIFTEN
VEREINSNAMEN VERLIERER VERGLEICHE VERSPRECHER VOLLEY VOR-
STOPPER VERGESSENE KLUBS VORHERSAGEN VORSÄTZE VERLETZUNGEN
VURSCHRIFTEN VEREINSNAMEN VERLIERER VERGLEICHE VERSPRECHER

VOLLEY ... VORSÄTZE
VERLETZUNG ... ER VERGLEI-
CHE VERSPR ... KLUBS VOR-
HERSAGEN ... EREINSNAMEN
VERLIERER ... PPER VERGES-
SENE KLUBS ... VURSCHRIFTEN
VEREINSNAMEN ... VOLLEY VOR-
STOPPER VERGE ... VERLETZUNGEN
VURSCHRIFTEN ... HE VERSPRECHER
VOLLEY VORSTOP ... SAGEN VORSÄTZE
VERLETZUNGEN ... LIERER VERGLEICHE
VERSPRECHER VOL ... UBS VORHERSAGEN
VORSÄTZE VERLETZ ... SNAMEN VERLIERER
VERGLEICHE VERSP ... VERGESSENE KLUBS
VORHERSAGEN VORS ... HRIFTEN VEREINSNA-
MEN VERLIERER VE ... EY VORSTOPPER VER-
GESSENE KLUBS VOR ... ZUNGEN VURSCHRIFTEN
VEREINSNAMEN VE ... PRECHER VOLLEY VOR-
STOPPER VERGESS ... RSÄTZE VERLETZUNGEN
VURSCHRIFTEN ... ERGLEICHE VERSPRECHER
VOLLEY VORSTOPPER VERGESSENE KLUBS VORHERSAGEN VORSÄTZE
VERLETZUNGEN VURSCHRIFTEN VEREINSNAMEN VERLIERER VERGLEICHE
VERSPRECHER VOLLEY VORSTOPPER VERGESSENE KLUBS VORHERSAGEN
VORSÄTZE VERLETZUNGEN VURSCHRIFTEN VEREINSNAMEN VERLIERER
VERGLEICHE VERSPRECHER VOLLEY VORSTOPPER VERGESSENE KLUBS

wie Vorhersagen, Verletzungen und Vurschriften

VORHERSAGEN VORSÄTZE VERLETZUNGEN VURSCHRIFTEN VEREINS-
NAMEN VERLIERER VERGLEICHE VERSPRECHER VOLLEY VORSTOP-
PER VERGESSENE KLUBS VORHERSAGEN VORSÄTZE VERLETZUNGEN

V wie Vorhersagen, Verletzungen und Vurschriften

Fußball fasziniert Millionen, weil es ein so einfaches Spiel ist – lesen Sie lieber nach, auf welch verschlungenen Pfaden (und Gedankengängen) die heute vorläufig end-gültigen (?) Regeln entstanden …

VERHARMLOSUNG

„Zum Glück war die Verletzung von Scholes nicht so arg wie wir gehofft hatten."
SIR TREVOR BROOKING *(47 Länderspiele für England)*

Der Schweizer Johan Djourou macht beim U 21-EM-Qualifikationsspiel gegen England Bekanntschaft mit dem ewigen Eis der → Wunderheiler

VERLETZUNGEN (AN KÖRPER UND SEELE)

Ganea traf Kahn da, wo es bei XX-Chromosomen-Menschen am schmerzhaftesten ist.
Thomas Hermann, dt. TV-Kommentator (Frauen sind XY-Chromosomen-Menschen)

Zum Glück habe ich nur eine Struktur.
Torsten Legat spricht Fraktur mit der Presse

Ich wechsle nur aus, wenn sich einer ein Bein bricht.
Werner Lorant, herzensgute Vaterfigur

*Volkert hatte eine **Leistungs**zerrung.*
Arkoc Öczan, HSV-Torhüter (1967-1975)

Georg Damjanoff (Hannover 96) musste 1976 für ein Spiel aussetzen, nachdem ihm ein Teekessel auf den Fuß gefallen war. Den Spott seines Trainers Helmut „Fifi" Kronsbein gab's noch obendrauf: „Zum ersten Mal trinkt er kein Bier, schon verletzt er sich."

Hätten Sie's gewusst?

VERBISSENHEIT

*Welcher Top-Star spielte bei der → **WM 1970** die gesamte Verlängerung (2 x 15 Minuten) eines Semifinal-Thrillers trotz eines Schlüsselbeinbruchs durch, indem er sich kurzerhand einen Arm mit einer Schlinge an den Körper binden ließ?*

a. **„Gigi" Riva** beim 4:3 Italiens gegen Deutschland
b. **Franz Beckenbauer** beim 3:4 Deutschlands gegen Italien
c. **Roberto Rivelinho** beim 3:1 Brasiliens gegen Uruguay

Richtige Antwort: **b.**

Die Reservebank ist leergefegt. Dann müssen wir eben noch enger zusammenrücken.
Klaus Berge, Ex-Schalker, als Trainer von Rot-Weiß-Essen (1999-2001)

Es ist ein Sehnenabriß am Schambeinknochen. Hört sich lustig an – ist aber trotzdem beim Fußball passiert.
Thomas Strunz

Andi Herzog (noch bei Werder) spielt „Such's Balli" mit Thomas Strunz

Kompliment an meine Mannschaft und meinen Dank an die Mediziner. Sie haben Unmenschliches geleistet.
Berti Vogts hatte Unmenschen als Ärzte

Er sieht jetzt auf jeden Fall interessanter aus.
Hans Meyer (Gladbach-Coach) über **Max Eberl**, als der einen Nasenbeinbruch erlitt

Wer in Bochum von Strafraum zu Strafraum geht und sich dabei nicht den Knöchel bricht, dem gebe ich einen aus.
Christoph Daum, Professor für Bodenkultur

Nach 20 Minuten waren zwei von denen angeschlagen. Die sind gehumpelt! Aber die sind schneller gehumpelt als wir gelaufen!
Hermann Gerland, Spieler und Trainer bei Bochum, Nürnberg und SV Ulm

VERLETZTER RETTER (1)

*Als Rapid am 25. Juni 1983 im letzten Saisonspiel bei Eisenstadt mit 4:0 siegte, wackelten noch vor Abpfiff die Zäune und der Titel. Tausende Fans hatten den Rasen gestürmt – ein Abbruch hätte Austria zum Champion gemacht. **Hans Krankl** stemmte sich, trotz Gipsfuß, dem Mob entgegen und rettete die erste Schale seit 14 Jahren.*

Die holen sich einen Popel aus der Nase und brechen sich noch den Finger dabei.
LORENZ-GÜNTHER KÖSTNER *Spieler bei Borussia-Mönchengladbach, Trainer bei Unterhaching, Karlsruhe und RW Essen, über seine unglücklich agierenden Spieler*

Die Achillesferse von Bobic ist die rechte Schulter
GERD RUBENBAUER *beim UEFA-Cup-Finale Chelsea-Stuttgart*

Da wir so viele Verletzte hatten, konnte der Trainer nur noch zwischen dem Busfahrer und mir auswählen. Der Busfahrer hatte keine Schuhe dabei, so dass ich dann ins Spiel gekommen bin.
JAN – AAGE FJÖRTOFT *beim UEFA-Cup-Finale Chelsea-Stuttgar*

VERLETZTER RETTER (2)

Als Manchester City das FA-Cup-Finale 1956 gegen Birmingham mit 3:1 gewann, wurde ein deutscher Ex-Kriegsgefangener im Tor, ***Bert Trautmann*** *(*1923) zum Helden: Ab der 76. Minute hielt er mit einem gebrochenem Halswirbel durch (Austausch gab's damals noch keinen).*

Bei einer WM gibt es keine Schmerzen!
OLIVER KAHN, *wer sonst, bitteschön?*

Ich hab gleich gemerkt, das ist ein Druckschmerz, wenn man drauf drückt.
LOTHAR MATTHÄUS, *mit Nachdruck*

Da ist Ziege umgeknickt – scheint sich um eine Schulterverletzung zu handeln.
BELA RETHY, *mit geknickter Schulter*

Wir waren früher härter – bei uns gab's keine Verletzungen, sondern nur glatte Brüche.
JÜRGEN „ATZE" FRIEDRICH *(Ex-Präsident von Kaiserslautern, dessen aktive Karriere durch einen schweren Beinbruch beendet wurde)*

Ich hab 'ne Oberschenkelzerrung im linken Fuß.
GUIDO BUCHWALD, *der Berliner „Rasenmäher"*

VEREINS-MEIEREI

Wie heißt eigentlich der portugiesische Postsportverein? FC PORTO.

VERZWEIFLUNG

Ich hätte den gegnerischen Trainer bitten können, den Spieler vom Platz zu nehmen.
EWALD LIENEN *(Hannover 96), weiß nach einem 1:4 gegen Leverkusen das Rezept gegen den zweifachen Torschützen* LUCIO

Ich würde am liebsten zu Hause die Rollläden runterlassen, aus der Konservendose essen und mit einem Sack über dem Kopf Feldwege laufen.
REINER CALMUND *nach einer „Klatsche" als Manager von Bayer 04 Leverkusen*

Fußball ist ein Spiel von 22 Leuten, die rumlaufen, den Ball spielen, und einem Schiedsrichter, der eine Reihe dummer Fehler macht, und am Ende gewinnt immer Deutschland.
GARY LINEKER, *englischer Fußball-Realist*

VERLIERER

Wir haben sehr viel Arbeit in diese Niederlage gesteckt.
MALCOLM ALLISON engl. Trainer, zuletzt Bristol

Das letzte Mal, dass ich so hoch verloren habe, war gegen meinen Bruder im Tipp-Kick.
PETER NEURURER, Kölner Nostalgiker

Wir sind der Sympathieträger der Stadt. Wir geben sympathisch die Punkte her.
KARL-HEINZ KÖRBEL, ein Frankfurter, der seinen Senf dazugibt

Ich glaube nicht, dass wir das Spiel verloren hätten, wenn es 1:1 ausgegangen wäre.
ULI HOENESS sagt oft Unwiderlegbares

Wenn man ein 0:2 kassiert, dann ist ein 1:1 nicht mehr möglich.
ALEKSANDAR RISTIC besticht durch Logik

Wir sind an ein Limit gekommen, wo es im Moment nicht drüber geht.
ANDREAS MÖLLER, selten von Selbstzweifeln befallen, erkennt auch mal seine Grenzen

VORHERSAGEN

Ich wage mal eine Prognose: Es könnte so oder so ausgehen.
RON ATKINSON, britischer Hasardeur

Jetzt müssen wir gegen Stuttgart gewinnen. Ob wir wollen oder nicht.
OTTO REHHAGEL (als Bayern-Trainer)

„Die Spieler können so lange Ostereier suchen wie sie wollen. Vor lauter Training werden sie keine finden."
FELIX „QUÄLIX" MAGATH sagt seinen Schäfchen karge Festtage voraus

Nach der EM-Niederlage 2004 gegen die Portugiesen schämt sich Mehmet Scholl so sehr, daß er beschließt, sich für die Heimreise nach Deutschland zu verkleiden. Um auf dem Flughafen nicht erkannt zu werden, besorgt er sich Perücke, einen falschen Schnurrbart, Hut und Sonnenbrille und läuft derart maskiert durch die Abfertigungshalle. Auf einmal spricht ihn eine alte Dame an: „Servus, Scholli!" Fragt der überraschte Mehmet: „Gute Frau, wie konnten Sie mich denn erkennen?" –

Es ist wichtig, dass man 90 Minuten mit voller Konzentration an das nächste Spiel denkt.
LOTHAR MATTHÄUS, immer einen Schritt voraus

Was Sie hier sehen, ist möglicherweise die Antizipierung für das, was später kommt.
WILFRIED MOHREN zählt zu den „Ahnen" der Fußballreportage im Fernsehen

VORHERSAGEN

Ich spiele weiter mit Risiko. Schließlich profitieren alle davon: Wir, das Publikum und auch der Gegner.

Aad de Mos *als Trainer von Werder Bremen*

Wenn die Deutschen gut spielen, werden sie Weltmeister, wenn sie schlecht spielen, dann kommen sie ins Finale!

Michel Platini *vor der* → **WM 1994** *(bei der die Deutschen im Achtelfinale scheiterten)*

Ich kann doch nicht schon jetzt die Aufstellung vom nächsten Wochenende sagen. Der eine kriegt eine Grippe, beim anderen kriegt die Oma einen Zahn.

Eduard Geyer *(Ferndiagnostiker)*

Alles zwischen 1:0 und 2:0 wäre ein gutes Ergebnis.

Bobby Robson *liebt die Zwischentöne*

VORBILDER

Adriano gibt als seine Vorbilder Kaka und Jesus an. Kaká von Milan und Jesus von Nazareth.

Beni Thurnheer *von Winterthur (Schweiz)*

VERGLEICHE

Eric Wynalda galt lange als David Hasselhoff der Bundesliga und das nicht deshalb, weil er ein lausiger Schauspieler war.

Lou Richter, *deutscher Radio-Entertainer*

Bayer wartete mit spitzer Nadel wie ein Habicht auf seine Chance.

Thomas Herrmann, *aus dem Nähkästchen*

Bundesligaspiele sind keine russischen Wahlen, bei denen immer gewonnen wird.

Gyula Lorant *beneidet* **Wladimir Putin**

Früher passten seine Freunde in einen Eisenbahnwaggon, heute in ein Goggomobil.

Reiner Calmund *über* **Berti Vogts**

VERWEGENE VEREINSNAMEN

Vor dem Krieg gab es in Wien den SC Burgtheater (wo dedr spätere Teamchef und Talente-Scout ***Pepi Argauer*** *begann). Der erste Klub von* ***„Icke" Häßler*** *hieß Reinickendorfer Füchse,* ***Paul Steiner*** *debütierte beim TSV Strümpfelbrunn und* ***Thomas Linke*** *sogar bei Robotron Sömmerda (in der Ex-DDR).*

VERSCHLEISSERSCHEINUNGEN UND VERWIRRUNGEN

Ich will nicht sagen, dass der Job mich ausgesogen hat wie ein Vampir, aber selbst beim Essen oder beim Zusammensein mit Freunden war ich geistig abwesend.

Berti Vogts, *blutleerer Ex-Bundestrainer*

Bei mir nicht, ich spiele ja nur 70 Minuten.

Mario Basler *(auf die Frage, ob es in der neuen Saison zu einer Überbelastung kommt)*

Die Meisterschaft ist nie ein Selbstläufer, dahinter steckt immer viel Arbeit. Sonst müsste Real Madrid jedes Jahr deutscher Meister werden.

Ottmar Hitzfeld *(Bayern) bringt geografisch und statutenmäßig ein bisserl was durcheinander (Irreal-München)*

TOP 15 VERRÜCKTESTE VERLETZUNGEN

1. Der TRÜMMERL-Bruch

Darren Bernald (Barnsley) rutschte auf dem Geschäft eines Hundes aus und musste fünf (!) Monate pausieren.

2. Der echte SPEICHEN-Riss

David Batty (Leeds) kollidierte mit dem Dreirad seines Sohnes und riss sich dabei die *Achillessehne*.

3. Der KLAPPER-Zahn

Christian Günther (Mühlen) schlug sich beim Ausklappen des Liegestuhls im eigenen Garten *einen Zahn* aus.

4. Der gescheiterte ELCH-Test

Svein Grondalen (Norwegen) musste ein Länderspiel absagen, weil er beim Waldlauf mit einem *Elch* kollidierte.

5. Die große ZEHigkeit

Kevin Keegan (Liverpool) blieb beim Duschen mit dem *großen Zeh* im Abfluss stecken und verletzte sich so schwer, dass er mehrere Spiele ausfiel.

6. Die SCHANDMAUL-Verrenkung

Alex Stepney (ManU-Keeper der 60er und 70er) *renkte sich den Kiefer aus*, als er seine Abwehrspieler beschimpfte.

7. Das Mistkübel-Malheur

Michael Schulz (Werder Bremen) holte sich beim Raustragen des Hausmülls einen *Hexenschuss*.

8. Die Schulter-AUSBÜGELUNG

Michael Stensgaard (Liverpool) versuchte, ein umfallendes Bügelbrett aufzufangen und kugelte sich dabei die *rechte Schulter* aus.

9. Der Seifen-SCHÜSSEL-Sprung

Oliver Reck (Schalke 04) erlitt eine unansehnliche Platzwunde am Kopf, als er beim Duschen von einer herunterfallenden Seifenschale getroffen wurde.

Unter der Haube: Der angeschlagene Admiraner Patrick Osoinik.

10. Der irre ZAPFERL-Streich

Ramalho (FC Sao Paulo, Brasilien) schluckte irrtümlich (?) ein schmerzstillendes *Rektal-Zäpfchen* und musste eine Woche aussetzen.

11. Die RADIO-aktive Stichwunde

Charles Akonnor (Wolfsburg) bohrte sich die Auto-Antenne ins Nasenloch und nahm daraufhin ein blutstillendes Medikament, das leider auf der Doping-Liste stand: 3 Spiele Sperre.

12. Die HÖCKER-Quetschung

Franz Michelberger (Bayern) wurde während eines Trainingslager in Israel von einem Kamel gegen den Mannschaftsbus gedrückt – *Knieprellung*.

13. Die After Shave-VERDUFTUNG

Santiago Canizares (Valencia) versuchte eine fallende Rasierwasser-Flasche mit dem Fuß aufzufangen, zertrennte sich dabei an den Scherben *sämtliche Sehnen im großen Zeh* und fiel für die WM 2002 aus.

14. Der RASENDEN Handschmerz

Dick van der Ven (Bielefeld) brach sich beim Starten des Rasenmähers *die Hand*.

15. Der verlorene ZEHEN-Kampf

Charlie George (Arsenal) bekam den Mäher zwar unfallfrei an, überfuhr dann aber seinen Fuß und verlor *einen Zeh*.

VOLLEY

*... heißt im Englischen eigentlich **Salve** oder **Geschoßhagel**, im Fußball aber **Flugball** oder **Direktabnahme**. Wienerisch: **Wulleeeh!***

VIERTELSTUNDE

*1921 lag Rapid gegen den WAC zur Pause mit 1:5 und 15 Minuten vor Schluss mit 3:5 zurück, ehe **Pepi Uridil** (→ Urgeschichte) auf 7:5 stellte. Er hatte alle sieben Tore geschossen. Seither wird die letzte Viertelstunde von den grünweißen Fans eingeklatscht.*

VASERL

... schreibt und spricht man korrekt mit „W“, denn es handelt sich nicht um ein Blumengefäß, sondern um einen harm- bis hilflosen Menschen (im Fußball: feiger Spieler) und kommt von „Waise“.

„Im Endeffekt sind Regeln dazu da, um gebrochen zu werden.“
Roy Präger *(Fortuna-Köln, HSV, VfL Wolfsburg)*

VURSCHRIFTEN – DIE ENTWICKLUNG DER FUSSBALLREGELN

1846
Cambridge-Studenten verfassen die ersten Fussball-Regeln. Eine Mannschaft besteht aus 15 bis 20 Spielern.

1864
Die Hosen müssen die Knie bedecken, Mützen mit Quasten versehen sein.

1865
Obere Torbegrenzung: eine Schnur.

1866
Eckball und Freistoß werden eingeführt.

1870
Beschränkung auf elf Spieler pro Team.

1871
Allen Feldspielern wird das Handspiel verboten, nur der Torwart darf in der eigenen Hälfte mit der Hand spielen, aber nur für zwei Schritte.

1872
Einheitliche Ballgröße.

1874
Schiedsrichter leiten das Spiel.

1875
Neu: Querlatten in 2,44 m Höhe sowie Halbzeitpause und Seitenwechsel.

1877
Der Schiedsrichter darf ausschließen.

1882
Einwurf mit beiden Händen erlaubt.

1889
Zwei Linienrichter werden eingeführt.

1890
Einführung der Tornetze.

1891
Einführung des Strafstoßes.

1897
Einführung von „vorsätzlich“ und „absichtlich“ zur Abstufung bei Fouls.

1902
Strafraumhalbkreis wird Rechteck.

1903
Dem Torwart wird das Handspiel nur noch im eigenen Strafraum gestattet.

1904
Aufhebung der Bestimmung, wonach die Hosen die Knie bedecken müsen.

1905
Der Ball muss aus Leder sein.

1907
Das Abseits in der eigenen Spielhälfte wird aufgehoben.

1913
Der „gebührende Abstand” beim Freistoß wird auf 9,15 Meter festgelegt.

1924
Der Eckball darf direkt in ein Tor verwandelt werden (→ ***Olimpico***).

1929
Torwart darf sich beim Elfmeter bis zum Schuss auf der Linie nicht mehr bewegen.

1939
Einführung der Rückennummern.

1965
Auswechslung *eines* verletzten Spielers während des gesamten Spiels gestattet.

1966
Unabhängig von Verletzungen dürfen zwei Spieler während des gesamten Spiels ausgewechselt werden.

1970
Einführung gelber und roter Karten und des Elferschießens nach Verlängerung.

1983
Rote Karte für die „Notbremse”.

1984
Gelb für „überschwenglichen Jubel”.

1990
“Gleiche Höhe” ist nicht mehr abseits.

1991
Einführung der gelb-roten Karte als abgestufter Platzverweis.

1992
Rückpass zum Torhüter verboten (er darf nicht mehr mit der Hand spielen).

1995
Einwechslung von drei Ersatzspielern.

1996
→ „Golden Goal” bei der EM eingeführt.

1998
Foul von hinten ab sofort Platzverweis.

2002
Golden Goal” abgeschafft.

2002
→ „Silver Goal“ bei der EM eingeführt.

2004
„Silver Goal“abgeschafft.

WUNDERTEAM WUNDERHEILER WETTER WELTREISEN WELTREKORDE WASSERN WETTEN WADLBEISER WELTMEISTERSCHAFTEN WAHRHEITEN WM-SPIELER WUNDERTEAM WUNDERHEILER WETTER WELTREISEN WELTREKORDE WASSERN WETTEN WADLBEISER WELTMEISTERSCHAFTEN WAHRHEITEN WM-SPIELER WUNDERTEAM WUNDERHEILER

W

TERSCHAFTEN WAHRHEITEN WM-SPIELER WUNDERTEAM WUNDERHEILER WETTER WELTREISEN WELTREKORDE WASSERN WETTEN WADLBEISER WELTMEISTERSCHAFTEN WAHRHEITEN WM-SPIELER WUNDERTEAM WUNDERHEILER WETTER WELTREISEN WELTREKORDE WASSERN WETTEN WADLBEISER WELTMEISTERSCHAFTEN WAHRHEITEN WM-SPIELER

wie Wetter, Wetten und Wettern

WUNDERTEAM WUNDERHEILER WETTER WELTREISEN WELTREKORDE WASSERN WETTEN WADLBEISER WELTMEISTERSCHAFTEN WAHRHEITEN WM-SPIELER WUNDERTEAM WUNDERHEILER WETTER WELTREISEN

WETTER-WEISHEIT

„Wenn einem das Wasser bis zum Hals steht, soll man nicht den Kopf hängen lassen ...“

INTERNET-SPRÜCHERL

wie Wetter, Wetten und Wettern

Alle reden übers Wetter, aber keiner tut was dagegen! Wichtigste WM-Spiele wurden schon unter den widrigsten Bedingungen durchgepeitscht. Dabei kann *Wassern* ganz was anderes bedeuten als „Segen von oben“.

WETTER

Tagsüber, wenn die Sonne scheint, ist es hier noch wärmer.
Heribert Fassbender *auf Teneriffa*

Ist das jetzt schon der Eckball oder noch die Wiederholung? Die Fans jubeln, auf der Gegenseite muß etwas passiert sein... Jürgen Röber sollte seiner Mannschaft sagen, daß sie nur auf der linken Außenbahn spielen soll, damit wir wenigstens ETWAS sehen.
René Hiepen *ZDF-Moderator, beim „Nebelspiel“ zwischen Hertha BSC und Barcelona*

Es hat nur zweimal geregnet: Einmal fünf Tage, einmal acht Tage.
Heinz Höher *über ein Trainingslager auf Sylt*

Wir spielen noch schlechter als das Wetter.
Martin Driller, *Spieler beim 1. FC Nürnberg*

Wäre es kälter gewesen, wäre vielleicht einer meiner Spieler am Boden festgefroren!
Peter Neururer, *Trainer von VfL Bochum*

Die Brasilianer haben heute die Handschuhe an. Ihnen schmecken die Temperaturen überhaupt nicht!
Patrick Wasserzieher, *„premiere“Reporter, beweist Geschmack im kleinen Finger*

WASSERN ...

... nennt man in Österreich nicht nur die wundersame Weinvermehrung durch unlautere Winzer, sondern, vor allem im Fußball, das *Zeitschinden*. Eine weltweit gepflogene Unsitte, wie die lehrreiche Anekdote von Spaniens Ballbuben *(Chicos de Balon?)* hübsch belegt:
● *Betis Sevilla* führte gegen *Atletico Madrid* mit 1:0. Kein Grund also für die Jugendlichen am Spielfeldrand, die ins Out geschossenen Bälle überhastet zurück zu bringen. Bis Schiedsrichter **Ayra Gamaz** zur Seitenlinie lief und *allen Ball-Schanis* die Rote Karte zeigte. Die Zehn- bis Zwölfjährigen verließen unter Tränen die Arena, das Publikum applaudierte sogar. Freilich: Bestraft wurden die Halbwüchsigen nicht, denn Sanktionen für derlei Zeit-Vergehen sind in den Statuten nicht verankert.

Hier scheint der schwedische Referée Leif Sundell Österreichs Andi Herzog mitzuteilen: „Ab sofort gelten die Regeln für Wasserball!“

„DIE WASSERSCHLACHT ...

... von Frankfurt“ – so hieß jenes völlig irreguläre, aber (auf Druck von oben) durch den Österreicher **Erich Linemayr** dennoch angepfiffene Match Deutschland - Polen bei der ➔ ***WM 1974***). Der Ball blieb über weite Strecken stecken.

Es regnet in Strömen. Der Fussballplatz ist total überschwemmt. Trotzdem soll das Spiel stattfinden. Vor dem Anpfiff fragt der Kapitän seine Mannschaft: „Sollen wir zuerst mit der Strömung spielen oder dagegen?“

WAHRHEITEN

> ***Es ist nicht immer alles wahr, was stimmt.***
> **Stefan Wessels,** *Kölner Kicker*
>
> ***Vieles, was darin geschrieben wurde, ist auch wahr.***
> **Werner Lorant** *übers seine „Beinharte Story"*
>
> ***Die Wahrheit liegt auf dem Platz.***
> **Otto Rehhagel,** *Europameister 2004*

Platz 1 trifft auf Platz 9 (siehe Wertung unten): Pelé und Eusébio

TOP TEN WELT-FUSSBALLER DES JAHRHUNDERTS

1999 wurde von der ***International Federation of Football History & Statistics*** diese Reihung der „Welt-Fußballer des 20. Jahrhunderts" ermittelt:

1. **Pelé,** Brasilien (1705)
2. **Johan Cruyff,** Niederlande (1303)
3. **Franz Beckenbauer,** D. (1228)
4. **Alfredo Di Stéfano,** Uruguay (1215)
5. **Diego Maradona,** Arg. (1214)
6. **Ferenc Puskás,** Ungarn (810)
7. **Michel Platini,** Frankreich (722)
8. **Garrincha,** Brasilien (624)
9. **Eusébio,** Portugal (544)
10. **Bobby Charlton,** England (508)

WELTREKORDE

● **Panagiotis Pontikos** (*1978) ist ein griechischer Spieler in der dritten Liga seines Landes und stürmt für *Olympos Xylofagou* spielt. Am 7. Mai 2007 stellte er einen neuen Weltrekord auf, indem er ***16 Tore in einem Spiel*** schoss. Olympos gewann gegen *SEK Ayios Athanasios* mit 24:3. Pontikos scorte in der ... 3., 20., 33., 35., 47., 50., 55., 56., 58., 61., 68., 75., 76., 83., 86. und 87. Minute. Dadurch wurde er auch noch Torschützenkönig der Saison - und zum modernen griechischen Klassiker..

● **Archie Thompson** (*1978 in Otorohanga) ist ein australischer Stürmer neuseeländischer Herkunft. Der gebürtige *Kiwi-Kicker* bestritt sein erstes Länderspiel für die ***Socceroos*** am 28. Februar 2001 in der Partie gegen *Kolumbien*. Weltweit zum Begriff wurde er am 11. April 2001. In seinem dritten Länderspiel erzielte er ***13 Tore*** beim 31:0 gegen *Amerikanisch-Samoa* im australischen Badeort Coffs Harbour. Damit stellte er ebenso einen neuen Weltrekord auf wie auch sein Nationalteam: höchste Trefferanzahl, höchster Sieg in einer offiziellen Begegnung der Auswahlen zweier nationaler Verbände.

● **Sophus Erhard „Krølben" Nielsen** (1888-1963) war ein dänischer Stürmer und der erste Spieler, dem ***zehn Tore*** in einem offiziellen A-Länderspiel gelangen. Nielsen spielte die meiste Zeit seiner Karriere bei *BK Frem København*. Zwischen 1913 und 1915 stand er für *Holstein Kiel* auf dem Platz und wurde

Hätten Sie's gewusst?

WELTREKORDE

Welchen Fußball-Weltrekord – bei Weltmeisterschaftenhält (sogar) Österreich?

a. die meisten eingesetzten Spieler während eines Turniers (18, 1978)

b. die wenigsten Tore während eines Turniers (zwei, 1958)

c. das trefferreichste Spiel (Österreich – Schweiz 7:5, 1954)

Richtige Antwort: **c.**

1914 Norddeutscher Vizemeister. Für die dänische Nationalmannschaft absolvierte er zwischen 1908 und 1919 20 Partien und erzielte dabei 16 Tore. Zehn allein am 22. Oktober 1908 im Halbfinalspiel des olympischen Turniers bei einem 17:1-Erfolg gegen Frankreich.

● **Gottfried Fuchs** (1889-1972), der in Karlsruhe zur Welt kam und in Montreal/Kanada starb, war ein deutscher Ausnahme-Stürmer mit dem Karlsruher FV als Stammverein. Er war von 1911 bis 1913 6x für Deutschland international und erzielte dabei insgesamt 14 Tore. Dies ist bis heute (Stand: Herbst 2007) die beste Quote (2,33) eines deutschen Nationalspielers. Bei den Olympischen Spielen 1912 in Stockholm erzielte er im Spiel gegen Russland ***zehn Tore***. Da **Fuchs** jüdischer Herkunft war, musste er 1937 nach Kanada emigrieren. Wegen der „Nürnberger Rassengesetze" der Nazi-Diktatur wurde sein Name aus fast allen Fußball-Statistiken gelöscht.

WETTEN

Wetten tun in Deutschland nur die Schiedsrichter.

Ebi Smolarek, *polnischer Nationalspieler bei Borussia-Dortmund*

Ich habe mich mein ganzes Leben für Pferderennen interessiert – ja eigentlich schon länger ...

Kevin Keegan *(Liverpool, HSV) erzählt von fernen Zeiten in einem früheren Dasein*

Ruf mal das Wickert-Institut an und lass eine Hochrechnung machen, wie es nach 90 Minuten steht.

Uwe Klimaschefski, *als Trainer des FC Homburg, zu seinem Geschäftsführer, als es nach 37 Minuten im Pokalspiel gegen Köln bereits 7:0 stand ...*

WERBUNG

Was dieses phantastische Spiel an Werbung für den Fußball gebracht hat, ist nicht wieder gutzumachen (1984).

Eberhard Figgemeier *ZDF-Reporterlegende*

„Wenn die Eckfahne Nutella-Fahne heißt, höre ich auf."

Manfred Breuckmann *Reporter-Urgestein zur Kommerzialisierung im Fußball*

WETTERN

Bei der WM 1986 in Mexiko beschäftigte sich der dritte deutsche Torwart **Uli Stein** (HSV, 2x Meister, 1x Pokalsieger) nur mit „Wetter und Wettern": Er aalte sich in der Sonne und ätzte über **Beckenbauer** (**➜ *Suppen-Kasper, S. 107***). Tiefpunkt seiner Karriere: 1987 im Supercup-Finale gegen die Bayern, als er **Jürgen Wegmann** mit einem Faustschlag niederstreckte ...

Hielt viele Bälle, aber kaum jemals den Mund: Uli Stein (nur 6 Länderspiele).

WILD-WECHSEL

Alles was mir jetzt noch einfällt, bringt mich mindestens fünf Jahre ins Gefängnis.

Edgar Geenen *auf die Frage, wie er sich nun aus der Affäre ziehen wolle (er hatte im Jahr 2000 ein Verhältnis mit* **Angela Hässler,** *Ickes Frau, begonnen, und wurde daraufhin von 1860 München vorzeitig entlassen)*

Ein Ball für jede Halbzeit!

1930 Uruguay

Zur Premiere der Idee „Weltpokal der Nationen" gab es die schütterste Kulisse aller Zeiten: Vor 500 Fans siegte Frankreich im Schneegestöber gegen Mexiko mit 4:1. Absolutes Kuriosum im logischen Endspiel: Sowohl Gastggeber Uruguay als auch der große „Bruder" Argentinien wollten jeweils mit ihrem gewohnten Ball spielen. So kam jede Halbzeit ein anderes Modell ins Spiel ...

● **Finale: Uruguay - Argentinien 4:2 (1:2).** Estadio Centenario, Montevideo, 60.000, SR: Langenus (Belgien), Tore: Dorado, Cea, Iriarte, Castro; Peucelle, Stabile.

Azzuri zum Sieg getragen

1934 Italien

Im glühwangig aufgeplusterten faschistischen Italien **Mussolinis** wurde der WM-Titel zur „nationalen Sache" und daher auch keine Sekunde dem Zufall überlassen. Schon im Vorfeld waren massive (heute erwiesene) Bestechungsvorwürfe laut. Dennoch: Der zeitgleich rollende ***Giro d'Italia*** weckte mehr Interesse bei den ***Tifosi*** (wörtlich: Typhuskranke) als ***Calcio*** ...

● **Finale: Italien - Tschechoslowakei 2:1 (0:0, 1:1) nach Verl.,** Nationalstadion, Rom, SR: Eklind (Schweden), Tore: Orsi, Schiavo; Puc.

Nazi-onalteam gedemütigt

1938 Frankreich

Österreich war zwar sportlich qualifiziert, aber von **Hitler**-Deutschland militärisch zum Teil des „Altreichs" disqualifiziert. Nun mussten also 6 Deutsche (Schalker Kreisel) und 5 Wiener (Scheiberlspiel) ran – und gingen zur hellen Freude der restlichen Welt sang- und klanglos unter. Mit **Leonidas da Silva** (Brasilien) zeigte erstmals eine „schwarze Perle" als Superstar auf. Im Finale stand das Duell des Fallrückzieher-Pioniers **Piola** mit dem brillanten Juristen **Dr. Sarosi** im Fokus.

● **Finale: Italien - Ungarn 4:2 (3:1).** Stade Colombes, Paris, 55.000, , SR: Capdeville (Frankreich), *Tore:* Piola (2), Colaussi (2); Titkos, Sarosi.

Ein Schock, 2 Selbstmorde

1950 Brasilien

Die erste WM nach dem Weltkrieg: Ein Fest des Friedens? Die Final-Niederlage Brasiliens (in Wahrheit das letzte Gruppenspiel, in dem ein Remis zum Titel gereicht hätte!) gegen den Mini-Nachbarn Uruguay wurde zur „nationalen Schande", die drei schwarzen Abwehrspieler inkl. Tormann mussten rassistische Anwürfe erdulden. Es gab drei Tote im Stadion (zwei Selbstmorde, ein Infarkt).

● **Finale: Uruguay - Brasilien 2:1 (0:0),** Estádio Maracaná, Rio de Janeiro, 199.900, SR: Reader (England), *Tore:* Schiaffino, Ghiggia; Friaca.

„Goldene Elf" ausgetrickst

1954 Schweiz

In der Vorrunde schickte der clevere deutsche Bundestrainer **Sepp Herberger** die halbe Reserve gegen die unschlagbare Goldene Elf der Ungarn aufs Feld geschickt – 3:8! Damit konnte es erst im Finale wieder zum Duell mit der Traumtruppe rund um **Ferenc Puskas** kommen. Und dort rettete Tormann Gold-**Toni Turek** das ***„Wunder von Bern"***. .

● **Finale: Deutschland - Ungarn 3:2 (2:2),** Wankdorf-Stadion, Bern, 63.950, SR: Ling (England), *Tore:* Rahn (2), Morlock; Puskas, Czibor.

Blutjunger Jahrhundert-Star

1958 Schweden

Erstmals echte Skandalspiele mit Platzverweisen (Deutschland unterliegt Schweden dezimiert). Und ein bulliger Einspringer bei den Franzosen beutelt die Bummerln aus dem Fußgelenk: **Just Fontaine** stellt mit 13 Toren ein Ewigkeitsrekord auf. DIE Attraktion aber: Der grade 17jährige bald größte Fußballer aller Zeiten, noch in den Kinderpatscherln – **Pelé**! Ins Ensemble der legitimen Künstlernamen (**Vava, Didi, Garrincha**) fügt er sich virtuos ein und ragt noch heraus. Die Fußballwelt hat ihren ersten globalen Superstar.

● **Finale: Brasilien - Schweden 5:2 (2:1),** Rasunda-Stadion, Solna, 49.750, SR: Guique (Frankreich), *Tore:* Vava (2), Pelé (2), Zagalho; Liedholm, Simonsson.

2006: BRASILIEN VOR ITALIEN UND DEUTSCHLAND* TEIL I

Seltenes Match bei einer WM (erst 1x!): Pelé-Schulz in Hamburg, Brasilien - Deutschland 2:1 (in Freundschaft).

Die Idee mit Füßen getreten

1962 Chile

Fußball wird zum ganz großen Geschäft. Der Einsatz erhöht sich dramatisch und - tragisch. Bei der, bisher schwächsten und dem Sport abträglichsten WM aller Zeiten, droht die Idee von den Eisenfüßen der Schnalzer und Holzhacker zertreten zu werden. **Pelé** schafft verletzt nur ein Match, die Brasilianer holen sich dennoch den zweiten Titel - auch, weil einer besten Torhüter der Geschichte, der Tscheche **Schroif**, im Finale saumäßig daneben greift. Die tiefstehende Sonne, sagt er später, hätte ihn geblendet.

● **Finale: Brasilien - Tschechoslowakei 3:1 (1:1),** Estádio Nacional, Santiago, 68.630, SR: Laychev (Sowjetunion), *Tore:* Amarildo, Zito, Vava; Masopust.

Das Tor ins deutsche Herz

1966 England

Es gibt zwar Dutzende Blickwinkel, aber keinen einzigen Beweis *für* ein Tor, nur jede Menge *dagegen* (→ ***Lattenpendler***), doch das Wembley-Goal brachte dem Mutterland des Fußballs, England, nach Jahrzehnten die Rückkehr des Ruhms auf die Insel. Bemerkenswert: Der erste große internationale Auftritt von **Franz Beckenbauer**, zunächst noch im Mittelfeld. Unerträgliche Schmach für Italien: Das frühe 0:1-Out gegen Nordkorea.

● **Finale: England - Deutschland 4:2 (2:2, 1:1) nach Verlängerung,** Wembley-Stadion, London, 97.000, SR: Dienst (Schweiz), *Tore:* Hurst (3), Peters; Haller, Weber.

Zauberer - Catenaccio 4:1

1970 Mexiko

Endlich! Die Fußball-WM als echte ***Messe der Moderne***. Brasilien (rund um den reifen und bereits rundlichen **Pelé**) verleiht den Außenverteidigern Flügel - dem finalen Schuss für das vor Schreck und Bewunderung „erstarrte" Opfer Italien geht eine historisch beispiellose Ballstafette voraus, bei der jeder Brasilianer den Ball zumindest einmal berührt. Der → ***Catenaccio*** wird zu Graben getragen.

● **Finale: Brasilien - Italien 4:1 (1:1),** Aztecen-Stadion, Mexico City, 106.900, SR: Glöckner (DDR), *Tore:* Pelé, Gerson, Jairzinho, Carlos Alberto; Boninsegna.

Wertarbeit - Arroganz 2:1

1974 Deutschland

Noch keine 60 Sekunden waren im Münchner Finale gespielt, die Deutschen hatten den Ball auch noch kein einziges Mal berührt. Da zog Kult-Kicker **Johan Cruyff** in den Strafraum und **Uli Hoeness** (nicht Sonderbewacher **Berti Vogts**!) holte ihn von den zarten Füßen. Elfer - die Oranjes als Favorits siegessicher und fast nur noch aufs Verhöhnen des biederen Gegners aus. Da schlug die Wertarbeit zu und die Arroganz lag in Agonie. Der Beginn einer wunderbaren Feindschaft.

● **Finale: Deutschland - Niederlande 2:1 (2:1),** Olympiastadion, München, 77.800, SR: Taylor (England), *Tore:* Breitner (Foulelfer), Müller; Neeskens (Foulelfer).

*Die besten Nationen: **Brasilien** (5x 1., 2x 2., 2x 3., 1x 4.) vor **Italien** (4/2/1/1) und **Deutschland** (3/4/3/1).

Happels Hoppala: Holz ...

1978
Argentinien

Um ein (Frauen-)Haar wäre unser „Wötmasta" tatsächlich Weltmeister geworden: **Ernst Happel**, Teamchef der Niederländer, sah im Endspiel gegen die entfesselten Argentinier, wie sein Topstar **Rob Rensenbrink** Sekunden vor dem Schlusspfiff (bei 1:1) aus drei Metern (aber sehr spitzem Winkel) nicht ins leere Tor, sondern nur die Stange traf. Im Nachspiel drehten **Kempes** & Co. groß auf.

● **Finale: Argentinien - Niederlande 3:1 (1:1, 1:0) nach Verlängerung, rankreich - Spanien 2:0**Estádio Monumental, Buneos Aires, 77.250, SR: Gonella (Italien), *Tore:* Kempes (2), Bertoni; Nanninga.

Die Hände Gottes nach dem Schlusspfiff: Titel für Maradona

Keiner *Conti* Bruno stoppen

1982
Spanien

Wie **Pelé** (1958, 1970), **Eusebio** (1966), **Cruyff** (1974) oder **Kempes** (1978), so schlüpfte der unscheinbare Römer **Bruno Conti** 1982 in die Rolle des überragenden Turnier-Spielers. Seine genialen Pässe, sein Überblick und sein Laufpensum stellten den dritten Titel für Italien sicher. Deutschland war nach der → ***Schande von Gijon*** und dem → ***Thriller von Sevilla*** kein großer Finalgegner mehr.

● **Finale: Italien - Deutschland 3:1 (0:0),** Estádio Bernabéu, Madrid, 90.000, SR: Coelho (Brasilien), *Tore:* Rossi, Tardelli, Altobelli; Breitner.

Das Tor des Jahrhunderts

1986
Mexiko

Nach einer kleinen Lüge („die Hand Gottes") beim 1:0 gegen England kam die große, bis heute unerreichte Show des universellsten Fußballgenies seit n **Pelé**: Fünf Feldspieler und ein Torhüter mussten dran glauben, als **Diego Maradona** von der Mittellinie aus loslegte. Im Finale patzte Deutschlands Keeper **Schumacher** nach Noten. Für die argentinische Nr. 1 unter den Trägern der Nr. 10 war Mexiko die Genugtuung für das bittere Versagen (auch seiner Nerven) vier Jahre zuvor.

● **Finale: Argentinien - Deutschland 3:2 (1:0),** Acteken-Stadion, Mexico City, 114.500, SR: Arppi Filho (Brasilien), *Tore:* Braun, Valdano, Burruchaga; Rummenigge, Völler.

Der einsame Beckenbauer

1990
Italien

Jeder hatte Italien oder Argentinien „auf der Karte", doch der deutsche Teamchef ohne Lizenz, **Franz Beckenbauer**, wendete mit Glück, Geschick und Großzügigkeit der Gegner (England verschoss wieder mal wichtige Elfmeter) das Blatt: Dritter Titel nach 1954 und 1974. Mit seiner Ankündigung – „durch die Wiedervereinigung wird Deutschland auf Jahre hinaus unschlagbar sein" – irrte der Kaiser freilich fürstlich. Im Gegenteil: Es kam ganz dicke für die Gesamt-Germanen ...

● **Finale: Deutschland - Argentinien 1:0 (0:0).** Stadio Olimpico, Rom, 73.600, SR: Mendez (Mexiko), *Tor:* Brehme (Foulelfer).

Der Elfer als „Zwölferfrage"

1994
USA

Es hätte so schön sein können, es hätte so schön sein müssen! Denn mit dem riesigen neuen Fußballmarkt USA galt es schließlich, den Kick über den Atlantik rüber zu bringen. Weit gefehlt. Im Sinn des Wortes: Selten zuvor wurden soviele Elfer von so großen Namen versemmelt. Das Finale blieb ein Gedränge, Gedrücke und Geschiebe, worauf es fast ein Jahrzehnt brauchte, ehe sich die Amis wieder ein wenig dem seltsam runden Leder zuwandten. Seither sind sie allerdings auf der Überholspur. Spieler des Turniers: der „Laufmeter" Brasiliens: **Romario**.

● **Finale: Brasilien - Italien 3:2 (0:0, 0:0, 0:0) nach Elferschießen.** Rose Bowl, Pasadena, 94.930, SR: Puhl (Ungarn).

006: RONALDO VOR GERD MÜLLER UND FONTAINE* TEIL II

Fieber gegen Grippe 3:0

1998 Frankreich

Selten zuvor hat eine Heimelf „ihre" WM in so einem Fieber und Spielrausch an sich gerissen wie die genialen Gallier rund um den algerisch-stämmigen Zizou. Just im Finale war Brasilien keine Hürde mehr, denn Superstar **Ronaldo** hatte offenbar ein Zehner-Valium statt der Grippetabletten erwischt. Er irrte wie ferngesteuert hilflos übers Feld.

● **Finale: Frankreich - Brasilien 3:0 (2:0).** Stade de France, St-Denis, Paris, 79.980, SR: Belquola (Marokko), *Tore:* Zidane (2), Petit.

Die Teutonen „kalifornisiert"

2006 Deutschland

Im Vorfeld der Heim-WM gab's nur Spott und Hohn für die herumtaumelnden **Klinsmänner**: „Wie heißt die neue deutsche Vorwahl? 1-4, 1-4!" So ging Bayern gegen Milan unter, so strich die Nationalelf ihre Segel gegen Italien. Dann aber: Ein Land im Ausnahmezustand (die deutsche Seele wirkte wie „kalifornisiert"). Italien stoppte den Lauf und **Materazzi** stoppte **Zidanes** Sturschädel.

● **Finale: Italen - Frankreich 5:3 (1:1, 1:1, 1:1) nach Elferschießen.** Olympiastadion, Berlin, 69.000, SR: Elizondo (Argentinien), *Tore:* Materazzi; Zidane (Foulelfer).

2002 Ronaldo!

Diesen Kuss der ganzen Welt: Ronaldo und Gilberto Silva sind Weltmeister (2:0 gegen Deutschland in Yokohama

Ein „Titan" patzt sich an ...

2002 Japan/Südkorea

Ironie des Schicksals: Der vor dem Finale zu Recht zum „Tormann des Turniers" gekürte **Oliver Kahn**, der seine Deutschen fast im Alleingang Runde für Runde rausgeboxt hatte, ließ gegen Brasilien den ersten „Haltbaren" zu. Das brach die Moral. Für den 1998 geknickten **Ronaldo** hingegen gab's den verdienten Trost. Fünfter Titel!

● **Finale: Brasilien - Deutschland 2:0 (0:0).** International Stadium, Yokohama, 60.000, SR: Collina (Italien), *Tore:* Ronaldo (2).

ÖSTERREiCH BEI DER FUSSBALL-WM

1x Dritter: Tolle Namen (Happel, Hanappi, Ocwirk), tolle Spiele (7:5 gegen die Schweiz) - „Bronze" **1954** (dank 3:1 gegen Uruguay).

1x Vierter: Mit-Favorit **1934**, doch zu arrogant: Kein Trainer, kein Masseur, keine Freunde bei den Schiris (kleines Finale: 2:3 gegen Deutschland).

1x Siebenter: Mit dem Jahrhundertsieg gegen Deutschland (3:2, Cordóba) wird **1978** unsterblich. Platz 7 ist bei 2 Finalgruppen aber nur Spielerei.

8x dabei, 10x draußen. Besonders schmerzlich der Teilnahme-Verzicht 1962 (→ *Decker-Ära*), als wir kaum einen Gegner in Europa hatten ...

*Die erfolgreichsten Torschützen: **Ronaldo** (Bra, 15 Tore) vor **Gerd Müller** (D, 14) und **Just Fontaine** (F, 13).

WUNDERHEILER (WIE AMERICO)

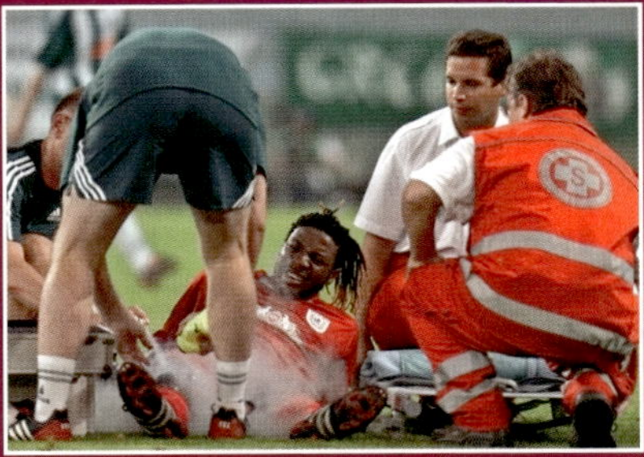

Der Herr am Hosenboden heißt tatsächlich **Macbeth Sibaya** und kommt aus Südafrika. Er spielt für den SFK Rubin Kasan aus Tatarstan. Die *müssen* dort einfach Wunderheiler haben!

Was hilft, wenn nix mehr hilft?

Vom Medizinmann zum Politiker? Ja, **Mario Americo**, den die ganze Fußballwelt nur beim Nachnamen nannte, war viereinhalb Jahrzehnte lang der gute Geist der brasilianischen Nationalelf. Boxerfigur, Vollglatze, Plastik-Kübel und eine Art Leibgürtel *(in XXXL)* voll von Tinkturen, Wässerchen und Essenzen. Americo knetete aber nicht nur die Muskeln der Selecao-Stars von Pelé bis Zico, von Garrincha bis Rivelinho: Er lockerte stets auch die Seelen der sensiblen Diven. Neben Blessuren aller Art verstand er es, auch die bösen Mächte gleich mit zu verscheuchen. 1962 in Chile, als geholzt und geschnalzt wurde wie nie zuvor, wurde er zur „tragenden" Figur im Trauerspiel „WM". Bei **Pelé** half nix – der Gejagte konnte nur *ein* Spiel machen. Nach seinen siebenten Titelkämpfen, 1974 in Deutschland, ging Americo mit 62 Jahren in die Fußball-Rente und wurde Abgeordneter im Parlament von Sao Paulo, wo er auch 1991 verstarb. Sein Credo: ***„Man muss mit der Verletzung reden."*** Eines seiner Wundermittel, der stimulierende Saft der amazonischen Guarana-Traube, hat inzwischen in der globalen Pharma-Industrie große Karriere gemacht.

WUNDERTEAM: WIE DURC

Der jähzornige Meis

16. Mai 1931 bis 9. April 1933: *Das war die mit Abstand glanzvollste Ära der österreichischen Fußballgeschichte. Ein echtes Wunderteam – und keines von diesen vielen, vielen Teams, über die man sich nur wundert. Ein Märchen, das vor 76 Jahren im Kaffeehaus begann.*

Hugo Meisl *(1881-1937)*, großbürgerlicher Alt-Österreicher mit jüdischen Wurzeln, war Teamchef von 1919 bis 1937. Seine fußballerische Vorliebe galt dem körperbetonten britischen Stil – und damit dem exakten Gegenteil dessen, was das zweite Superhirn hinter dem „Wunderteam" ausmachte: **Matthias Sindelar** *(1903-1939)* der filigrane, fast feinziselierte „Papierene", der sich an den Gegner unfassbar (im Sinn des Wortes!) vorbeischlich, statt sie umzurennen. Der umschwärmte blonde Star der Austria fehlte sogar in 14 Spielen en suite, worauf der Druck der Fans und Journalisten auf Meisl immer stärker wurde. Im Wiener Traditions-Café „Rembrandt", wo er seinen Stammplatz hatte, entstand auf einem „Kaszettel" die „Unterwerfung". Meisl wechselte in den rumorende Presse-Treff „Café Ring" und warf das Stück Papier *(mit dem „Papierenen" drauf)* der lauernden Meute wütend auf den Tisch: ***„Da habts euer Schmiranski-Team!"*** Meisl gilt als jähzornig. Er hat schon Spieler wegen eines einzigen Fehlpasses als „Verbrecher" angebrüllt. Aber diesmal hat er Unrecht. Denn:

Superhirn hinter dem Wunder: Hugo Meisl

EN DRUCK VON FANS UND PRESSE EIN MYTHOS ENTSTAND

„Da habts euer Schmieranski-Team"

Der Papierene: Matthias Sindelar, der kurz nach dem „Anschluss" unter mysteriösen Umständen starb.

Am 16. Mai 1931 tritt das österreichische Fußballteam erstmals in folgender Aufstellung an: **Hiden** im Tor, davor **Rainer, Blum, Braun, Smistik, Nausch, Zischek, Gschweidl, Sindelar, Schall** und **Vogl**. Auf der Hohen Warte erleben 80.000 Fans ein 5:0 gegen Schottland.
Die Geburtsstunde des Wunderteams! Es folgen ein 5:0 und ein 6:0 gegen Deutschland (und das binnen zweier Wochen), ein 8:1 gegen die Schweiz, ein 8:2 gegen Ungarn (mit einem Sindelar-Hattrick), Siege gegen Frankreich (4:0), Italien (2:1), Belgien (6:1) und Schweden (4:3).
Die sagenhafte Serie von 12 Siegen in 16 Spielen endet am 9. April 1933 mit einem 3:4 in Prag. Das bemerkenswerteste Spiel findet aber am 7. Dezember 1932 an der Stamford Bridge in London statt. Die Engländer haben zu Hause noch nie verloren, was ihnen noch weitere zwanzig Jahre nicht ins Haus stehen sollte. Das Wunderteam reist mit dem Zug an! In St. Pölten, Linz und München warten Tausende Menschen auf den Bahnsteigen, nur, um empfangen die Legenden einmal hautnah zu erleben. 500 Schlachtenbummler fahren mit, die RAVAG *(der ORF-Hörfunk-Vorläufer)* überträgt dank dem legendären **Prof. Willy Schmieger** das Spiel live auf dem Heldenplatz, wo zig Tausende gebannt lauschen. 70.000 Fans und 400 Journalisten erleben in London ein 3:4 des Wunderteams, das als Sieg gefeiert wird. Nie zuvor hatte ein Team vom Festland in England mehr als ein Tor erzielen können. Nie wieder gab es eine derartige Ballung an österreichischen Fußball-Genies.

W

David Beckham bespringt John Terry (nach dem 1:0-Freistoßtor für England gegen Brasilien, Endstand 1:1, 2007): „Solange ich nur Jungs küsse, wird das Victoria kaum stören."

WELT-STARLET

„David Beckham – die Anna Kournikova des Fußballs: Schön, aber erfolglos.

The Sun *(auflagenstärkstes englisches Massenblatt)"*

XAVIER TIPP-X XENOPHOBIE XANTHIPPEN XÖCHTER X-HAXEN X-LARGE X-BELIEBIGES XAMAX NEUCHATEL XAVIER TIPP-X XENOPHOBIE XANTHIPPEN XÖCHTER X-HAXEN X-LARGE X-BELIEBIGES XAMAX NEUCHATEL XAVIER TIPP-X XENOPHOBIE XANTHIPPEN XÖCHTER X-HAXEN X-LARGE X-BELIEBIGES XAMAX NEUCHATEL XAVIER TIPP-X XENOPHOBIE

X

TIPP-X XENOPHOBIE XANTHIPPEN XÖCHTER X-HAXEN X-LARGE X-BELIEBIGES XAMAX NEUCHATEL XAVIER TIPP-X XENOPHOBIE XANTHIPPEN XÖCHTER X-HAXEN X-LARGE X-BELIEBIGES XAMAX NEUCHATEL XAVIER TIPP-X XENOPHOBIE XANTHIPPEN XÖCHTER X-HAXEN X-LARGE X-BELIEBIGES XAMAX NEUCHATEL XAVIER TIPP-X XENOPHOBIE XANTHIPPEN

wie Xanthippen, X-Large und X-Haxen

XÖCHTER X-HAXEN X-LARGE X-BELIEBIGES XAMAX NEUCHATEL XAVIER TIPP-X XENOPHOBIE XANTHIPPEN XÖCHTER X-HAXEN X-LARGE XAMAX NEUCHATEL XAVIER TIPP-X XENOPHOBIE XANTHIPPEN XÖCHTER

X wie Xanthippen, X-Large und X-Haxen

Unter „X" gibt's alles – nur nix X-Beliebiges. Sogar zwei, jeweils auf ihre Art, ganz seriöse Themen. Die *Xenophobie* (also der Rassismus rund um den Rasen) und die Männer-Frage: „Ist eine *Xanthippe* **nur** böse?"

XENOPHOBIE*

„*Soll ich etwa ein Lagerfeuer im Wohnzimmer machen?*"

Tony Yeboah *(als der „kicker" schrieb, er wohne „wie ein deutscher Muster-Bürger")*

*kommt aus dem Griechischen und heißt „Fremden-Scheu".

Auch in der österreichischen Bundesdliga regte sich der Widerstand gegen die aufkeimenden Ansätze von Fremdenfeindlichkeit.

← Verena Kahn-Kerth
Holte ihn von ihrer Würstelbude aus der Ehe (Gattin **Simone** hochschwanger) und verzieh ihm sogar die (Aus-)Wahl der Miss Tirol.

← Conny Schachner
Frisch, saftig, steirisch: Enorm clever, knallhart und erfolgreich beim Verhandeln seiner Verträge. Sie ist „Schokos" Silber-Papier!

XANTHIPPE* ODER GUTE SEELE? BEIDES!

So hieß die gar strenge Ehefrau des Denkers Sokrates. In Wahrheit war sie nicht bloß zänkisch, sondern seine soziale Rettung, denn als gute Seele hütete sie Haus, Hof und Habe wenn er philosophierte.

→ Victoria Beckham
Greift **David** zur Babysitterin, greift sie zur Kreditkarte. **Posh Spice** macht ihm die Hölle heiß.

Claudia → Effenberg
Kam von Kollege **Strunz**, posierte auf heißen Fotos mit Effe und verschwand von der Bildfläche ...

> ***Ich brauche keinen Butler, ich habe eine junge Frau.***
>
> *THOMAS DOLL (dt. Italien-Legionär, danach Trainer u. a. beim HSV) - die Betreffende, SINA, kam ihm freilich relativ rasch Richtung OLAF BODDEN (1860 München) abhanden ...*

> ***Wenn ich nur dran denke, dass dieses Spice Girl auch mitkäme! Das Theater brauch ich nicht.***
>
> *ULI HOENESS, Bayern-Manager, über einen möglichen Erwerb von DAVID BECKHAM*

XAMAX
*... ist der Name des Schweizer Traditionsklubs **Neuchâtel** (Neuenburg). Xamax? Eine Uhrenmarke, eine Käsesorte? Viel besser: 1916 wurden die Rot-Schwarzen von **Max Abegglen** (1902-1970, 68 Länderspiele, 32 Tore, 6x Meister, 5x Cupsieger mit den **Grasshoppers**) mitbegründet. Und den nannten alle nur „Xam". Xam + Max = Xamax!*

XENOPHOBIE?

Die menschliche und intellektuelle Entgleisung, Spieler anderer Hautfarbe zu verhöhnen (der Kameruner Weltklasse-Stürmer **Samuel Eto'o**, 3x Afrikas Fußballer des Jahres, wurde in Spanien mit Affengesten und Dschungelgeräuschen fast bis zur völligen Verzweiflung gehetzt), zählt zu den widerlichsten Erscheinungsformen des „modernen Fußballs". Weltweite Gegen-Initiativen *(siehe Foto links)* beginnen erfreulicher Weise zu greifen. Wer waren nun die Pioniere in unseren Breiten, die jedem Vorurteil die Spitze nahmen? Eine „Perlen"-Reihe an Stars:

● **Erwin Kostedde** (*1946), Sohn eines afroamerikanischen GI und einer Münsterin war der erste *Farbige* (korrekt: *Schwarze*) in der deutschen Nationalelf (3 Spiele). Der Goalgetter (Klub-Rekordschütze bei *Offenbach*, frz. Schützenkönig bei *Stade Laval*) debütierte am 22. 12. 1974 beim 1:0 gegen *Malta* in La Valletta (EM-Quali). Als er mit 34 noch von *Werder Bremen* verpflichtet wurde, sagte der damalige Manager **Rudi Assauer**: ***„Bei uns braucht er nicht mehr zu laufen, es genügt, wenn er im gegnerischen Strafraum mit dem Hintern wackelt und seine Tore macht."*** ***→ Bitte umblättern!***

***heißt wörtlich „blondes Pferd". Sokrates sagte, als sie ihn einmal einen Nachttopf über den Kopf goss: „Wenn meine Frau donnert, spendet sie auch Regen." Kurz: Er liebte sie!**

X

Schwer gezeichnet (schwer *und* gezeichnet): Diego Maradona, mit 120 Kilo quasi verdoppelt, 2003 auf Kur in Kuba

XÖCHTER

*... ist ein die gewagte Lautschrift von **G'sölchter** („Geselchter"). Damit bezeichnet man in Österreich gern liebevoll hagere, magere, aber drahtige und zähe Menschen. Berühmtester Beispiel unter den Fußballern: **Robert Körner** (→ Spitznamen).*

● Kostedde, der später dem Alkohol verfiel und sogar mit einem Bankraub in Verbindung gebracht wurde, folgte **„Jimmy"** *(William)* **Hartwig** (*1954), gleichfalls Sohn eines schwarzen US-Besatzungssoldaten. Er stieg 1977 mit *1860 München* in die Bundesliga auf und wurde mit dem *HSV* 3x Meister sowie Eurocupsieger der Landesmeister. Als er 1987 von *Köln* nach *Salzburg* wechselte und dort xenophoben Hänseleien ausgesetzt war, verasetzte er einem Mitspieler eine Ohrfeige und wunderte sich: ***„Der liegt selber stundenlang im Solarium und beschimpft mich wegen meiner dunklen Hautfarbe!"*** Hartwig stand 2x im deutschen Team und kämpfte sich nach dem Karriere-Ende noch tapfer für RTL (***Ich bin ein Star, holt mich hier raus***) als B-Promi durch den TV-Urwald.

> ***Schwule sind für Fußball viel zu weich.***
>
> PAUL STEINER *(1 Länderspiel), offenbar ein besonderer harter Dumpfgummi unter den erfolglosen Kickern (der Xeno- mit Homophobie „anreichert")*

● **Gerald Asamoah** (*1978 in *Ghana*) stürmt seit 1999 für *Schalke* (2x Pokalsieger). Körperlich robust, spielerisch elegant, trickreich und schnell: Er ist kaum ohne Foul vom Ball zu trennen. Nach der Einbürgerung 2001 war Asamoah der erster gebürtige Schwarzafrikaner in einer DFB-Auswahl. Zum Debüt am 29. Mai 2001 gegen die Slowakei schoss er gleich ein Tor. Bei WM 2002 wurde er im Finale eingesetzt.

● **David Odonkor** (*1984), Vater Ghanaer, Mutter Deutsche, wechselte 2006 für 6,5 Mio. Euro von *Dortmund* (Meister 2002) zu *Betis Sevilla*. Seine Spitznamen: ***Ben Johnson*** (wie der kanadische Sprinter-Star) und ***„Turbo"***. Bei der WM 2006 kam er kurz vor Schluss gegen Polen ins Spiel und bereitete prompt per Traumflanke das 1:0-Siegtor von **Neuville** vor.

● **Helmut Köglberger** (* 1946) wuchs als dunkelhäutiges Besatzungskind bei *Steyr* (OÖ) auf. Seine Karriere begann beim *LASK* (Meister 1965). 1968 ging er zur *Austria* (2x Meister, 2x Schützenkönig). Am 5. September 1965 debütierte er im Team (28 Spiele, 6 Tore). Größter Tag: 1. Mai 1974 in Sao Paolo, als Österreich Weltmeister *Brasilien* vor 120.000 Zusehern ein 0:0 abtrotzte.

X-LARGE

Schwergewichts-Klasse im Fußball

● **Buffy** *(Hans)* **Ettmayer** (*1946, meist 85 kg auf 1,72 m) pflegte stets zu sagen: „Spiel ich gut, dann hab ich abgenommen. Spiel ich schlecht, dann hab ich zugenommen." Die Gewichtsprobleme des fußballerisch und verbal brillanten Wieners stammten ausgerechnet von einer technischen Fehlleistung: „Was soll ich machen? Ich hab halt daheim in mein' Kühlschrank so furchtbar schräge Fächer! Wenn ich in der Nacht aufsteh' und des Türl aufmach', rutschen mir die Wurstsemmerl einfach von selber entgegen." Beim *VfB Stuttgart*, wohin er 1971 (nach *Austria* und *Wacker-Innsbruck*) gewechselt war, teilte ihm Trainer **Albert Sing** einmal mit: „Buffy, du spielst heute nicht, du bist zu dick." Darauf Ettmayer: „Ich war immer so, Trainer." – „Nein, es gibt Bilder von dir, da warst du dünner." – ***„Die wurden wahrscheinlich mit einer Schmalfilmkamera gemacht."*** In seinen 25 Länderspielen gelang ihm kein einziges Tor – die größte Chance darauf, ein Elfer gegen *Italien* (31. 10. 1970 in Wien, EM-Qualifikation), ließ er auch noch aus. Nach 34 Toren für Stuttgart ging Ettmayer zum *HSV* (1x Pokalsieger, 1x Europapokalsieger) und blieb als launiger Oldboy im X-Large-Format ein gefragter Gaststar von Seniorenkicks.

> ***Ball rund, Stadion rund, ich rund.***
>
> *„Tschik" Cajkovski (1923-1998), zweifacher Olympiasieger mit Jugoslawien (1948, 1952), später Erfolgstrainer (Pokal und Europapokal 1967 mit Bayern München)*

● **Karl Sesta** (1906-1974), der Urwiener, der im ➜ ***Wunderteam*** mitzauberte und der noch mit 41 zum ältesten Debütanten im deutschen Team wurde (➜ ***Einundzwanzig Einbeorderte***), hatte als stämmiges Kraftpaket auch abseits des Fußballs Erfolg: ***„Der Blade"*** (der nach seiner Karriere ein Kaffeehaus führte) war Staatsrmeister im Ringen. Anlässlich einer Gastspiel-Reise der *Austria* nach *Griechenland* (in den 30ern) begeisterte er Freund und Feind, als er dort den lokalen Matten-Champion kurzentschlossen beim Krawattl packte und bezwang.

● **Ferenc Puskas** (1927-2006), einer der Größten und Stärksten der Fußball-Geschichte, auf jeden Fall der „Stärkste" unter den Größten. Die Spitznamen des Budapesters, der die Ära der ***„Goldenen Elf"*** Ungarns (in den 50er-Jahren) entscheidend mitprägte, sagen schon alles: ***Major, Pancho, Canoncito Pum*** (Kanonier Bum). 1957, als er nicht mehr nach *Ungarn* heimkehren wollte, hätte er beinah für den *Wiener Sportklub* unterschrieben, landete aber bei *Real Madrid* und spielte noch für Spanien. Erst mit 39 endete die sagenhafte Karriere, in der er stets „zu dick" war. Aber immer dick da.

„Untertrainiert und übergewichtig", aber vielleicht der Größte: Major Ferenc Puskas

● **Ailton** (*1973 als *Goncalves da Silva*), der breiteste Bulle Brasiliens (Spitzname ***„Kugelblitz"***), wurde 2004 als erster Ausländer zum „Fußballer des Jahres" in Deutschland gewählt. Nach **Elber** (133) und **Chapuisat** (106) hat er als dritter Ausländer die 100er-Schallmauer als Torschütze durchbrochen. Größte Zeit: als „Weser-Woge" in *Bremen*.

X-LARGE NAMEN

Die bisher längsten Namen im österreichischen Fußball: ***Rinnergschwendtner*** *(Wacker Innsbruck in den 60ern und 70-ern) mit* ***18*** *Buchstaben und* ***Unterguggenberger*** *(Austria Salzburg in den 70ern und 80ern) mit* ***17*** *Buchstaben.*

Hätten Sie's gewusst?

X-HAXEN

Welcher brasilianische Superstar, der mit 49 Jahren völlig verarmt an Alkoholismus starb, hatte als Bub Kinderlähmung und hatte als Folgen einer misslungenen Operation links ein X-Bein, rechts ein O-Bein?

a. Vava
b. Didi
c. Garrincha

Richtige Antwort: **c.**

X

XY UNGELÖST?

„Cruyff war der größere Spieler, aber ich bin Weltmeister."

Franz Beckenbauer *(Nr. 5 über Nr. 14 zum Thema Nr. 1)*

WM-Finale 1974 in München (Deutschland – Niederlande 2:1): Paarlauf der Jahrhundertfußballer Cruyff (vorn) und Beckenbauer

Y wie Yard, Yacht und Yoga

Y wie Yard, Yacht und Yoga

Wer sagt, mit „Y" fällt uns nix ein? Wär' doch *Yammer*-schad'! Klar hätte man's ein *Yota* einfacher, hieße etwa das Weltcupfinale *Young Boys Bern* gegen *Yokohama*. Da würden dann alle *Y-shaped Youngsters „Yeah" yodeln**! Im Ernst: Hauptbestandteil des „Y" ist die Maßeinheit, der wir einen Elfmeter von exakt 10,9728 verdanken: das *Yard!*

**Yota* schreibt man mit J (wie *jammerschade*), aber das Alpin-Morsen heißt auf Englisch *Yodeling*.

YEBOAH

„Ich wollte den Ball treffen, aber der Ball war nicht da ..."

KLASSIKER des Ghanesen, nach Tritt gegen SCHULZ (Bremen)

YARD (WIE SCOTLAND YARD)

... heißt im Englischen: Hinterhof, Bauplatz und Garten - allesamt ideale „Locations" für den ersten Kontakt mit dem Kicken. Aber Yard ist auch ein Längenmaß, auf dem alle Fußball-Abmessungen beruhen: **1 Yard = 91,44 Zentimeter und daher misst ...**

- ... der **Elfmeter** nur 10,9728 Meter *(12 yards)*,
- ... der **„Sechzehner"** *(Strafraum)* wiederum 16,4592 Meter *(18 yards)*,
- ... der **„Fünfer"** *(Torraum)* nur 4,572 Meter *(6 yards)*,
- ... der **Radius des Mittelkreises** *(und der Abstand beim Freistoß)* 9,144 Meter *(10 yards)*,
- ... das **Tor in der Breite** 7,3152 Meter *(8 yards)* und **in der Höhe** exakt 2,4384 Meter *(also verwirrende 2,66842 Yards? Oh, nein: 8 Yards und 1 Foot, damit: 7,3152 m + 30,48 cm)*.

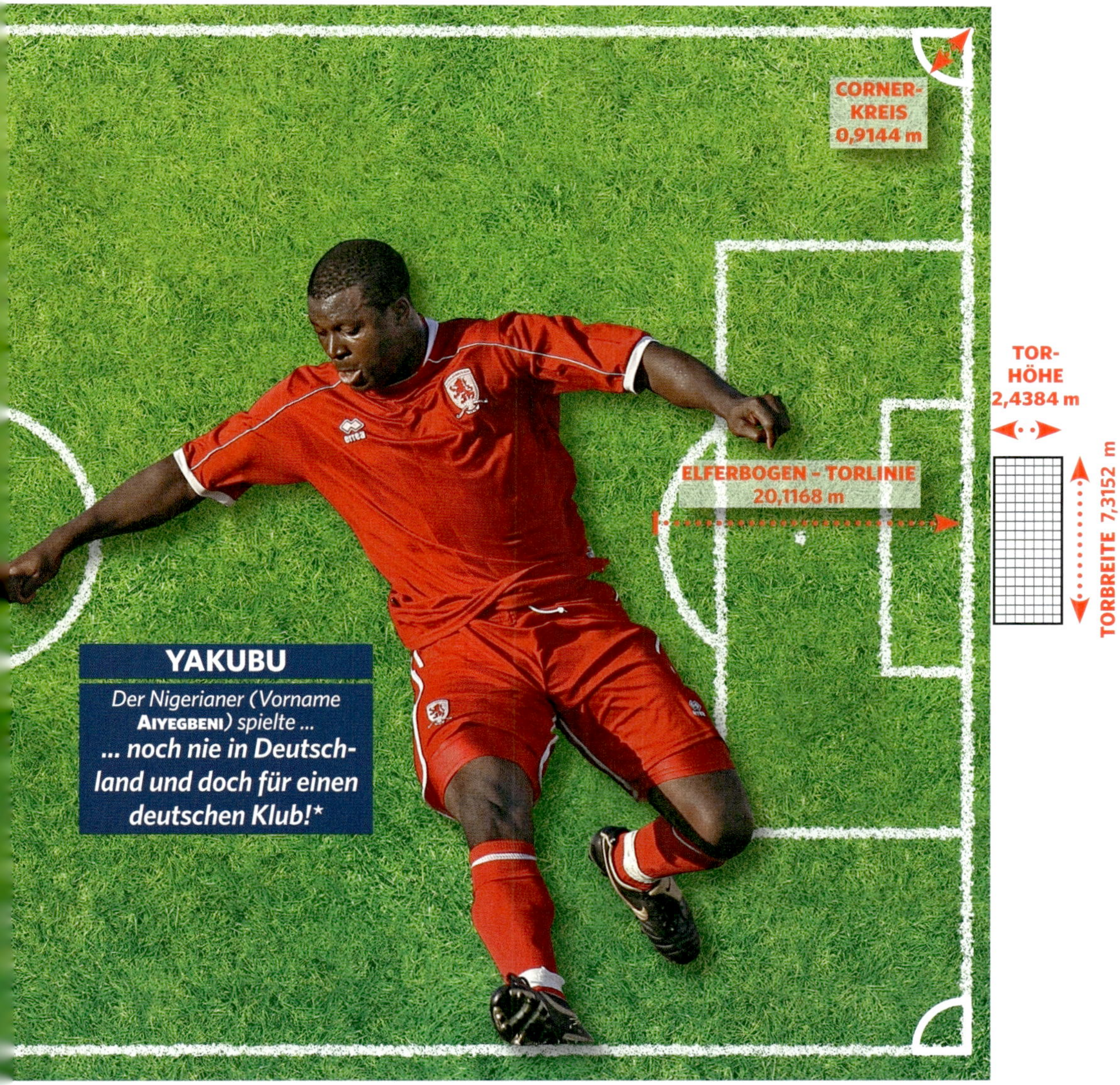

*Yakubu (*1982 in Benin) begann bei *Julius Berger* in Lagos, dem Klub eines deutschen Bau-Löwen.

YOGA WIE IM SCHLAF

Der (humorlos herrschende) Rapid-Coach **Anton Brzezanczyk** (1976-78) holte als revolutionäre Idee einen polnischen Landsmann nach Hütteldorf, der die grinsenden Grünen mit autogenem Training und *Yoga* erheiterte, aber auch tatsächlich „beruhigte": Nach wenigen Minuten war die Elf (rund um **Feurer, Weber, Kienast**) sanft entschlummert.

YACHT BLIEB TRAUMSCHIFF

Kein Schinakel für Schewa? Da sagte er: Ciao, Silvio!

Ein Schiff wird kommen! Das versprach ***AC Mailand***-Boss **Berlusconi** 1999 seinem ukrainischen Star **Andrej Schewtschenko**, sollte er in der ersten Saison mehr als 15 Tore erzielen. ***Schewa*** traf 24 mal, sah aber nie eine eigene Jacht (er durfte nur auf der des Präsidenten urlauben). Nach 165 Toren (als ewiger Zweiter hinter Legende **Gianni Rivera**) folgte er dem ***Jacht***-Ruf aus Chelsea.

YAMASAKI

Ausgerechnet im Jahrhundertspiel Italien - Deutschland (4:3 → ***WM 1970****) bot der Schiri mit dem sprechenden Namen* ***Arturo Yamasaki*** *eine Leistung wie ein Jammer-Sacki. Der Peruaner übersah das klare Elfer-Foul an* ***Beckenbauer****, bei dem sich der Kaiser die Schulter ausrenkte, aber weiterspielte.*

Hätten Sie's gewusst?

YANG SUK KOOK GEGEN EUSEBIO

Der nordkoreanische Stürmer ***Yang Suk Kook*** *stand im Nationalteam, das 1966 in England mit dem 1:0 gegen Italien für DIE Sensation des Turniers sorgte. Im Viertelfinale gegen Portugal schoss er das 3:0 (24.) - wie aber endete das Spiel und wieviele Tore schoss* ***Eusebio****?*

a. 3:3, kein Tor von Eusebio
b. 5:3 für Portugal, viermal Eusebio
c. 3:2 für Nordkorea, einmal Eusebio

Richtige Antwort: **b.**

DIE TOP FÜNF „Y"-KICKER

1. Yeste → (Francisco Javier Navarro,* 1979) ist Baske mit grell gefärbter Naturmütze. 1999 wurde er mit Spanien U20-Weltmeister, bei *Athletic Bilbao* reifte der Linksfuß zum offensiven Spielgestalter.

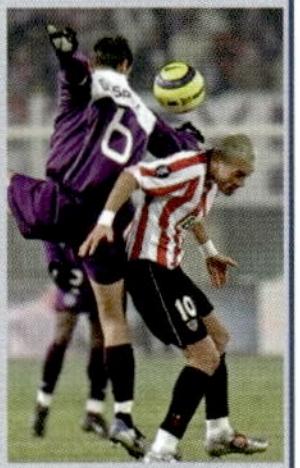
Das Basken-Buckerl: Yeste

2. Tony Yeboah (*1966) hatte seine größte Zeit in *Frankfurt* (123 Spiele, 68 Tore, 1993, 1994 Schützenkönig). Trotz all der Stars (**Uwe Bein, Uli Stein, Andreas Möller**) blieben die Titel aus. Seine Beliebtheit beweisen heute noch T-Shirts mit *Zeugen Yeboahs*. Nachdem ihn Coach **Heynckes** wie **Okocha** und **Gaudino** kalt gestellt hatte, traf der Ghanaer für *Leeds* (16 Spiele, 13 Tore) und für den *HSV* (100 Spiele, 28 Tore).

3. Hakan Yakin → (*1977, Bruder **Murat** ist drei Jahre älter) kann den „tödlichen Pass" und auch selber knipsen. Er kam von Basel (Double 2002) quer durch Europa (*St-Germain, Stuttgart* und *Galatasaray*) zu den *Young Boys* nach Bern. In der „Nati" (56 Spiele, 14 Tore → *Spitznamen*) schaffte er es wegen *konditioneller und charakterlicher Mängel* (so Teamchef **Jakob Kuhn**) erst als Einspringer zur WM 2006.

Zwei Tore beim 3:2 gegen Österreich in Basel (2002): Yakin

4. Héctor Yazalde (*1946-1997) war mit Argentinien bei der WM 1974 und hält den Europarekord mit 46 Toren in 30 Meisterschaftsspielen für *Sporting Lissabon* (→ *Goldener Schuh*, 1974).

5. Michael A. Yobo → (*1979) war 2002 für ein Jahr Defensiv-Allrounder beim *GAK*. Sein jüngerer Bruder **Joseph** *(Everton)* war im selben Jahr schon für Nigeria bei der WM in Japan und Südkorea (bisher 18 Spiele, 1 Tor).

Abwehrturm & Uhrturm: Yobo

ZAUBERER ZAMPANO ZUSCHAUER ZUWIDRUCKER ZUWIZAHRER ZUBIZA-
RETTA ZÄRTLICHKEIT ZUCKERBROT UND PEITSCHE ZEMAN ZUBERBÜH-
LER ZOFF ZENGA ZAMORA ZWERGERLN ZUKUNFT ZAHLENSPIELE ZAM-
PANO ZUCKERBROT ZWÖLFTER MANN ZAUBERER ZAMPANO ZUSCHAUER
ZUWIDRUCKER ZUWIZAHRER ZÄRTLICHKEIT ZUCKERBROT UND PEITSCHE
ZEMAN ZUBERBÜ … ERLN ZUKUNFT
ZAHLENSPIELE Z … ANN ZAUBERER
ZAMPANO ZUSCH … R ZUBIZARETTA
ZÄRTLICHKEIT ZU … ERBÜHLER ZOFF
ZENGA ZAMORA Z … ZAMPANO ZU-
CKERBROT ZWÖLFTER MANN ZAU … SCHAUER ZUWID-
RUCKER ZUWIZAHRER ZÄRTLICH … D PEITSCHE ZEMAN
ZUBERBÜHLER ZOFF ZENGA Z … ZUKUNFT ZAHLEN-
SPIELE ZAMPANO ZUCKERBR … ZAUBERER ZAMPANO
ZUSCHAUER ZUWIDRUCKER … ZARETTA ZÄRTLICHKEIT
ZUCKERBROT UND PEITSC … ÜHLER ZOFF ZENGA ZA-
MORA ZWERGERLN ZU … E ZAMPANO ZUCKERBROT
ZWÖLFTER MANN ZAU … SCHAUER ZUWIDRUCKER ZU-
WIZAHRER ZÄRTLIC … UND PEITSCHE ZEMAN ZUBER-
BÜHLER ZOFF ZEN … GERLN ZUKUNFT ZAHLENSPIELE
ZAMPANO ZUCK … MANN ZAUBERER ZAMPANO ZU-
SCHAUER ZUWID … ZÄRTLICHKEIT ZU-
CKERBROT UND P … ZENGA ZAMORA
ZWERGERLN ZUK … RBROT ZWÖLFTER
MANN ZAUBERE … ER ZUWIZAHRER
ZÄRTLICHKEIT Z … ERBÜHLER ZOFF
ZENGA ZAMORA ZWERGERLN ZUKUNFT ZAHLENSPIELE ZAMPANO ZU-
CKERBROT ZWÖLFTER MANN ZAUBERER ZAMPANO ZUSCHAUER ZU-
WIDRUCKER ZUWIZAHRER ZUBIZARETTA ZÄRTLICHKEIT ZUCKERBROT
UND PEITSCHE ZEMAN ZUBERBÜHLER ZOFF ZENGA ZAMORA ZWER-
GERLN ZUKUNFT ZAHLENSPIELE ZAMPANO ZUCKERBROT ZWÖLFTER

Z wie Zuwidrucker, Zuwizahrer und Zubizarreta

MANN ZAUBERER ZAMPANO ZUSCHAUER ZUWIDRUCKER ZUWIZAHRER
ZUBIZARETTA ZÄRTLICHKEIT ZUCKERBROT UND PEITSCHE ZEMAN ZU-
BERBÜHLER ZOFF ZENGA ZAMORA ZWERGERLN ZUKUNFT ZAHLEN-

Z

Fußballkunst, auf die Spitze getrieben: Frankreichs „Nationalheiliger" Zinedine Zidane.

ZAUBERER

"Zidane hat den Oberkörper eines echten Zweikämpfers, aber die Fußsohlen einer Ballerina."

GERD RUBENBAUER, *TV-Poet*

ZUWIDRUCKER

Österreichisch für Normalsterbliche, die sich zu den Stars heran drängeln oder bei TV-Interviews ins Bild pressen.

ZUWIZAHRER

Durch Großbildschirme in den Stadien aus der Mode gekommenes optisches Fernsicht-Gerät (Operngucker).

ZUBIZARRETA

Einer von 6 Zaubertorhütern mit „Z" (neben Zoff, Zeman, Zamora, Zuberbühler, und Zenga) → Torhüter.

… wie Zuwidrucker, Zuwizahrer und Zubizarreta

„Auch Zwerge haben klein angefangen", hieß ein Film von Werner Herzog (1968). Wir hingegen hören mit den großen Zampanòs auf! „Z" wie „Zum Schluss" und „Zu guter Letzt", aber auch wie „Zukunft".

ZUSCHAUER

Ein Mann sitzt im komplett ausverkauften Stadion des WM-Finales und hat neben sich einen leeren Sitz. Irritiert fragt er den Zuschauer auf der anderen Seite des leeren Platzes, ob der Platz vielleicht zu ihm gehöre. „Nein", lautet die Antwort. „Der Sitz ist leer." – „Aber das ist doch unmöglich! Wer in aller Welt hat eine Karte für das WM-Finale, dem größten sportlichen Ereignis überhaupt, und lässt sie dann verfallen?" – „Nun, der Sitz gehört zu mir. Meine Frau wollte mitkommen, aber sie ist kürzlich verstorben. Es ist das erste WM-Finale, das wir uns nicht gemeinsam ansehen können, seitdem wir geheiratet haben." – Betretenes Schweigen. Dan sagt der Sitznachbar: „Das tut mir leid. Aber wollte denn niemand Ihrer Verwandten oder Freunde statt ihrer Frau mitkommen?" – Der Mann schüttelt den Kopf: „Nein, die sind alle auf der Beerdigung."

Kurz vor Anpfiff des Pokalfinales kommt noch ein Fan zum Kartenschalter. „Zu spät", sagt die Kassiererin, „das Stadion ist ausverkauft - bis auf den letzten Platz." – „Fein", nickt der Mann, „dann geben Sie mir den!"

Hätten Sie's gewusst?

ZUSCHAUER-ZAHLEN

Welcher Klub hat (mit 84.000 pro Heimspiel) den höchsten Zuschauerschnitt?

- **a.** Real Madrid
- **b.** Manchester United
- **c.** Bayern München

Richtige Antwort: **a.**

ZWERGERLN

Eine Drehung mehr, und ich wäre im Rasen verschwunden.
THOMAS HÄSSLER (→ *Zwergerl-Tabelle* S. 214)

Häßler verliert das Kopfballduell. Das musste ja mal so kommen.
WOLFGANG LEY, *dt. TV-Reporter*

Wir bemühen uns, Kapellmann zu verlängern.
WILHELM NEUDECKER *(Bayern-Boss)*

Wenn Herr Blatter größere Tore will, wäre es billiger, eine Regel einzuführen, die festlegt, dass Torhüter nicht größer als 1,50 m sein dürfen.
LENNART JOHANSSON, *UEFA-Präsident, zur revolutionären Idee des FIFA-Präsidenten*

Wer ist hier der überragende Spieler? Terry (Chelsea) oder Messi (Barcelona)?

ZWERGEN-LIGA

Auf den *Scilly Islands* (vor Cornwall, Großbritannien) läuft die mit großer Wahrscheinlichkeit kleinste Meisterschaft der Welt: Die ***Woolpack Wanderers*** und die ***Garrison Gunners*** kämpfen in 20 Begegnungen um den Titel und darüber hinaus auch noch in zwei weiteren Pokalbewerben. *It's a scilly game!*

NAMENS-ZWERGE

Die kürzesten Namen im österreichischen Fußball: ***Lajos Kü****, ein Ungar bei Eisenstadt (80-er) und* ***Jürgen Ey****, ein Deutscher bei Rapid (70-er).*

Z

ZÄRTLICHKEIT
Die leidenschaftlichsten Intimitäten (➜ Jubel), die kollektiv mit Torschützen ausgetauscht werden, ersetzen nicht die wesentlichste Zärtlichkeit im Fußball. Wie formulierte es Pelé: „Man muss den Ball so mit den Füßen streicheln, dass er ins Netz des Gegners will."

> ***Der kleinste Chinese auf dem Platz ist übrigens Thomas Häßler.***
> **Gerd Rubenbauer,** *deutscher TV-Kommentator des Spiels Deutschland gegen China während der Olympischen Spiele 1988*

> ***Ich hoffe, dass die Hammerwurflöcher im Rasen nicht so tief sind, dass man Thomas Häßler nicht mehr sieht, wenn er aufläuft.***
> **Peter Pacult,** *als Trainer von 1860 München (der auch einmal klein angefangen hat)*

Stehen 22 Liliputaner im Wirtshaus. Kommt einer rein und fragt: „Na, hallo! Ist der Wuzzler kaputt?"

Warum lachen Liliputaner eigentlich, wenn sie Fussball spielen? - Weil sie das Gras ständig unter den Achseln kitzelt!

ZAUBERER
Ein Schimpfwort und ein Ehrentitel

Trickser unter sich: Toni Polster, „Magic" Christian, Hans Krankl

Ernst Happel nannte die Bluffer und Blender des Fußballs gern *Zauberer*. Aber der Begriff hat auch als respektvoller Spitzname seine Magie. *Die berühmtesten Zauberer:* Der *Schla*-Wiener **„Harry" Aurednik** (➜ *Dribble-Könige*), der Tiefpass-Titan **Uwe Bein** (*Eintracht Frankfurt*, 17 Länderspiele, 3 Tore) und Belgiens Trainer-Philosoph **Raymond Goethals** (1921-2004, ➜ *EM*-Dritter 1972 und ➜ *Champions League*-Sieger 1993 mit *Olympique Marseille*).

Zehn Zwergerln – 1,95 kann man nicht trainieren*

*Erklärte Otto Rehhagel einst einem (zu) kleinen Verteidiger, der bei Werder Bremen zu kurz kam. Doch so mancher „Laufmeter" zählt als Stratege oder Kämpfer zu den Größten.

Der kleinste Kärntner kam nicht groß raus: Zuleta (oben). Einen Kopf kürzer als Rivaldo und dennoch in höheren Sphären: Maradona (r.)

1.	**Juan Carlos Zuleta** *(*1980) Ließ beim FC Kärnten kurz Klasse aufblitzen*	Argentinien	1,63 m
2.	**Allan Simonsen** *(*1952) Europas Fußballer des Jahres 1977*	Dänemark	1,64 m
3.	**Karl Sesta** *(1906-1974), Wunderteam-Verteidiger mit 84 Kilo*	Österreich	1,65 m
4.	**Thomas Häßler** *(*1966) Weltmeister 1990, Europameister 1996*	Deutschland	1,66 m
5.	**Diego Maradona** *(*1960) Weltmeister 1986, Fußballer d. Jahrhunderts*	Argentinien	1,67 m
6.	**Lionel Messi** *(*1987) Bester Nachwuchsspieler der Welt 2006*	Argentinien	1,68 m
7.	**Philip Lahm** *(*1906) WM-Dritter 2006 (Tor im Eröffnungsspiel)*	Deutschland	1,70 m
8.	**Kevin Keegan** *(*1951) Mit Liverpool Meistercupsieger 1977*	England	1,71 m
9.	**Olaf Thon** *(*1906) 3 x Meister mit Bayern, Weltmeister 1990*	Deutschland	1,72 m
10.	**Berti Vogts** *(*1946) Weltmeister 1974, Europameister 1996*	Deutschland	1,73 m

(DER GROSSE) ZAMPANO

1954 drehte **Federico Fellini** (1920-1993) einen seiner größten Filmerfolge: ***La Strada*** (auf deutsch: *Das Lied der Straße*). Darin kommt zwar kein Fußballer vor, aber ***„Der große Zampanò"***. Kurios: Heute gilt der Begriff als Kompliment, damals war er ausschließlich negativ besetzt - **Anthony Quinn** (1915-2001) ist der angeberische Unsympathler, der allen weismacht, er könne Wunder bewirken. Heute steht der ***Zampanò*** für mächtige Macher - auch und gerade im Fußball. Zwei Trainer-Legenden trugen den Titel wie einen Doktorhut mit Stahlkanten: **Helenio Herrera** (1916-1997) und **Max Merkel** (1918-2006). Über den argentinischen Verfechter sturer Defensive (→ ***Catenaccio***) ätzte Manager **Julius Ukrainczyk**: „Es gibt viele Totengräber des Fußballs - ihr Chef ist ohne Zweifel Herrera." Die Stars, die er bei *Barcelona*, *Inter-Mailand* (3 x Meister, 2 x Meistercupsieger) und als Spaniens Teamchef (WM 1962) schikanierte (von **Di Stefano** bis **Puskas**), hassten ihn als ***Sklaventreiber vom Rio de la Plata***. Auch Merkels Umgangsformen galten als ruppig (***Zuckerbrot und Peitsche***), aber solange er Erfolg hatte, wurde ihm alles verziehen (→ ***Trainer***).

Markenzeichen Mütze: MM. Große Klappe, viel dahinter - das war der große Zampanò Max Merkel.

ZAHLENSPIELE

Ja, Statistiken. Aber welche Statistik stimmt schon? Nach der Statistik ist jeder vierte Mensch ein Chinese, aber hier spielt gar kein Chinese mit.

Werner Hansch, *Radioreporter mit Kultfaktor*

Ich würd' sagen - irgendwo dazwischen.

Franz Beckenbauer, *küh**l**er Rechner, auf die Bitte: „Geben Sie eine Note zwischen 1 und 6"*

Es gibt nur zwei Möglichkeiten: Sieg, Unentschieden oder Niederlage!

Franz Beckenbauer, *diesmal küh**n**er Rechner*

Unsere Spieler können 50-Meter-Pässe spielen: 5 Meter weit und 45 Meter hoch.

Uwe Klimaschefski, *dt. Trainer (Rekordhalter mit mehr als 400 Zweitligaspiele)*

ZUKUNFT

Alle reden von der Zukunft. ICH hab die Zukunft no net g'sehn.

Franz Hasil *(Weltcupsieger mit Feyenoord 1969, abseits des Rasens glückloser Spieler)*

ZWÖLFTER MANN

Die Unterstützung durch die eigenen Fans oder durch den parteiischen Unparteiische sorgen für gefühlte numerische Überlegenheit.

ZU GUTER LETZT

„War das Freistoßtor das Ende vom Anfang?" fragte ORF-Tirol-Sportchef ***Fred Lentsch*** *den FC Tirol-Kapitän* ***Michael Baur.***

Auf einen Blick: Alle Hauptdarsteller

Tausend Dank und 2000 Namen

Die längste „Aufstellung" der Fußballgeschichte: Vom Schweizer Idol Abegglen bis zum argentinischen „Zwergerl" Zuleta. All den Helden in kurzen Hosen gilt unser Dank. Denn: Ohne sie kein Adi und kein Edi!

A

Aage Fjörtoft, Jan 184
Abegglen, Max 203
Abbondanzieri, Roberto 25
Abramowitsch, Roman 42
Adriano 119, 186, 206
Agricola, Ricardo 145, 327
Ahlenfelder, Wolf-Dieter 159
Ailton 179, 204, 205
Akonnor, Charles 187
Albert, Florian 134
Albertini, Demetrio 62
Albrecht, José 134
Aleinitschew, Dimitri 42
Alexander, Peter 160
Allende, Salvador 158
Allison, Malcolm 185
Allofs, Klaus 34, 60
Allofs, Thomas 34
Altintop, Halil 34
Altintop, Hamit 34
Amancio 48, 59
Americo, Mario 198
Anastasi, Pietro 59
Anderbrügge, Ingo 121, 157
Andersen, Hans Christian 61
Aragones, Luis 166
Arconada, Luis 60, 61
Ardiles, Osvaldo 154
Argauer, Pepi 168
Aristoteles 147
Asamoah, Gerald 204, 206
Assauer, Rudi 47, 106, 117, 125, 137, 172,203
Assinger, Armin 11
Atkinson, Ron 185
Augenthaler, Klaus 58, 139, 157
Aurednik, Harry 48, 161
Aumann, Raimond 139

B

Babbel, Markus 25
Bach, Johann Sebastian 28
Bachramow, Tofik 114
Baffoe, Anthony 156
Baggio, Roberto 140
Ballack, Michael 5, 16, 23, 28, 67, 68, 71, 156, 166
Ballaman, Robert 173
Banks, Gordon 48
Baptista, Julio 25
Barbosa, Moacir 170
Baresi, Franco 20, 34, 127
Baresi, Giuseppe 34
Baric, Otto 28, 49, 166
Barnetta, Tranquillo 140
Barthez, Fabien 63, 67, 77, 171
Basche, Arnim 125
Basler, Mario 28, 40, 127, 140, 154, 167, 168, 173, 186
Bastürk, Yldiray 50
Battiston, Patrick 103, 165
Batty, David 103, 187
Bauer, Edi 36
Baumann, Frank 5
Baumeister, Ernst 36, 122
Baumgart, Steffen 57
Bearzot, Enzo 177
Beazley, Kim 73
Bebek Ivan 18
Beckenbauer, Franz 16, 18, 22, 24, 25, 26, 28, 31, 36, 39, 47, 60, 61, 68, 73, 87, 90, 93, 98, 104, 105, 107, 112, 113, 114, 119, 120, 121, 122, 139, 147, 151, 152, 157, 161, 174, 183, 193, 194, 196, 206, 210, 215
Beckham, David 31, 38, 63, 67, 122, 176, 177, 203
Beckham, Victoria 31, 73,203
Beckmann, Reinhold 138
Beenhakker, Leo 87, 114
Beer, Erich 24, 77
Bein, Uwe 114, 210
Beinlich, Stefan 114
Belletti, Juliano 43
Bellone, Bruno 61
Benkö, Günther 58, 62
Berge, Klaus 183
Berger, Gerhard 14
Berger, Jörg 87, 140
Berger, Julius 209
Berger, Patrik 62
Bergomi, Giuseppe 38
Berlusconi, Silvio 116, 210
Bernald, Darren 187
Bernoulli, Daniel 33
Berthold, Thomas 134, 136
Berti, Nicola 134
Best, George 21, 48, 178
Bican, Pepi 84, 166
Bierhoff, Oliver 57, 62, 94, 105, 120, 173
Bierhoff, Rolf 173
Bierofka, Daniel 173
Binder, Bimbo 25, 63, 84, 154, 160, 200
Bischoff, Mikkel 154
Bjerregaard, Jörn 176
Blanc, Laurent 94, 119
Blatter, Joseph S. 21, 213
Blazevic, Miroslav 157

Blind, Danny 92
Blochin, Oleg 26, 98, 166
Blum, Josef 198, 199
Bobic, Fredi 4, 91, 184
Bodde, Olaf 203
Bodde, Sina 203
Bodnár, László 141
Böhme, Jörg 150
Böhmert, Franz 138
Boli, Basile 40
Bonhof, Rainer 89, 104, 158, 165
Boniperti, Giampiero 46
Borel, Pascal 126
Bosvelt, Paul 62
Boulahrouz, Khalid 90
Brahms, Johannes 16, 28
Braschi, Stefano 42
Braun, Egidius 68
Braun, Georg 196, 198, 199
Brecht, Bertolt 28
Brehme, Andreas 80, 114, 121, 126, 137, 157, 196
Breitner, Paul 25, 112, 131, 140, 147, 159, 196
Breuckmann, Manfred 31, 192
Briegel, Hans-Peter 31, 148, 192
Brinkmann, Ansgar 67
Brooking, Trevor Sir 183
Brown, Craig 120
Brucic, Petar 99
Bruckner, Karl 134
Brzezanczyk, Anton 147, 210
Buchwald, Guido 161, 184
Burgsmüller, Manfred 23
Busby, Matt 119
Butcher, Terry 36
Butragueno, Emilio 26, 160, 161
Buzek, Hans 48

C

Cabanas, Ricardo 140
Cafú 161
Cajkovski, Tschik 36, 171
Calderé, Ramon 49
Calmund, Reiner 38, 67, 68, 78, 90, 107, 118, 119, 125, 139, 184
Camacho, José Antonio 165
Campell, Sol 42
Camus, Albert 146
Caniggia, Claudia 80
Canizares, Santiago 187
Cantona, Eric 119, 176, 177, 178, 179
Capello, Fabio 40, 154, 176, 177
Carlos, Roberto 77
Castro, Iriarte 194
Cech, Petr 171, 185
Cerne, Rudi 121
Cajkovski, Tschik 205
Cha, Bum-Kun 138
Cha, Du-Ri 138
Chapman, Herbert 174
Chapuisat, Stéphane 205
Charisteas, Angelos 17, 63
Charles, William John 99, 134
Charlton, Bobby 24, 25, 77, 98, 152, 192
Charlton, Jack 24, 25, 26, 152
Cherunoldo, Steve 112
Cea 194
Chusainow, Galimzjan 59
Clemence, Ray 134
Conti, Bruno 196
Cocu, Philip 38
Coelho, Paolo 142
Colaussi 194
Collina, Luigi 41
Collovati, Fulvio 177
Coordes, Egon 74
Copperfield, David 11
Craciunescu, Ion 41
Cramer, Dettmar 17, 107, 127
Crespo, Hernan 43, 49
Crisosto, Julio 158
Cruyff, Johan 48, 74, 112, 127, 140, 154, 192, 206
Czibor 194

D

Dahlmann, Jörg 105
Dalglish, Kenny 119
Dárdai, Pál 139
Daum, Christoph 49, 57, 58, 111, 119, 138, 159, 170, 183
Dajanoff, Georg 183
Davids, Edgar 41
Daxbacher, Karl 24, 122
De Boer, Frank 34, 37, 62
De Boer, Ronald 34
Decker, Karl 48, 63
Deco 43
Dede 112
Dellas, Traianos 63, 94
Delling, Gerd 120, 137, 138, 159
Del Piero, Alessandro 41
Delvecchio, Marco 62
Demichelis, Martín Gastón 127
Demuth, Dietmar 27, 171
Derwall, Jupp 60
Desailly, Marcel 40
Dickel, Norbert 104, 125
Dickhaut, Mirko 47
Didi 145, 147, 205
Didulica, Joey 51
Dienst, Gottfried 114
Dienst, Robert 25
Di Stéfano, Alfredo 38
Djourou, Johan 183
Dobias, Karl 60
Doll, Thomas 203
Domenghini, Angelo 59
Don, Philip 40
Drewermann, Eugen 24
Dufner, Dirk 118
Dudek, Jerzy 42
Durek, Ludwig 63
Dzajic, Dragan 48, 59

E

Eberl, Max 183
Edmundo 25
Effenberg, Stefan 41, 160, 161, 168, 177, 203
Eichberg, Günther 49
Eigenstiller, Hans 145
Eilts, Dieter 162
Elber, Giovane 167, 205
Elsner, Branko 60, 166
Engel, Walter 154
Engelhardt, Marco 154
Entenmann, Willi 137
Escobár, Andrès 58
Etcheverry, Marco 152
Eto'o, Samuel 42, 203
Ettmayer, Buffy 31, 205
Eusébio 37, 48, 196, 210
Evaristo, Juan 34
Evaristo, Mario 34

F

Facchetti, Giacinto 59
Fahnler, Heinz 114
Falcao, Roberto 24
Fanz, Reinhold 170
Farkas, Karl 8, 178
Fassbender, Heribert 49, 121, 152
Feiersinger, Wolfgang 40, 133
Feldhofer, Ferdinand 146
Feldkamp, Karl-Heinz 25
Fensch, Marcell 28
Fenyvesi, Mate 22
Ferdinand, Rio 134
Fernandes, Gelson 127
Fernandèz, Jean 61
Ferschl, Karl-Heinz 114
Feurer, Funki 210
Figo, Luis 62, 63
Finger, Edi sen. 8, 13, 151, 179
Finke, Volker 165
Finken, Heribert 56
Finney, Tom 119
Fischer, Klaus 36
Fischer,Ottfried 176
Fischer, Peter 27
Fitz, Wilhelm 63
Fitz, Lisa 130
Fjörtoft, Jan-Age 176
Flögel, Thomas 146
Förster, Bernd 34, 35, 36
Förster, Karlheinz 34, 35, 36
Foda, Franco 26
Fontaine, Just 194
Francescoli, Enzo 119
Franco, Francisco 152
Frank, Waschi 134
Fricke, Ernst 118
Friedenreich, Arthur 33, 178
Friedrich, Arne 134
Friedrich, Jürgen 154, 184
Fritsch, Toni 133, 148
Frühwirth, Edi 132, 157, 173
Fuchs, Christian 24
Funkel, Friedhelm 166

G

Galasek, Tomás 156
Galíc, Milan 59
Gall, Karl 199
Ganaha, Kazuki 49
Ganel, Ioan Viorel 27
Garger, Kurt 24, 122
Garrincha 24, 48, 192, 198, 205
Gascoigne, Paul 45, 62, 71, 154, 177
Gaudino, Maurizio 210
Geenen, Edgar 106
Geiger, Alain 117
Gentile, Claudio 92
Gento, Francisco 41, 166
George, Charlie 187
George VI., König 119
Gerland, Hermann 183, 184
Gerrard, Steven 43, 72
Geyer, Christian 187
Geyer, Eduard 103, 111, 186
Geyer, Karl 24
Gießer, Karl 122, 173
Ghiggia 194
Giresse, Alain 61
Giuly, Ludovic 26
Glöckner, Rudi 154, 157
Golz, Richard 39
Gomez, Carlos Alberto 42
Gonzales, Manuel 40, 43
Gordillo 26, 92, 204
Gottinger, Richard 154
Grabowski, Jürgen 67
Graziano, Waldemar 24
Grobelnik, Gerhard 162
Grondalen, Svein 187
Grosser, Peter 77
Gschweidl, Friedrich 199
Guardiola, Josep 49
Guerrero, Paolo 28
Gullit, Ruud 61, 121
Gutendorf, Rudi 146
Guti 80
Gutierrez, Francisco 34
Gutierrez, Rafael 34
Guttmann, Bela 39, 80

H

Haas, Mario 50
Hage, Erich 154
Hahnemann, Willi 24, 63, 161
Hamann, Didi 4, 88, 167
Hanappi, Gerhard 22, 48, 50, 67, 134, 177
Händel, Siegfried 40
Handke, Peter 30, 142
Hanke, Mike 170
Hanreiter, Franz 54, 63
Hansch, Werner 83, 104, 120, 126, 139, 147, 153, 215
Hansl, Franz 173
Happel, Ernst 31, 39, 40, 47, 50, 58, 70, 88, 119, 126, 132, 139, 153, 160, 161, 165, 166, 172, 174
Hardy, Oliver 8
Hartmann, Waldemar 50, 68, 112, 157
Hartwig, Jimmy 204
Hasenhüttl, Ralph 24, 54
Hasenkopf, Erich 24
Hasil, Franz 24, 69, 133, 146, 215

Hasselhoff, David 186
Hassler, Dominic 162
Häßler, Thomas 61, 74, 88, 161, 186, 213, 214
Hauge, Terrie 43, 156
Heddergott, Karl-Heinz 154
Heino 146, 148
Heintje 161
Helmer, Thomas 142
Henderson, Krazy George 145
Henry, Thierry 38, 62, 77, 97, 134, 147
Herberger, Sepp 31, 63, 117, 161, 173
Hermann, Heinz 134
Hermann, Thomas 121, 183, 186
Herr, Valentin 138
Herrera, Helenio 36, 215
Herrlich, Heiko 114, 169
Herzog, Andy 12, 28, 50, 104, 133, 138, 183
Heynckes, Jupp 38, 210
Hickersberger, Pepi 50, 72, 151
Hiddink, Guus 166
Hiden, Markus 198
Hiden, Rudolf 50, 84, 159, 199, 200
Higuita, José René 44, 49
Hiepen, René 190
Hierländer, Viktor 132
Hierro, Fernando 160, 161
Hieronymus, Holger 134
Hildebrandt, Dieter 204
Hitler, Adolf 28, 63, 71
Hitzfeld, Ottmar 13, 41, 105, 139, 171, 176, 186
Hoeneß, Dieter 34, 105
Hoeneß, Uli 34, 71, 75, 79, 87, 114, 118, 119, 126, 140, 185, 203
Hold, Marianne 11
Holland, Matt 111
Hölzenbein, Bernd 60, 71, 114, 151, 166
Hof, Erich 34, 48, 140
Hof, Norbert 34, 48, 67, 161
Hofer, Andreas 122
Hofer, Franz 63
Hofstätter, Hans 63
Höher, Heinz 191
Horvath, Johann 39
Horvath, Rudi 38
Hoyzer, Robert 137
Hrubesch, Horst 33, 60, 140, 157
Huberty, Ernst 125
Hughes, Mark 148
Hundt, Dieter 24
Hunter, Norman 36
Hurst, Geoff 114

I

Iglesias, Julio 148
Immel, Eike 170
Ince, Paul 90, 119
Inzaghi, Filippo 38, 43
Ireland, Stephen 111
Ismael, Valerien 164
Itzel, Raldf 138

J

Jacaré 24, 25, 157, 160
Jacobsen, Min 121
Jancker, Carsten 77, 112, 167
Jara, Kurt 21, 50, 166
Jaschin, Lew 26, 59, 60, 98, 194, 195, 196
Jauch, Günther 87, 157, 168, 171, 191
Jellinek, Rudi 166
Jeremies, Jens 32
Jenings, Pat 22
Jensen, John 61
Jol, Dick. 42
Johannes Paul II. 146
Johansson, Lennart 212
Johnson, Ben 204
Johnston, Willie 49
Joseph, Ernest Jean 49, 210
Jung, Burkhard 120
Juliana der Niederlande, Königin 119
Jürgens, Udo 160

K

Kaburek, Mathias 63
Kadlec, Miroslav 62
Kahn, Oliver 38, 48, 49, 57, 71, 90, 104, 105, 120, 121, 138, 140, 164, 167, 168, 169, 170, 171, 184, 203
Kahn, Simone 203
Kaká 150
Kalb, Hans 24
Kaltenbrunner, Günther 177
Kaltz, Manfred 33
Kapellmann, Jupp 22, 213
Kartnig, Hannes 51, 68
Katz, Norbert 24, 33, 113
Kaufmann, Alice 24
Keegan, Kevin 147, 187
Keglevits, Christian 24, 54
Kempes, Mario 20, 49, 80, 196
Kerner, Johannes B. 47, 76, 104, 147, 154
Kerth, Verena 203
Kienast, Reinhard 34, 54, 210
Kienast, Wolfgang 34
Kirchler, Roland 154
Kirsten, Ulf 120, 121, 159
Kisch, Egon Erwin 151
Kitzbichler, Richard 24
Kitzmüller, Helmut 24
Klementz, Thomas 31
Klettner, Hans 12
Klimaschefski, Uwe 138, 215
Klinsmann, Jürgen 62, 70, 98, 121, 160, 161, 162, 193
Kluivert, Patrick 40, 62, 77
Kment, Willy 132
Knaller, Walter 114
Koeman, Erwin 34
Koeman, Ronald 34, 71, 107
Köglberger, Helmut 204
Kohler, Jürgen 25, 61, 105
Kohn, Richard 132
Koller, Jan 50, 77
Koller, Karl 50

Koncilia, Friedl 34 , 50, 71, 107, 122
Koncilia, Peter 34
Konrad, Otto 134
Konsel, Michael 50
Köpke, Andreas 62
Körbel, Karl-Heinz 23, 79, 89, 185
Körner, Alfred 50, 122, 203
Körner, Robert 34, 50, 122, 166, 204
Kostedde, Erwin 203
Köstner, Lorenz-Günther 28, 89, 184
Kouba, Petr 62
Kovac, Niko 34, 80
Kovac, Robert 34
Kozlicek, Ernst 34
Kozlicek, Paul 34
Krankl, Hans 25, 33, 49, 54, 67, 68, 69, 120, 126, 133, 147, 151, 153, 183, 214
Krauss, Bernd 27, 68
Krauss, Karl 146
Krämer, Werner 36
Krein, Dieter 118
Kremers, Erwin 34
Kremers, Helmut 34
Kreuz, Willy 50, 147, 154
Krieger, Edi 38, 50, 133
Kriess, Werner 50
Krug, Hellmut 41
Krzynowek, Jacek 125
Kü, Lajos 213
Kubala, Ladislav 84
Kuffor, Samy 40
Kühbauer, Didi 21, 24, 146
Kuhn, Jakob 210
Kuntz, Stefan 62
Kuntze, Sven 152
Kürten, Dieter 67
Kurz, Marco 67, 74
Kuyt, Dirk 43, 56
Kuthan, Rigo 178
Kuzorra, Ernst 157

L

Labbadia, Bruno 69
Lahm, Philipp 92, 161, 214
Lainer, Leo 122
Langenus, John 126
Langner, Fritz 121
Langenus, John 126
Larsson, Henrik 39
Lässig, Heiko 80
Lattek, Udo 39, 172
Laudrup, Brian 34
Laudrup, Finn 34
Laudrup, Michael 34
Lauer, Martin 165
Laurel, Stan 8
Lawaree, Axel 51
Legat, Thorsten 137, 157, 177, 183
Lehmann, Jens 162, 168
Lembke, Robert 150
Lemke, Willi 74, 78, 91, 167, 172
Lemmon, Jack 8
Lentsch, Fred 215
Lexa, Stefan 50
Ley, Wolfgang 126, 213
Libuda, Stan 48
Liedholm 194
Lienen, Ewald 67, 157, 184
Lineker, Gary 23, 184
Linemayr, Erich 114, 158
Linke, Thomas 41, 92, 93, 186
Linz, Roland 93
Lippens, Ente 46
Litmanen. Jari 41
Littbarski, Pierre 131, 147
Littmann, Corny 118
Lopez, Claudio 26
Lorant, Gyula 186
Lorant, Werner 24, 67, 83, 107
Löw, Raimund 24, 160, 173
Lübke, Heinrich 114
Lucio 184
Ludwig, Gigi 161

M

Magath, Felix 27, 93, 112, 147, 151, 153, 164, 173, 185
Magnin, Ludovic 176
Maier, Hermann 14
Maier, Sepp 44, 60, 162, 168
Makaay, Roy 40
Makelele, Claude 56
Maldini, Paolo 21, 23,, 38, 40, 43, 77, 127, 164
Maradona, Diego 48, 49, 67, 82, 107, 127, 153, 160, 192, 204, 214
Marischka, Otto 63
Markovic, Vlatko 140
Marsh, Rodney 178
Marschall, Ferdinand 60
Martinez, Marcellino 59
Marx, Throben 173
Maslo, Uli 165
Massaro, Daniele 39
Materazzi, Marco 100, 196
Mateschitz, Didi 10
Matthau, Walter 8, 160
Matthäus, Lothar 13, 39, 41, 57, 60, 67, 68, 69, 71, 80, 120, 121, 134, 138, 140, 159, 172, 179, 184, 185, 189, 193
Matthews, Stan 23, 35, 46, 48, 119
Maurer, Helmut 36
Mautner Markhof, Manfred 131
Max, Martin 134
Maybach, Christiane 11
Mayer-Vorfelder, Gerhard 145
Mayrleb, Christian 50
Mazzola, Sandro 59
Macbeth Sibaya 198
McCrum, William 140
McLeod, Murdo 49
McManaman, Steve 42, 92
McLaren, Andy 28
Meier, Michael 106, 137
Meier, Norbert 172
Meier, Urs 42
Meingast, Tibor 139

Meisl, Hugo 198
Melchior, Ernst 33, 161, 166
Mendieta, Gaizka Zabala 42
Menotti, Cesar Luis 20
Merk, Markus 27, 42
Merkel, Max 16, 21, 44, 58, 63, 67, 70, 71, 79, 90, 106, 107, 110, 113, 119, 132, 152, 215
Messi, Lionel 26, 48, 49, 161, 213, 214
Metreweli, Slawa 59
Meyer, Hans 78, 154, 165, 183
Michel, Henri 134
Michelberger, Franz 187
Middendorp, Ernst 172
Mijatovic, Predrag 41
Milla, Roger 21, 23, 44
Milutinovic, Bora 68
Mock, Hans 63
Mock, Johann 199
Mohren, Wilfried 57, 157, 185
Möller, Andreas 31, 62, 112, 114, 152, 153, 161, 185
Molson, John 67
Monti, Luis Felipe 84, 154, 200
Moore, Bobby 35, 59, 114
Moore, Brian 35, 114
Morientes, Fernando 42
Morlock, Max 50, 196
Mourinho, Josè 43
Mos de Aad 186
Mühren, Arnold 34
Mühren, Gerry 34
Müller, Dieter 36, 60
Müller, Gerd 36, 37, 60, 80, 127, 131, 147, 152, 161, 199
Müller, Hansi 25, 39
Müller, Patrick 145
Müller, Wudi 36, 166
Muster, Thomas 148

N

Naddel 38
Nachtweih, Norbert 105, 154
Nanninga, Dick 71
Nausch, Walter 83, 199
Nedved, Pavel 124
Nemec, Horst 48, 54, 93, 157, 160
Nerlinger, Chrisitan 166
Netzer, Günther 60, 105, 127, 168
Neudecker, Wilhelm 213
Neukirchner, Günther 50, 88
Neumann, Berti 12
Neururer, Peter 49, 91, 185, 191, 193,
Neuville, Oliver 204
Neville, Gary 34
Neville, Phil 34
Niebaum, Gerd 88
Nielsen, Sophus Erhard "Krølben" 50, 192, 193
Nielsen, Kim M. 43
Nielsen, Peter 50
Nowotny, Jens 121, 142
Nuhr, Dieter 20, 107
Nuno, Gomes 62

O

Obermann, Holger 150
Obermayer, Erich 122
Obracher, Franz 166
Ochs, Timo 23, 24, 169
Ocwirk, Ernst 33, 46, 51, 134, 52, 83, 134
Ocwirk, Martha 46
Odonkor, David 166, 204
Ogris, Andy 34
Ogris, Ernst 34
Okocha, Jay-Jay 48
Olsen, Morten 23
Onzari, Cesario 131
Orsi, Raimundo 84, 122, 154, 200
Orsolics, Hans 148
Ortlieb, Patrick 12
Osmers, Hans-Joachim 141
Osim, Ivica 153, 166, 172
Ostbahn, Kurti 120
Otten, Jonny 172
Öczan, Arkoc 183
Östreicher, Emil 111
Ötzi 21

P

Pacult, Peter 50, 52, 69, 214
Pagelsdorf, Frank 170
Palermo, Martin 140
Panenka, Antonin 24, 60, 161
Paternoster, Fernando 72, 154
Paulitsch, Günther 22
Pecl, Robert 50
Pelé 32, 33, 48, 119, 127, 160, 192, 196, 194, 198, 214
Pelikan, Franz 24
Pereda, Jesus Maria 59
Pesser, Hans 24, 63, 70, 80, 84, 166
Petit 196
Peymann, Claus 39
Peucelle 194
Pezzey, Bruno 133, 136, 140
Pfaff, Jean-Marie 154
Pfeffer, Toni 8, 50
Pfeifenberger, Heimo 114
Pfister, Otto 21
Pichichi 140
Pieckenhagen, Martin 47, 67
Pinochet, Augusto 158
Piontek, Sepp 118
Piola 194
Pirlo, Andrea 43
Platini, Michel 61, 140, 146, 147, 186, 192
Plato 147
Platzer, Peter 58, 63, 84, 154
Pocher, Oliver 168
Podolski, Lukas 137
Ponedjenik, Viktor 59
Pope, Eddie 154
Polster, Toni 39, 46, 54, 78, 79, 80, 91, 96, 114, 119, 120, 121, 127, 134, 137, 147, 214

Pontikos, Panagiotis 192
Popow, Iwelin 118
Posch, Michael 151
Poulsen, Christian 72
Präger, Thomas 111, 188
Prati, Pierino 40
Prilasnig, Gilbert 50
Probst, Erich 25, 36, 50
Prohaska, Herbert 47, 50, 60, 67, 114, 120, 122, 127, 133, 160
Puhl, Sandor 41
Pumm, Peter 22, 132
Puskas, Ferenc 194, 200, 204, 205, 215
Putin, Wladimir 186

Q

Qualtinger, Christian 24
Qualtinger, Helmut 22, 144
Quinn, Anthony 215
Quinn, Freddy 160

R

Radenkovic, Petar 120
Raftl, Rudolf 63
Rahn 194
Rainer, Karl 134, 198, 199
Ramalho 187
Ramsey, Alf 35, 119, 174
Rangnick, Ralf 87, 125, 142
Rappan, Karl 132, 140
Raul 37, 41
Rausch, Friedel 83, 139, 172, 173
Ravanelli, Fabrizio 41, 67
Reck, Oliver 187
Rehhagel, Beate 126
Rehhagel, Otto 24, 30, 32, 63, 68, 78, 126, 127, 165, 166, 185, 214
Rehmer, Marco 114, 152
Reif, Marcel 27, 67, 103, 126, 131, 170
Reimann, Willi 164
Reina, Pepe 169
Reinoso, Carlos 158
Reiter, Peter 36
Rensenbrink, Rob 196
Resch, Franz 173
Rethy, Bela 71, 121, 138, 150, 184
Reuter, Stefan 38
Reveillere, Anthony 176
Ribbeck, Erich 107, 165
Richter, Lou 186
Ricken, Lars 41, 104, 131
Riedle, Karlheinz 41, 57, 138
Riegel, Carl 114, 146
Riegler, Franz 63
Riegler, Hansi 154
Riepl, Peter 151
Rijkaard, Frank 70, 71, 72
Rimet, Jules 139
Rinnergschwendtner, Klaus 145
Rinnergschwendtner, Hans 205
Ristic, Aleksandar 27, 87, 114, 185
Riva, Gigi 59, 67, 160, 183
Rivelinho, Roberto 183, 198
Rivera, Gianni 40, 99, 210
Röber, Jürgen 68, 137, 191
Robinson, John 88
Robson, Bobby 88, 120, 186
Robson, Bryan 120
Rodax, Gerhard 166
Rolff, Wolfgang 134
Ronaldinho 48, 67, 97, 105, 107, 127
Ronaldo 47, 76, 77, 107, 152, 196
Ronaldo, Cristiano 48
Romario 196
Rooney, Wayne 63, 85
Rosas, Felipe 34
Rosas, Manuel 34
Roscic, Bogdan 12
Rous, Stanley 118, 157
Rossi 196
Rost, Frank 120
Siegfried & Roy 160
Royle, Joe 57
Rubenbauer, Gerd 28, 91, 138, 147, 150, 157, 171, 184, 186, 212, 214
Rudakow, Jewgeni 60
Rudy, Andrzej 134
Rummenigge, Karl-Heinz 34, 57, 71,, 124, 166 125, 151, 196
Rummenigge, Michael 34
Rush, Ian 99, 110
Russ, Kurt 50
Rüßmann, Rolf 78, 154, 171

S

Sacchi, Arrigo 126
Sara, Robert 122, 151
Schall, Anton 111, 161, 199
Sammer, Matthias 41, 46, 62, 84, 91, 131, 161, 200
Santacruz, Roque 154
Santamaría, José Emilio 84, 154, 200
Santillana, Carlos 39, 105
Sara, Josef 34 , 50, 73, 122, 147
Sara, Robert 34, 50, 73
Sartre, Jean-Paul 142
Sárosi, György 22
Sarosi. Titkos 198

Sauhammel, Hannes 24
Savicevic, Dejan 40, 113
Saviola, Javier 26
Scala, Nevio 40, 170
Schaaf, Thomas 24, 179
Schachner, Conny 203
Schachner, Walter 33, 78, 120, 125, 157, 161, 166, 203
Schäfer, Hans 36, 50, 176
Schäfer, Winfried 153
Schewtschenko, Andrej 38, 42, 43, 210
Schiaffino, Juan Alberto 84, 200
Schilcher, Heinz 41, 133, 134, 173
Schillaci, Toto 161
Schiller, Paul 68, 78
Schlechta, Karl 22, 166
Schleger, Walter 22, 70
Schmaus, Willibald 63, 84, 200
Schmeichel, Peter 168
Schmelzer, Bernd 103
Schmidradner, Hans 38, 50
Schmidt, Harald 94, 112, 116
Schmied, Kurt 36, 83

Schmieger, Willy Vogl. Prof. 198
Schneider, Bernd 36
Schneyder, Werner 51, 142, 171
Schnuphase, Rüdiger 24
Scholl, Mehmet 26, 57, 62, 74, 112, 122, 161, 167, 171, 189
Schön, Helmut 25, 60, 69, 115
Schopp, Markus 50
Schulte, Helmut 57, 140
Schulz, Michael 208
Schulz, Willi 77, 187
Schuhmacher, Toni 27, 36, 67, 71, 165
Schuster, Bernd 36, 60, 152, 177, 178
Schuster, Gaby 178, 203
Schwan, Robert 24
Schwarze, Klaus 121
Schweinsteiger, Bastian 4, 24, 111, 148
Scotland, Jason 111
Seaman, David 36, 187
Seedorf, Clarence 38, 41, 43
Seeler, Uwe 77, 107, 150
Sekanina, Karl 93
Senekowitsch, Helmut 48, 60
Sesta, Karl 28, 63, 67, 84, 119, 149, 200, 205, 214
Shakespeare, William 22
Sharif, Omar xx
Shankly, Bill 142
Sheringham, Teddy 41
Shilton, Peter 22
Siegfried & Roy 160
Siegmann, Norbert 67
Sigl, Ignaz xx
Sima, Oskar 11
Simone, Marco 73
Simonsen, Allan 178, 194, 214
Simunic, Josip 139
Sindelar, Matthias 28, 161, 198, 199
Sing, Albert 205
Sívori, Omar 84, 200
Skoumal, Stefan 63
Smolarek, Ebi 193
Smicer, Vladimir 43
Smistik, Josef 198
Smith, Alan 125
Sokrates 21, 140, 147, 203
Solskjaer, Ole-Gunar 41
Southgate, Gareth 62, 140
Sparwasser, Jürgen 173
Springer, Gerdi 112, 146
Spundflasche, Heinz 173
Stamm, Walter 22, 93
Stange, Bernd 112
Stanislawski, Holger 154
Starek, August 24, 50, 83, 133, 177, 180
Stastny, Leopold 39, 50, 96, 125, 134, 168, 169
Stein, Uli 107, 193,210
Steiner, Paul 87, 186, 204
Seitl, Walter 173
Stensgaard, Michael 187
Stepanovic, Dragoslav 87
Stepney, Alex 187
Stering, Sepp 67, 99
Stewart, Rod 147, 148
Stessl, Hermann 166
Stickler, Friedrich 118
Stielike, Uli 25, 140, 147
Stierli, Xavier 24
Stiles, Nobby 83, 177
Stojaspal, Ernst 33, 50, 131
Stojkovic, Dragan 24
Stotz, Karl 48, 67
Strack, Gerhard 61
Strafner, Gerald 50, 114
Strasser, Heinrich 39
Strehmel, Alexander 91
Streich, Joachim 23
Streller, Marco 140
Stroh, Pepi 23
Stronach, Frank 118
Strunz, Claudia 203
Strunz, Thomas 167, 183, 203
Stumpf, Christian 26, 92
Sturmberger, Gerhard 39, 112
Suarez, Luis 59
Suffo, Patrick 161, 173
Suker, Davor 37
Sükür, Hakan 50
Sulser, Claudio 22
Sutter, Alain 31, 127
Sutter, Scott 127
Suurbier, Wim 173
Svehlik, Jan 60

T

Tarnat, Michael 138
Tapie, Bernard 40
Thon, Olaf 27, 69, 127, 214
Thiele, Dirk 28
Thielen, Karl-Heinz 119
Thiam, Pablo 177
Thom, Andreas 84, 200
Thompson, Archie 192, 193
Thomson, Craig 157
Thurnheer, Beni 138, 154, 186
Tigana, Jean 61, 99
Tiganj, Senad 49
Tilkowski, Hans 114
Tokic, Mario 43
Toldo, Francesco 62
Toppmöller, Klaus 172
Töpperwien, Rolf 58, 69, 151
Totti, Francesco 67, 68, 72, 89
Toshack, John 99, 166, 183
Tözsér, Daniel 141
Träg, Heiner 92
Tramontana, Reinhard 93
Trapattoni, Giovanni 40, 44 99, 126, 167
Traumann, Bert 184
Trézéguet, David 62

U

Ukrainczyk, Julius 215
Ulsass, Lothar 113
Uridil, Pepi 99, 119, 178, 179, 180, 187
Unterguggenberger, Johannes 205
Ustinov, Peter 126

V

Valdéz, Francsico 158
Van Basten, Marco 61
Van de Kerkhof, René 34, 35
Van de Kerkhof, Willy 34, 35
Van der Ven, Dick 187
Vandereycken, René 60
Van Hoogdalem, Marco 126
Van Nistelrooy, Ruud 31, 38
Van Veen, Hermann 43
Vastic, Ivica 21, 50, 99, 108
Vava 105, 194, 205
Vega, Manuel Diaz 41
Vencel, Alexander 134
Viehböck, Franz 24
Viertl, Franz 173
Viertl, Rudolf 173
Viktor, Ivo 134
Vilfort, Kim 61
Vogl, Adolf 161, 198
Vogts, Berti 20, 26, 27, 28, 48, 61, 62, 73, 83, 112, 114, 125, 147, 151, 165, 172, 183, 186
Völler, Rudi 58, 61, 125, 138, 142, 196
Vucicevic, Nemanja 49
Vukovic, Zeljko 50
Vytlacil, Rudolf 132

W

Wagner, Franz 63, 84, 200
Wagner, Martin 50, 57, 139
Wagner, Theodor 36
Waldbrunn, Ernst 8
Wales, Gary 60, 111
Walter, Fritz 34, 134
Walter, Fritz jun. 121
Walter, Ottmar 34
Weber, Heribert 36
Weber, Wolfgang 36, 114
Wegmann, Jürgen 11
Weigel, Hans 144
Weigerstorfer, Ulla 121
Weinhofer, Rudi 173
Weißenberger, Markus 50, 68
Weisweiler, Hennes 172
Welke, Oliver 124
Weller, Robb 113
Welzl, Kurt 133
Westerholt, Tom 121
Whea, George 178
White, Jack 147
Whrigt, Billy 119
Wieschemann, Robert 169
Willi, Tobias 134
William Alexander, Prinz 119
William, Prinz 119
Wiltord, Sylvain 62
Wimmer, Hacki 60, 161
Winklhofer, Thomas 50
Witte, Andreas 125
Witvrouw, Dr. Erik 131
Wlachojanis, Taki 114
Wohlfahrt, Franz 50
Wojtyla, Karol 148
Wontorra, Jörg 127, 147
Wottka, Winfried 173
Wynalda, Eric 186
Wuttke, Wolfram 164

X

Xanthippe 203
Xabi Alonso 42
Xavier, Luís da Silva Costa 62, 203

Y

Yakin, Hakan 210
Yakin. Murat 210
Yakubu, Aiyegbeni 207, 209
Yamasaki, Arturo Maximo 210
Yang, Suk Kook 210
Yazalde, Héctor 210
Yeboah, Anthony 21, 202, 206, 208, 210
Yeste, Francisco Javier 210
Yildirim, Ramazan 158
Yobo, Joseph 210
Yobo, Michael 210
Yobo, Joseph 210

Z

Zacsek, Erich 34
Zacsek, Ernst 34
Zacsek, Ewald 34
Zacsek, Gerhard 34
Zacsek, Günther 34
Zacsek, Walter 34
Zagalho 194
Zamora, Ricardo 140, 212
Zampach, Thomas 138
Zapater, Alberto 36
Zebec, Branko 20, 165, 172
Zeman, Walter 26, 50, 58, 122, 134, 212
Zenga, Walter 170, 212
Zerlauth, Thomas 142
Zickler, Alexander 108, 113, 167
Zico 92, 105, 198
Zidane, Zinedine 42, 47, 48, 62, 77, 100, 145, 196, 203, 212
Ziege, Christian 23, 24, 57, 184
Ziegler, Marc 169
Zimmermann, Herbert 36
Zischek, Karl 161, 198, 199
Zobel, Rainer 24
Zoff, Dino 22, 59, 169, 212
Zuberbühler, Pascal 212
Zubizareta, Andoni 212
Zuleta, Juan Carlos 214, 216